Freedom Falls

Vier Freundinnen

Sammelband

Mia Sanchez

Verlag:
BookRix GmbH & Co. KG
Implerstraße 24
81371 München
Deutschland

Umschlaggestaltung: www.bookcoverdesign.at
Lektorat & Korrektorat: Ataxis Literatur
Buchsatz: www.bookcoverdesign.at
Illustration: Adobe Stock

ISBN: 978-3-7487-7205-7

FREEDOM FALLS – VIER FREUNDINNEN

MIA SANCHEZ

Schneeflockenküsse

Melody verbringt Weihnachten gemeinsam mit ihren Freundinnen in dem verschlafenen Örtchen Freedom Falls. Doch der winterliche Urlaub verläuft anders als erwartet. Der heißbegehrte Schnee, der dringend für den Schiurlaub benötigt wird, fällt einfach nicht. Stattdessen herrschen laue Temperaturen. Und das, obwohl der Wettermann von Kanal 5 doch Schnee versprochen hat.
Wie es das Schicksal will, verbringt auch Ted, der Wetterfrosch, die Feiertage in Freedom Falls.
Wie wird Ted auf Melodys Anschuldigungen, er hätte ihren Urlaub ruiniert, reagieren?

Herz, Kuss, Liebe

Natascha will den Valentinstag nicht alleine verbringen und besucht kurzentschlossen ihre Freundin Sara in Freedom Falls. Doch das ist nicht der einzige Grund, der sie in das winzige Städtchen treibt. Ihr letzter Urlaubsflirt, ein unwiderstehlicher Typ, lebt auch in Freedom Falls und Natascha erhofft sich ein prickelndes Wiedersehen mit ihm.
Doch die Begegnung verläuft anders als erwartet. Nataschas Traummann verhält sich seltsam, denn er verbirgt ein unglaubliches Geheimnis. Während der Valentinstag immer näher rückt, versucht Natascha, das Rätsel rund um seine geheime Identität zu lüften.
Auch die Formel für die Wahre Liebe, "Herz-Kuss-Liebe", von der Sara überzeugt ist, versucht Natascha auf ihrer Suche zu
Ergründen

Drei kleine Worte

Leonie ist Gast auf einer Hochzeit in dem kleinen Städtchen Freedom Falls. Doch tatsächlich ist sie nicht gerade glücklich über diese Einladung. Denn der Bräutigam ist Leonies Ex, für den sie unerwarteterweise immer noch etwas empfindet.

Gemeinsam mit ihren Freundinnen Melody, Sara und Natascha schmiedet sie einen Plan. Martin, der freche Stallbursche des Hotels, den Leonie aber überhaupt nicht ausstehen kann, soll ihr dabei helfen, ihren Exfreund wieder zurückzugewinnen.

Doch ihre Freundinnen führen etwas ganz anderes im Schilde ...

Alle guten Dinge sind Zwei

Sara liebt Andreas. Und Andreas liebt Sara. Normalerweise ...
Sara will die Zweisamkeit, die ihr und Andreas noch bleibt, in vollen Zügen genießen. Doch seit geraumer Zeit geht Andreas ihr aus dem Weg.
Saras Welt steht, dank des seltsamen Verhaltens ihres Freundes, Kopf. Genau jetzt, da ihre Hormone aufgrund der Schwangerschaft sowieso schon verrückt genug spielen. Dieses Leid beklagt Sara bei ihren drei besten Freundinnen Melody, Natascha und Leonie. Während die Freundinnen wilde Vermutungen darüber anstellen, was mit Andreas nicht stimmen könnte, bemerkt Sara, dass auch andere Einwohner des Städtchens Freedom Falls ein durchaus seltsames Verhalten an den Tag legen.
Die Suche nach der Lösung des Problems beginnt im altbekannten Hotel ...
Doch während die Suche immer mehr Fragen als Antworten für die Freundinnen parat hält, ergibt sich ein neues, bisher unerwartetes Problem.
Wo genau steckt eigentlich Andreas?

VORWORT

Die Freedom Falls – Reihe „vier Freundinnen“ erzählt die Geschichten von Melody, Natascha, Leonie und Sara – vier völlig unterschiedliche Frauen, die nicht nur die Liebe zu einem Ort verbindet. Liebe, Entschlossenheit, Freundschaft, Mitgefühl und auch Selbsterkenntnis prägen jede einzelne Story und stellen die Boten des Lebensgefühls von Freedom Falls dar.

Die vier Kurzromane sind nun in einem Sammelband vereint, zusammengebunden zu einer Einheit, die ebenso die Quintessenz meiner Geschichten ausmacht.

Ich liebe Freedom Falls und die Leichtigkeit die dort herrscht, auch wenn schlimme Dinge geschehen. Denn trotz mancher Tragödien bietet Freedom Falls einen Zufluchtsort – für Leser und Bewohner – um abzuschalten und die Hoffnung an Liebe und Freundschaft stets in ihrem Herzen zu tragen.

Inhaltsverzeichnis

Vier Freundinnen

Schneeflockenküsse

Weihnachten in Freedom Falls

Band 1 – Melody

Schneeflockenküsse

Melody

1. Langeweile pur

Melody klappte ihren Laptop zu und legte die Beine hoch. Auch die Recherche hat nicht viel gebracht. Freedom Falls war einfach ein kleines Kaff. Eigentlich war sie ganz verwundert, dass die Internetverbindung bis jetzt so stabil geblieben war. Sie saß in der Empfangshalle, schlürfte einen heißen Kakao und langweilte sich beinahe zu Tode. Irgendwie konnte man hier nichts unternehmen, außer zu warten, bis der Schnee endlich fiel.

Welche ihrer Freundinnen war nochmal auf die Idee gekommen, Weihnachten hier zu verbringen? Ach ja, Sara meinte, hier gäbe es so tolle Abfahrtspisten, idealen bauschigen Schnee auf dem man wunderbar über die Abhänge brettern könnte. Doch bis jetzt gab es weder Schnee, noch hatte Melody die ach so tollen Abhänge zu Gesicht bekommen. Denn es herrschte purer Sonnenschein bei fünfzehn Grad. Und das mitten im Dezember. Der Wetterfrosch hatte sie ganz schön hereingelegt. Denn als sie den Urlaub spontan vor einer Woche gebucht hatten, hieß es noch, dass es innerhalb der nächsten Tage beginnen würde zu schneien. Jedenfalls hatte das Ted, der Wettermann von *Channel5* gesagt. Und normalerweise war auf Ted Verlass. Er verstand seinen Job einwandfrei. Melody vertraute ihm sogar so sehr, dass sie morgens nicht einmal mehr aus dem Fenster sah, wenn sie sich für die Arbeit fertig machte.

Bis jetzt hatte Ted immer recht behalten und sie trug stets die zum Wetter passende Kleidung. Doch dieses mal ... noch falscher konnte er einfach nicht liegen. Beleidigt stürzte sie ihren Kakao hinunter. Jeden Moment sollten ihre Freundinnen aus ihren Zimmern kommen und sich mit ihr hier treffen. Sie wären zu jeder Schandtat bereit und sicher schon total gespannt auf Melodys Rechercheergebnisse. Doch sie musste die Mädels enttäuschen. Dieses Kaff hatte außer Nichts, einfach nur doppelt Nichts zu bieten.

Kaum hatte sie an ihre Freundinnen gedacht, kamen sie auch schon kichernd die Treppe herunter und ließen sich zu Melody auf die Couch plumpsen. Normalerweise würde in dem Kamin vor ihnen jetzt ein schönes Feuer brennen, doch bei diesen beinahe sommerlichen Temperaturen wurde darauf natürlich verzichtet. Melody schwitzte sowieso schon genug. Sie hatte viel zu warme Sachen eingepackt. Klar, sie hatte sich ja dummerweise blind auf den Wetterfrosch verlassen.

»Also, was unternehmen wir heute, Mädels?«, fragte Leonie in die Runde. Alle Frauen sahen sie fragend an. Sie waren insgesamt zu viert angereist. Keine von ihnen hatte einen Freund oder irgendwelche anderen Verpflichtungen, die sie zu Weihnachten zuhause gehalten hätten.

Leonie war die typische Draufgängerin, wie sie im Buche steht, die sich an niemanden binden wollte, immer bereit eine neue Flamme zu finden und zu vernaschen.

Sara gehörte zu den ruhigen grauen Mäusen, die es in Wahrheit jedoch faustdick hinter den Ohren hatten, aber beim Flirten völlig versagten, weshalb Sara niemanden hatte, mit dem sie Weihnachten feiern konnte.

Nataschas Familie lebte im Ausland, sie konnte sich dieses Jahr das Flugticket einfach nicht leisten und war so gezwungen alleine zu feiern. Und Melodys Eltern verbrachten Weihnachten wie jedes Jahr auf Hawaii, weshalb auch sie zu den Feiertagen alleine gewesen wäre.

Doch all diese Umstände hatten die vier Freundinnen auf die Idee gebracht, einen gemeinsamen, möglichst günstigen Urlaub zu buchen. Sara schlug vor, nach Freedom Falls zu fahren. Man konnte es gut mit dem Auto erreichen und die Zimmerpreise waren wirklich sehr günstig. Und dann erzählte sie vom Schnee und den Pisten. Sofort waren alle begeistert und der Urlaub war innerhalb der nächsten zehn Minuten geplant und gebucht gewesen. Sie wollten insgesamt zwei Wochen hier verbringen und sich richtig im Schnee austoben. Doch der ließ seit drei Tagen auf sich warten. *Danke Ted*, dachte Melody erneut.

»Ich muss euch leider enttäuschen. Hier gibt es einfach nichts, das man unternehmen kann. Wir können allerhöchstens wandern oder bergsteigen gehen«, Melody räusperte sich, »denn Berge haben sie hier zur Genüge.«

»Hey, so mies ist es hier gar nicht«, drängte Sara dazwischen. »Ich war doch schon mal hier und da war es wirklich eine sehr schöne Woche.«

»Da hat es ja auch sicher geschneit«, motzte Leonie.

»Ja, das hat es«, bestätigte Sara.

»Und außerdem hattest du da diesen heißen Flirt am Laufen mit dem Schilehrer, nicht wahr?«, warf Natascha ein.

Leonie und Melody sahen sich verblüfft an.

»Davon hast du uns nie was erzählt, Sara«, äußerte Leonie und Sara wurde augenblicklich rot wie ein Hummer.

»Wo ist denn der tolle Schilehrer dieses Jahr?« ,stichelte Melody, in der Hoffnung zumindest irgendetwas halbwegs Aufregendes zu erleben.

Sara sah auf ihre Füße. »Ach, wisst ihr ... wir haben uns seit letztem Jahr nicht mehr gehört. Ich bin sicher, dass er mich schon völlig vergessen hat.«

»Was ist denn zwischen euch gelaufen?«, drängte Leonie Sara, von ihrem Urlaubsflirt zu erzählen.

»Ach ... nur das Übliche.«

»Sie will nicht drüber reden, das merkst du doch, Leonie! Sonst hätte sie uns doch schon längst davon erzählt«, verteidigte Melody ihre Freundin. Ihren Beschützerinstinkt für Sara durfte man einfach nicht unterschätzen. Die beiden waren seit ihrer Kindheit befreundet und Melody hatte immer auf Sara aufgepasst. Sie beschützt. Deshalb kränkte es Melody natürlich, dass Sara ihr nichts von dem Flirt erzählt hatte. Doch das würde sie sich mit Sicherheit nicht anmerken lassen. Sara hatte bestimmt einen Grund, weshalb sie nur Natascha von dem sexy Schilehrer erzählt hatte. Die arme Sara lief mittlerweile schon ganz rot an.

Melody beschloss, das Thema zu wechseln. »Lasst uns einfach eine Runde durch die Stadt spazieren. Immerhin ist Montag und auch kein Feiertag. Vielleicht kann man hier zumindest doch ganz nett shoppen. Wer weiß?«

Leonie klatschte in die Hände. »Das klingt nach einer großartigen Idee. Ich brauche sowieso noch eine neue Mütze, damit ich bereit bin, wenn der Schnee kommt.«

»Und der wird kommen«, warf Sara mit piepsiger Stimme ein. Bestimmt quälte sie schon das schlechte Gewissen, weil sie so von diesem Ort geschwärmt hatte und es bis jetzt einfach nichts so war, wie sie es ihren Freundinnen angekündigt hatte.

»Na dann, nichts wie auf ins Kleinstadtgetümmel!«, rief Natascha überschwänglich und sprang von der viel zu bequemen Couch auf.

Nach einem fünfzehnminütigen Spaziergang erreichten die vier Frauen das Zentrum von Freedom Falls. Die Stadt war wirklich sehr freundlich geschmückt und erstrahlte in den typischen Feiertagsfarben. Rentiere zierten die Laternen und rotweiße Zuckerstangen hingen von den Vordächern der Geschäfte. Der Bürgermeister verstand zwar nicht viel vom Tourismus, aber dafür bewies er eindeutig Talent beim Schmücken seiner winzigen Stadt. Melody konnte nicht anders, als ihren Fotoapparat auszupacken. Dieses tolle Teil hatte sie letztes Jahr von ihrem Exfreund zu Weihnachten bekommen. Er war zwar nicht mehr an ihrer Seite, doch die Kamera funktionierte immer noch tadellos. Wenn ihr schon beinahe keine guten Erinnerungen an die Beziehung mit Marcell geblieben waren, so blieb ihr wenigstens ein Stück materielles Gedankengut, das dazu fähig war neue Erinnerungen festzuhalten. Und genau das wollte sie jetzt tun. Denn sie würde bestimmt nie wieder in so eine urige Kleinstadt wie Freedom Falls kommen.

Durch die Linse des Apparates wirkte alles noch winziger, als es in der Realität sowieso schon war. Melody war sich sicher, dass sich so gut wie alle Einwohner des Städtchens bestimmt beim Vornamen kannten. Sogar der Frisör betitelte seinen Shop einfach nur mit Frisörgeschäft, also war es wohl für alle klar, dass es hier nur diesen einen Frisör gab. Und wenn der keinen guten Tag hatte, dann liefen alle Einwohner mit derselben miesen Frisur durch die Gegend. Melody grinste bei dem Gedanken amüsiert und das klickende Geräusch bannte den kleinen Frisörladen für die Ewigkeit.

»Was tust du denn da?«, fauchte Leonie, »das ist doch wirklich alles Schrott hier. Davon will ich keine Erinnerungsfotos.«

»Jetzt sei doch nicht so ungehalten. Wir sollten das Beste aus der Situation machen und es einfach genießen«, antwortete Natascha.

Melody schwenkte einstweilen ihren Fotoapparat und suchte nach einem neuen Motiv.

»Ich beruhige mich erst, wenn in diesem Kaff

endlich Schnee fällt«, motzte Leonie.

»Leute«, kam es in verwundertem Ton aus Melodys Mund. Sie konnte kaum glauben, was sie gerade mit ihrer Linse eingefangen hatte. »Seht doch mal.«

»Hm ... die drehen gerade eine Reportage würde ich sagen. Sieht nach einem Fernsehteam aus. Die Frau, die da vor der Kamera steht, ist Rebecca S. George, glaube ich. Sie ist bekannt für ihre fabelhaften Feiertagsberichte über irgendein Dorf im Nirgendwo. Ich wusste gar nicht, dass sie aus Freedom Falls ist.«

Sara war die Erste, der auffiel, was Melody tatsächlich meinte.

»Das ist doch dieser Wetterfrosch, der neben der Rothaarigen steht, oder? Wie heißt der nochmal?«

»Ted«, drang es durch Melodys knirschende Zähne. »Sein Name ist Ted. Und er hat gesagt, es würde schneien.« Dann schluckte sie schwer und ließ ihre Kamera sinken. »Und er hatte eindeutig unrecht. Ich glaube zum ersten Mal in seiner Karriere.«

»Dann sollten wir ihm jetzt lautstark die Meinung geigen, oder was meint ihr, Mädels?«, forderte Leonie ihre Freundinnen auf.

Zu Melodys Überraschung war Sara sofort dabei und grölte ohne Umschweife in Richtung Kamera: »Ted du bist ein Wetterschreck! Das Wetter sagst du falsch voraus, deine Karriere die ist jetzt aus!«

Rebecca S. George, die anscheinend Teds Co-Moderatorin mimte, lehnte sich aus dem Bild der Kamera, weil sie kichern musste. Mit so einer Resonanz hatte Melody auf diesen seichten Spruch nicht gerechnet.

Eigentlich klang Saras Ansage wie aus dem Kindergarten, aber Leonie stimmte begeistert mit ein. Auch Natascha ließ nicht lange auf sich warten und dann grölten sie es gemeinsam im Chor. Melody kam sich etwas albern dabei vor, machte dann aber doch mit, als Sara sie in die Seite kniff.

Lachend und ihre Parole wiehernd liefen sie an dem Kamerateam und dem verdutzt dreinblickenden Wettermann vorbei. Einzig Rebecca winkte der lustigen Truppe zu. Sie schien eine gute Portion Humor zu besitzen. Wahrscheinlich würde sich das Blatt wenden, wenn der Spaß auf ihre kosten ging. Aber wenn sich ein Haufen junger Frauen über Ted, den Wetterschreck lustig machten, dann stimmte sogar eine erfolgreiche Journalistin in den Spaß mit ein.

Eilig liefen sie um den nächsten Häuserblock und versteckten sich hinter einer blaugestrichenen Fassade. Ted sah sich immer noch leicht verdutzt um und wusste nicht so recht, wie er auf diese Blamage reagieren sollte. Doch dann zuckte er lediglich mit den Schultern und lächelte in die Kamera. Er hatte den Scherz besser weggesteckt, als Melody vermutet hatte. Sie hatte den Wetterfrosch eigentlich immer für einen eher steifen und festgefahrenen Typ Mann gehalten. Allein die Anzüge die er immer in seinen Berichten trug ... aber gut, anscheinend ließ der Mann doch den ein oder anderen Scherz zu.

Ihre Freundinnen kicherten immer noch und hielten sich die Hände vor die breit grinsenden Münder. Melody sah sich zu ihnen um und tat es den Mädels gleich. Es tat gut so ausgelassen zu sein.

»Was sagt ihr dazu, wenn wir den ganzen Urlaub dazu nutzen, Spaß zu haben, die Zeit zu verblödeln und einfach öfter zu sagen, was wir uns denken?«, schlug Melody spontan vor.

»Wir sehen die Leute hier sowieso nie wieder, also können wir ruhig mal etwas kindisch sein. »Ich bin dafür«, antwortete Leonie.

»Dafür!«, meldete sich Natascha und hob die Hand.

Sara zögerte. »Wisst ihr, es war ja jetzt ganz lustig und so, aber ...«

»Aber du hast Angst, dass dich dein Schilehrer sehen könnte?«

Sara nickte leicht. »Ich habe jetzt nur mitgemacht, weil ich mir dachte, ich hätte sowieso nichts zu verlieren, doch wenn er mich so gesehen hätte ... ach, ich weiß nicht so recht.«

»Gib dir einen Ruck«, erwiderte Melody, »lassen wir einfach das gute und sittliche Benehmen hinter uns und hauen auf den Putz. Oder bist du zu feige?«, stichelte sie, mehr im Scherz als ernst. Doch Sara sprang darauf an. Sie grinste Melody an und sprintete plötzlich los, zurück zu dem Standort des Kamerateams. Dort angekommen zog sie ihre Jeans ein Stück herunter, wandte dem Team ihre Kehrseite zu und ließ ihren Stringtanga aufblitzen, in dessen Mitte ein Schneemann prangte.

»Genau den werden wir dieses Jahr nicht bauen können!«, rief sie und rannte wieder davon.

Hinter dem Haus riefen Melody, Natascha und Leonie im Chor »Danke Ted!« und rundeten somit Saras Abgang ab.

Kaum befand Sara sich wieder in Sicherheit, erklang schallendes Gelächter. Melody kamen sogar die Tränen.

»Schnell, lasst uns verschwinden!«, prustete Natascha zwischen den Lachern hindurch, »bevor sie noch nachsehen kommen wo wir sind.«

Die Freundinnen machten sich auf den Weg, um die Stadt unsicher zu machen. Sie flanierten noch einige Stunden durch die Stadt und genossen ihre neu gewonnene Freiheit, bevor sie entschieden, wieder zurück in das Hotel zu gehen.

2. Überall Ted

Die Freundinnen setzten sich auf der Couch im Wartebereich des Hotels zusammen und ließen die letzten Stunden bei einer heißen Schokolade nochmals Revue passieren.

»Kaum zu glauben, dass du der Kamera deinen Hintern gezeigt hast«, sagte Leonie mit vor Stolz geschwollener Stimme zu Sara.

»Ich habe ihr nur meinen Slip gezeigt, bitte. Aber glaub mir, das Herz ist mir dabei trotzdem in die Hose gerutscht«, gab Sara zu.

»Es ist doch ein tolles Gefühl, mal nicht so verspannt zu sein, oder was meint ihr?«, fragte Natascha.

»Ja, es hat wirklich Spaß gemacht, einfach zu tun und zu sagen, worauf man Lust hat«, bestätigte Leonie.

»Als ob du das sowieso nicht immer tun würdest«, antwortete Melody frech.

»Hey! Ich lebe frei Schnauze, das ist schon wahr. Aber im Berufsleben bin ich schlicht seriös und halte mich bedeckt.«

»Ich kann mir dich gar nicht bei der Arbeit vorstellen-«, sagte Melody, die ihren Satz jedoch nicht beendete, weil sie das Bild des Fernsehers plötzlich ablenkte.

»Das sind wir«, staunte Natascha und zeigte auf den Bildschirm. »Und da ist Saras Schneemann-Slip in Großaufnahme!«

»Oh mein Gott!«, stöhnte Sara und versteckte ihr

Gesicht in ihren Händen. »Was habe ich nur getan?«

Melody musste schrecklich darüber lachen. Doch sie hielt inne, als sie den Bericht weiter verfolgte. Nachdem sich die hübsche Co-Moderatorin von Ted aus dem Bild gelehnt hatte, zuckte er mit den Schultern. Das entsprach ganz dem, was sie vorhin live beobachtet hatte. Doch was er dabei sagte, hatte sie aus der Entfernung nicht hören können.

»Liebe Zuseher, der Schnee bleibt leider weiterhin fern, aber ein Haufen schöner Frauen tollt trotzdem ausgelassen durch die Straßen, so als würde der Schnee bereits liegen und als wäre es Zeit für eine Schneeballschlacht, die aus uns allen wieder Kinder macht.«

Machte sich dieser Mann gerade tatsächlich öffentlich über sie lustig? Melody stieg die Hitze in den Kopf. Wütend erhob sie sich von der Couch und wackelte zu dem Fernsehgerät, um es auszuschalten.

Doch obwohl sie den Fernseher bereits ausgestellt hatte, konnte sie immer noch Teds nervige Stimme hören. Es war kaum zu glauben, aber spukte dieser Mann eventuell als der böse Geist der schneelosen Weihnacht durch ihre Gedanken und ließ sie nicht mehr in Ruhe?

Gerade als Melody sich dazu entscheiden wollte, ihren Schlummertrunk wieder abzubestellen, bog der Wetterfrosch um die Ecke und prallte mit ihr zusammen.

»Oh, Verzeihung«, stammelte er und hielt sich kurzerhand sein Handy wieder ans Ohr.

Melody konnte es kaum glauben. Ted der Wetterschreck wohnte tatsächlich im selben Hotel wie sie. Normalerweise würde sie sich zurückhalten und ihre

Fassung bewahren, doch dieses Weihnachten sollte ein spaßiges und vor allem ehrliches Weihnachten werden. Deshalb beschloss sie, Ted zu verfolgen. Sie deutete ihren Freundinnen, dass sie ihm hinterherschleichen würde. Die Mädels kicherten natürlich gleich wieder los. Ted hatte schon irgendwie recht, sie benahmen sich vielleicht doch ein wenig wie Kinder. Aber immerhin hatten sie Spaß. Ansonsten konnte man in diesem Kaff doch nichts erleben. Zumindest solange der Schnee noch nicht lag.

Auf leisen Sohlen schlich sie hinter dem Wettermann hinterher. Dieser telefonierte immer noch und bemerkte gar nicht, dass er von einer Verrückten verfolgt wurde. Ihre Freundin Leonie würde ihm wahrscheinlich auflauern und ihn fürchterlich erschrecken, doch Melody entschied sich für eine andere Taktik. Ted streckte gerade seine Hand nach der Klinke seines Zimmers aus, gleich würde er darin verschwinden und Melody hätte ihre Chance verpasst. Sie schlenderte plötzlich ganz gemütlich aber doch sehr zügig an ihm vorbei und tippte wie zufällig gegen seine Herrentasche (die übrigens perfekt zu seinem steifen Anzugoutfit passte), die sich wie von selbst öffnete. Unauffällig ließ sie ihr Handy hineinplumpsen und ging dann ohne sich zu ihm umzublicken schnurstracks zurück zu ihren schon wartenden Freundinnen.

»Ich habe ihm mein Handy zugesteckt«, flüsterte sie unnötigerweise. Ted befand sich im Obergeschoß, er würde sie nie und nimmer hören können.

»Warum hast du das denn getan?«, fragte Natascha.

Da zuckte Melody mit den Schultern, was sie ein wenig an Teds Geste in dem Bericht denken ließ und sie sofort wieder verärgerte.

»Um ehrlich zu sein, ich weiß es nicht genau. Es war eine Handlung im Affekt. Ich dachte«, sie grübelte einen Moment. »Ich weiß auch nicht, was ich dachte. Dass wir ihn mitten in der Nacht anrufen könnten, um ihm einen Streich zu spielen?«

»Das klingt wirklich absurd«, äußerte Leonie trocken. »Warum hast du ihn denn nicht zum Beispiel einfach in den Hintern gekniffen? Er hätte sich sicher wunderbar erschreckt.«

»Hm, das wäre auch eine gute Idee gewesen.« Jetzt war es an Melody ihr Gesicht hinter ihren Händen zu vergraben. »Ich bin einfach nicht gut im spontan und frech sein. Sogar Sara kann das besser als ich. Ich gehe zu ihm und sage ihm, dass mein Handy aus Versehen in seine Tasche gefallen ist.«

»Das wird er auch sicher glauben«, äußerte Natascha in leicht sarkastischem Ton.

»Was soll ich denn sonst machen? Dann schlagt doch eine bessere Lösung vor.«

»Wie wäre es, wenn du dich einfach in sein Zimmer schleichst und es wieder an dich nimmst? Schnell rein und wieder raus«, schlug Leonie vor. »Und ganz nebenbei kannst du ihm seine Kleider stehlen, während er unter der Dusche ist.«

Melody warf Leonie einen entgeisterten Blick zu.

»Das war ein Scherz. Seit wann nehmt ihr mich denn so ernst?«, reagierte Leonie gespielt erschrocken darauf.

»Ich meinte damit, du wartest einfach vor seinem Zimmer, bis die Dusche angeht und schleichst dich dann rein.«

Es war kaum zu glauben, aber Leonies Vorschlag klang tatsächlich plausibel und gut durchführbar in Melodys Ohren. Die Zimmer waren nicht mit Schlüsselkarten versehen worden, wobei das Hotel eindeutig erst vor kurzem renoviert worden war. Man sah es dem alten Gemäuer an, dass nicht mehr alles daran original war und der Geruch von frischer Wandfarbe hing sogar noch in manchen Ecken. Sie hatten sich bemüht die Renovierung so gut es ging zu verschleiern indem wirklich viele Dinge so belassen wurden wie sie waren, mutmaßte Melody. Und auch, dass die Zimmer über schwere, aufwändig verzierte Schlüssel verfügten, gehörte wohl zu einem der Punkte, die der Hotelinhaber auf keinen Fall ändern wollte. Modernisierung hin oder her.

Und wenn Melody Glück hatte, dann würde Ted das Zimmer nicht absperren, wenn er sich darin aufhielt. Melody musste zugeben, dass sie das auch nicht tat und auch ihre Freundinnen verneinten, als sie sie danach fragte.

Es klang so einfach. Sie musste nur auf den richtigen Moment warten, schnell in das Zimmer huschen, ihr Handy aus der Tasche angeln und sich wieder aus dem Staub machen.

»Ich werde es riskieren«, sagte sie aufgeregt und kippte den Rest ihres Glühweins hinunter.

»Es wird schon nicht schiefgehen«, antwortete Leonie und deutete dem Kellner, er solle noch eine Runde

Glühwein an den Tisch bringen. »Wir warten einstweilen hier auf dich und trinken einen für dich mit.«

Melody nickte zustimmend und erhob sich von ihrem Platz. Als sie die Stufen zu Teds Zimmer hinaufging, wankte sie ein wenig. Gerade fiel ihr ein, dass sie Alkohol nicht besonders oft trank und die Wirkung deshalb auch nicht gewohnt war. Als sie noch gesessen hatte und sich ein paar Weihnachtskekse zu ihrem Glühwein gegönnt hatte, drehte sich der Raum noch nicht so stark um sich selbst. Egal, sie hatte eine Mission und die würde sie jetzt durchziehen. Mit neuem Elan bewaffnet stapfte sie die restlichen Stufen hinauf. Behutsam tastete sie sich an der Wand entlang bis sie Teds Zimmer erreichte. Jedenfalls hoffte sie, dass es tatsächlich sein Zimmer gewesen war. Es könnte doch auch gut sein, dass er vorhin auf dem Weg zu einer Dame war und eigentlich gar nicht hier im Hotel wohnte. In Wahrheit bestand doch alles, was sie zu wissen glaubte nur aus wilden Mutmaßungen, die sie gemeinsam mit ihren Freundinnen ersponnen hatte. Aber nun gab es kein Zurück mehr. Wenn sie jetzt umkehrte, dann würde sie ihr Handy wahrscheinlich nie wieder zurückbekommen. Jedenfalls nicht, ohne ihr seltsames Verhalten vor dem Wetterfrosch eingestehen zu müssen.

Vorsichtig drückte sie ihr rechtes Ohr gegen das Türblatt. Aus dem Inneren des Zimmers erklang Weihnachtsmusik. So würde sie doch nie erkennen, ob er gerade unter der Dusche stand, dachte sie verzweifelt. Ihr blieb einfach keine andere Wahl als weiterhin zu lauschen und das beste zu hoffen. Nach einigen Minuten hörte sie Schritte, die sich der Tür näherten. Erschrocken zog sie sich zurück. Dann fiel ihr jedoch ein, dass man an der Eingangstüre vorbei gehen musste, wenn man ins Badezimmer wollte. Die Zimmer waren mit Sicherheit alle gleich aufgebaut. Zumindest hoffte sie das gerade inständig. Sie starrte die Türe an, doch sie öffnete sich auch nach einer weiteren Minute nicht. Ted hatte sich also tatsächlich auf dem Weg ins Bad befunden.

Nun folgte der nächste Schritt. Melody machte sich bereit, um die Türe zu öffnen. Sie würde gleich das Zimmer eines Fremden betreten. Wenn Ted sie erwischte, dann konnte er sie womöglich sogar anzeigen. Wegen unerlaubten Betretens. Oder noch schlimmer, wegen Einbruch. Ein wenig schlotterten ihr die Knie als sie die Türklinke langsamer als nötig hinunterdrückte. Die Türe sprang wie von alleine auf. Hastig warf sie einen Blick nach links und rechts, doch der Gang lag immer noch menschenleer vor ihr. Niemand beobachtete sie bei dieser Straftat, die sie gleich begehen würde, die aber eigentlich gar keine war, weil sie sich doch nur ihr Eigentum zurückholen wollte. Auch wenn sie dazu ein Zimmer, das sie nicht gemietet hatte, betreten würde. Also gut, vielleicht war es doch eine Straftat.

Die Weihnachtsmusik entpuppte sich als die Best of – CD der Weihnachtsklassiker. Eben gerade hatte ein neuer Song begonnen. Melody schlich zu den Klängen von Jingle Bells über den flauschigen dunkelroten Vorleger des Doppelbetts. Soviel sie mitbekommen hatte, wurden in diesem Hotel Doppelzimmer auch als Einzelzimmer vermietet. Auch ihr Zimmer und die ihrer Freundinnen verfügten über ein riesiges französisches

Bett. Das war gut verständlich, denn das Hotel würde bei der momentan anwesenden Anzahl von Singles Verluste machen, wenn sie die Zimmer nicht als Singleroom vermietet hätten.

Mit fliegendem Blick sah sie sich um, wobei ihr erneut schwindelig wurde. Den Glühwein vor dieser Mission so schnell herunterzustürzen war nicht gerade ihre beste Idee gewesen. Aber andererseits, wenn sie das leckere Getränk nicht intus hätte, dann hätte sie womöglich gekniffen und wäre gar nicht erst so weit gekommen. Jedenfalls schien das Zimmer nur Ted zu gehören. Seine Kleider lagen verstreut auf dem Boden, die Socken steckten noch halb in seinen Schuhen und die Krawatte hatte er achtlos auf das Bett geworfen. Es herrschte wesentlich mehr Unordnung, als sie ihm zugetraut hätte. Sie fand sein komplettes Outfit in dem Zimmer verstreut. Sein Hemd hing sogar auf der Stehlampe neben dem kleinen Schreibtisch.

Doch seine Tasche konnte sie nirgends entdecken.

Schön langsam packte sie die Panik und Melody begann konfus durch den winzigen Raum zu stapfen. Sie sah in jedes Eck, unter das Bett und auch in den Schrank, doch nirgends war eine Spur von der Tasche oder ihrem Handy zu entdecken.

Innerliche Verzweiflung stieg in ihr auf. Die fröhlichen Klänge von Jingle Bells trieben sie beinahe in den Wahnsinn. Doch zum Glück endete das Lied in dieser Sekunde und tauchte das Hotelzimmer in Stille. Melody hielt schlagartig inne und lauschte. Das Wasser der Dusche lief nicht mehr. Ted würde also jederzeit aus dem Bad kommen und sie entdecken. Das musste sie verhindern. Abwechselnd begutachtete sie den Schrank und das Bett. Entweder in die Enge des schmalen Wandschrankes zwängen, oder unter Teds Bett rollen und dort verharren bis er schlief. Welch schwere Entscheidung. Da versuchte sie doch lieber, den Ausgang rechtzeitig zu erreichen. Die Klinke des Badezimmers wurde gerade heruntergedrückt, als der CD-Player das nächste Lied anspielte. Little Drummerboy.

Melody hechtete, so schnell sie konnte, durch den Raum, doch sie erreichte die Türe zu spät. Ted stand bereits, nur mit einem Handtuch um die Taille gewickelt hinter ihr.

»Was machen Sie in meinem Zimmer?«, hörte sie seine verwirrte Stimme direkt in ihrem Rücken. Sein feuchter Atem roch nach Minze und seine frisch gewaschenen Haare dufteten nach Vanille. Bedächtig drehte sie sich auf dem Absatz um. Ted rieb sich gerade mit einem kleinen Handtuch über den Kopf um sein Haar am weiteren Tropfen zu hindern.

»Ich ... ich wollte nur ... wissen Sie ... Ich«, stotterte Melody, während sie ihren Blick über Teds halbnackten Körper gleiten ließ.

»Ja? Ich warte«, erwiderte Ted, als sie es einfach nicht zustande brachte, weiter zu sprechen.

»Ich ...«, begann sie erneut. Was verflucht sollte sie ihm nur sagen? Egal welche Idee ihr in den Sinn kam, sie klangen alle nach faulen Ausreden.

3. wie ein Kind

»Ich ... wissen Sie ... Ich ... bringe frische Handtücher«, stotterte Melody erneut und biss sich dabei auf die Unterlippe, sich selbst für ihre faule Ausrede rügend.

»Und wo sind die frischen Handtücher?« Ted grinste sie an.

»Wie bitte?«

»Sie sagten, sie bringen frische Handtücher. Wo sind sie?«

»Ach, die. Die habe ich wohl draußen vergessen?«

»Und warum riechen sie nach Glühwein und Keksen?«

»Wie bitte? Was meinen Sie?«

Der Drummerboy beendete gerade sein Solo als Ted näher an sie herantrat. Er schnupperte auffällig an ihr. Dabei streifte ihr Arm seine nackte Brust. Melody zuckte zusammen. Seine Haut fühlte sich so weich an, doch ein Blick nach unten verriet ihr, dass seine Muskulatur alles andere als weich war.

»Sie kommen mir jetzt doch gerade etwas zu nahe«, erwiderte sie diesmal mit fester Stimme. Jetzt hatte er ihr die Zügel in die Hand gegeben und sie nutzte diese Gelegenheit zu ihrem Vorteil.

»Entschuldigen Sie.« Ted machte ein paar Schritte rückwärts ohne sie auch nur eine Sekunde aus den Augen zu lassen. Der CD-Player wechselte gerade erneut das Stück und Bing Crosby sang *White Christmas.*

»Ein wirklich wundervolles Lied«, hauchte Melody. Die Atmosphäre in dem kleinen Zimmer schien plötzlich umzuschlagen. »Es erinnert mich an das *perfekte* Weihnachten.«

»Haben Sie das perfekte Weihnachtsfest denn schon einmal erlebt?«, fragte Ted in derselben Tonlage.

»Nein, aber davon geträumt. Und dieses Lied spielte, als ich im Traum unter dem Weihnachtsbaum saß und aus dem Fenster sah. Es war so eine faszinierende Atmosphäre. Kennen Sie das?«

»Meinen Sie, wenn man Gänsehaut bekommt, aber auf eine sehr angenehme Art?«

»Ja genau«, sagte Melody und sah Ted in die Augen, während der Chor in der zweiten Strophe einsetzte. »Genau wie jetzt gerade.«

»Genau wie jetzt gerade«, wiederholte Ted und beugte sich zu ihr hinunter. Seine Wange würde jeden Moment ihre berühren.

Bing Crosby endete gerade mit dem Satz *and may all your Christmases be white*. Der Abspielknopf des Geräts sprang ab, kurz bevor Teds Lippen ihre ertasten konnten.

Melody hauchte weiter »und wissen Sie was? In meinem Traum hat es geschneit. So wie es dieses Jahr anscheinend nicht der Fall ist.« Dann drehte sie ihren Kopf zur Seite und seine gespitzten Lippen trafen ihr Ohr.

»Ich wusste doch, dass ich Sie erkannt habe! Sie sind eine der Frauen, die heute Nachmittag meine Sendung gestört haben«, äußerte Ted amüsiert.

»Das mag schon sein«, erwiderte Melody trotzig, »aber immerhin haben Sie behauptet, dass es diese Woche schneit und jetzt verbringe ich Weihnachten hier in diesem Kaff, und das ganz ohne Schnee und Schifahren. Vielen Dank auch!«

»Also jetzt seien Sie mal nicht so kindisch. Ich beeinflusse das Wetter doch nicht. Sie können es nicht einfach bei mir bestellen.«

»Kindisch? Nennen Sie mich gerade tatsächlich *kindisch*?«

»Ja, so verhalten Sie sich doch eindeutig gerade! Brechen in mein Zimmer ein und durchwühlen meine Sachen, auf der Suche nach Gottweißwas! Und dann belügen Sie mich auch noch!«

»Also ... das lasse mich mir NICHT BIETEN!«, schrie Melody und stürmte wutentbrannt aus dem Zimmer. Die Türe knallte sie hinter sich zu und das Geräusch hallte durch den gesamten Gang. Es konnte gut sein, dass es sogar in der unteren Etage zu hören war.

Was bildete sich dieser Mann bloß ein, sie kindisch zu nennen?

Selbst wenn sie sich gerade tatsächlich so benahm. Na und? Was ging es ihn denn schon an? Er war ein Wildfremder, der mit ihr nichts zu schaffen hatte und sie auch wahrscheinlich niemals wiedersehen würde.

Sie verschränkte die Arme vor der Brust und stürmte die Treppen hinab. Dabei entging ihr die Ironie, dass sie tatsächlich umherstapfte wie ein Kind, keineswegs. Es war ihr aber einfach egal.

»Er hat mich kindisch genannt«, erzählte sie ihren Freundinnen sofort, sobald sie die Halle erreichte. Jetzt fehlte nur noch, dass sie eine beleidigte Schnute zog. Eilig löste sie ihre Arme aus der Trotzhaltung und ließ sie zur Seite baumeln.

»Du hast mit ihm gesprochen?«, fragte Natascha ungläubig.

Leonie schüttelte dramatisch den Kopf. »Das war doch klar, dass du es versaust. Hast du wenigstens dein Handy zurückbekommen?«

Ihr Handy hatte sie in der Hitze des Gefechts natürlich völlig vergessen. Sollte er es doch behalten und damit glücklich werden! Sie brauchte das Ding sowieso nicht. Ihre Eltern würden wie jedes Jahr keinen Anruf aus Hawaii machen wollen, ihre Freundinnen waren alle mit ihr hier in diesem Kaff und mit Marcell war es sowieso schon länger aus und vorbei. Der würde sich auch nicht melden. Und selbst wenn, würde sie dann erst recht nicht abheben. Also, es wäre kein großer Verlust, wenn sie ihr Telefon nicht wieder bekam. Sie würde sich zuhause einfach ein Neues besorgen.

»Ich habe es nicht gefunden«, erklärte sie ihren Freundinnen.

Leonie sah sie entgeistert an. »Was heißt, nicht gefunden?«

»Ich habe es in seine Tasche geschmissen und die hat er auch mit auf sein Zimmer genommen, doch sie war nirgends zu finden. Ich habe sogar unter dem Bett nachgesehen, doch keine Spur von dem Ding.«

»Sehr mysteriös«, sinnierte Natascha. Sie witterte

immer und überall sonderbare Ereignisse und übernatürliche Phänomene.

»Ach, so ein Quatsch«, konterte Leonie, »wahrscheinlich hat er sie einfach nur mit ins Badezimmer genommen. Aber von dem abgesehen, was willst du denn jetzt tun, Melody?«

»Ich dachte, ich lasse es einfach gut sein.«

»Waaaas? Das kann doch nicht dein ernst sein.« Leonie legte die Stirn in Falten. »Am einfachsten wird es sein, wenn du ihn direkt darauf ansprichst und ihn bittest, es dir zurück zu geben.«

»Es war wirklich eine dämliche Idee ausgelassen sein zu wollen«, schnaufte Melody. Das Handy einzufordern fiel ihr noch schwerer, als in ein fremdes Zimmer einzudringen. Das hatte sie nun davon, wenn sie einmal in ihrem Leben spontan sein und einfach nur Spaß haben wollte. Vielleicht hätte sie den Wunsch vorher direkt an den Weihnachtsmann schicken sollen. Sarkasmus half ich jetzt aber auch nicht weiter. Leonie hatte recht, sie konnte ihr Telefon mit all ihren persönlichen Daten und Nummern nicht einfach einem Fremden überlassen. Klar gab es die Möglichkeit, das Gerät als gestohlen zu melden und es sperren zu lassen, doch was würde mit Ted geschehen, falls er es findet und zur Polizei bringt? Nein, das durfte sie auf keinen Fall riskieren. Jemand anderem zu schaden, das war einfach nicht ihre Art.

»Mädels, ich werde Ted morgen darauf ansprechen. Heute wollen wir den Abend genießen und noch ein wenig feiern. Seid ihr einverstanden?«

Ihre Freundinnen hoben ihre Tassen und prosteten

ihr zu. Melody besorgte sich einen neuen Glühwein von der Hotelbar und machte es sich auf der Couch bei ihren Freundinnen bequem.

Nach einem weiteren Becher des warmen Wintergetränks glühten Melodys Backen und die Stimmung war genauso ausgelassen wie am Nachmittag, als sie durch die Stadt flaniert waren.

Sara öffnete sich sogar und erzählte ihnen von ihrem Flirt. Andreas hieß der Schilehrer, ein gebürtiger Einwohner von Freedom Falls, der seine kleine Heimatstadt sehr liebte. Im Winter arbeitete er als Schilehrer und im Sommer in einem Feriencamp für Kinder. Saras Beschreibung des Mannes klang nach dem makellosen Traumprinzen, nach dem sich jede Frau sehnte, den es aber im wahren Leben genauso nicht gab. Vielleicht sollte Sara auch ihre Wunschliste an den Weihnachtsmann aktualisieren und sich eine realistischere Vorstellung von einem Partner wünschen. Melody tat dieser Gedanke sofort wieder leid. Immerhin war Andreas in Saras Augen genau dieser Mann, von dem sie so schwärmte. Klar, wenn sie wirklich zusammengekommen wären und sie ein oder zwei Jahre mit ihm verbracht hätte, dann hätte sich ihre Meinung über ihn wahrscheinlich drastisch geändert. Genauso ging es Melody definitiv bei Marcell.

Er war der perfekte Gentleman gewesen, der galante Schwiegersohn, den sich ihre Eltern immer vorgestellt hatten. Jedenfalls am Anfang. Zu Beginn ihrer Beziehung hat er sie auf Händen getragen und den Boden vergöttert auf dem sie ging.

Nun gut, im Nachhinein betrachtet waren seine

ständigen liebevollen Gesten und die manische Aufmerksamkeit, die er ihr schenkte, vielleicht etwas zu übertrieben gewesen, um tatsächlich echt zu sein. Eigentlich hätte sie es ahnen müssen, dass mit diesem Mann etwas nicht stimmte. Denn sobald sie mit ihm im Bett gewesen war, ließen die ständigen Avancen schnell nach und sein Interesse, sie oft zu sehen flachte stetig ab. Sie war nicht der Typ für One-Night-Stands und auch schon nach ein paar Verabredungen mit einem neuen Schwarm ins Bett zu springen, entsprach nicht ihrer Vorstellung von einer romantischen Beziehung. Der Mann musste sich gedulden, bis sie sich voll und ganz auf ihn einlassen konnte. Bis sie sich ihrer Gefühle für ihn zumindest halbwegs sicher war. Melody war aufgefallen, dass sie meist innerhalb der ersten drei Monate merkte, ob ein Mann etwas für sie war oder nicht. Und falls es ihr gelang, wollte sie sich auch dementsprechend Zeit lassen, um mit dem Auserwählten intim zu werden.

Ein Kuss war schon eine große Sache, fand sie. Ja, sie war da alte Schule, weshalb Leonie sie öfters belächelte, doch Sara fand, ein Kuss hat etwas wirklich Magisches an sich, es ist ein bezaubernder Moment, wenn man sich das erste Mal küsst. Es können die Funken fliegen, das Herz kann förmlich einen Sprung machen. Oder aber ein Knistern, als würde sich die Luft plötzlich statisch aufladen, konnte von einem Moment auf den anderen in der Luft liegen, wenn sich die bis dahin unbekannten Lippen zum ersten Mal berührten.

Dieses Knistern hatte sie vorhin auch bei Ted gefühlt.

Den Gedanken an den Wetterfrosch ignorierte sie gekonnt und nahm noch einen großen Schluck von ihrem Punsch.

»Langsam, langsam, meine Süße. Wenn du dir das Zeug weiter so hineinkippst, dann findest du dein Zimmer vielleicht nicht mehr«, scherzte Leonie.

»Miaaaa gehtsch scher guut«, antwortete Melody ihrer Freundin, »du muscht diaa keine Schorgen um misch ... maachen.«

»Ohje, du hast wohl doch mehr erwischt, als du verträgst«, entschied Sara, »vielleicht legst du dich doch lieber hin? Ansonsten hast du morgen einen deftigen Kater und einen Brummschädel. Und falls es morgen schneit wirst du das sicher bereuen.«

»Esch schnait nischt«, lallte Melody während sie von ihrem Platz aufstand und zu den Stufen wankte. Ihr Zimmer befand sich ebenfalls im ersten Stock, genau so wie Teds Zimmer. Nur musste sie dem schmalen Gang nach rechts folgen und seines lag auf der linken Seite. Als sie den Treppenabsatz erreichte, warf sie einen Blick nach links, dann wackelte sie nach rechts, bis sie vor ihrem Zimmer stand. Mit beiden Händen umklammerte sie den Schlüssel und versuchte ihn in eines der beiden Schlösser zu stecken. Doch aus irgendeinem Grund wollte ihr das nicht so recht gelingen.

Plötzlich hörte sie Weihnachtsmusik, die durch den Gang huschte und gemeinsam mit dem Geruch nach frischen Keksen vor ihrem Zimmer ankam. Neugierig blickte sie zur Seite.

Ted lugte aus seiner Türe.

»Wasch iszszs?«, zischte Melody in seine Richtung.

Ted schenkte ihr einen besorgten Blick durch den Türspalt. »Ist alles in Ordnung mit Ihnen?«

»Mit miaa? Na sischer doch, sehen sie ... jaaa.«

Ted trat auf den Gang und zog die Türe hinter sich zu. Die Weihnachtsmusik verstummte schlagartig. Doch der Geruch von Lebkuchen hing weiterhin in der Luft, während Ted sich ihr näherte.

»Schie rieschen wie der Lebkuchenmann«, grinste Melody ihn an und ließ ihre Hand gegen seine Brust schnellen.

»Sie sind betrunken.«

»Neeeein. Bin isch nischt.« Ein *Hicks!* drang aus ihrem Mund und sie hielt sich hastig die Hand vor. »Oder bin isch doch?«

»Wenn Sie nicht betrunken sind, dann fresse ich einen Besenstiel.«

»Den brauschen sie doch nich fressn, der steckt doch schon in ihrem ... *Hicks*!«

Ted lächelte sie an. »So sehen Sie mich also. Dann ist mir ja jetzt einiges klar. Kommen Sie, ich habe einen Tee und ein paar Kekse für Sie. Das wird Ihnen guttun und beim Ausnüchtern helfen.«

Ohne ein Widerwort ließ sie sich von dem Wettermann in sein Zimmer führen. Er stützte sie dabei von der Seite, damit sie nicht unerwartet umkippte. Die Musik erfüllte den kleinen Raum und der frische Lebkuchen roch noch intensiver als erwartet. Ted erzählte ihr, dass er den Lebkuchen extra aus der kleinen Bäckerei am Eck geholt hatte, was nicht so einfach war, weil sie um diese Zeit eigentlich schon geschlossen hatten. Doch die unbändige Lust auf Lebkuchen übermannte ihn, und-

4. Fluchtreflex

Melody erwachte mit einem pelzigen Gefühl auf der Zunge. Zögernd schlug sie die Augen auf. Direkt vor ihr auf dem Nachttisch stand ein Glas Wasser. Ohne lange zu überlegen, griff sie danach und stürzte es in einem Zug herunter. Warum war sie nur so durstig? Als sie versuchte, aufzustehen, fiel ihr wieder ein, wieso.

Der Glühwein.

Verdammter Mist, sie hätte es wirklich nicht so übertreiben dürfen. Ihr Kopf brummte wie verrückt, als sie sich auf ihre Beine stellte.

Ted.

Hastig sah sie sich in ihrem Hotelzimmer um. Oder befand sie sich in seinem? Oh mein Gott, was hatte sie nur getan? Die schnelle Kopfdrehung ließ sie zurück auf das Bett fallen. Mit prüfendem Blick kontrollierte sie die andere Seite des Bettes. Die Laken waren glatt gestrichen und die Decke sah unbenutzt aus. Auch das Kissen war abdruckfrei. Es dürfte heute Nacht niemand darin geschlafen haben. Zumindest etwas. Ein weiterer Blick verriet ihr, dass sie sich definitiv nicht in ihrem Zimmer befand. Teds Kram lag überall herum.

Das Handy.

Für wenige Sekunden fühlte sie sich plötzlich völlig nüchtern und ohne Megakater. Hastig fegte Melody durch das gesamte Zimmer, auf der Suche nach Teds Tasche. Doch wie schon bei ihrem Einbruch konnte sie das Ding nirgends finden. Es war zum Verzweifeln.

Nichts wie weg! schoss es ihr durch den Kopf.

Heute bevorzugte sie definitiv keine langatmigen und tiefgründigen Gedankengänge. Und was gestern zwischen ihr und dem Wetterfrosch geschehen war ... darüber würde sie sich später noch genügend Sorgen machen können. Spätestens nach einer Tasse heißem Kaffee und einem Buttercroissant.

Ihr Zimmer lag zum Glück nur einige Schritte entfernt, Ted war entweder im Bad oder aber sogar unterwegs und hatte sie weiterschlafen lassen. Die Gefahr ihm auf dem Weg zu ihrer Bleibe zu begegnen war also sehr gering.

In ihrem Zimmer angekommen, atmete sie erleichtert auf, weil sie niemandem begegnet war. Dann sprang sie unter die Dusche, schnappte sich ihre gemütlichsten Klamotten und machte sich auf zum Frühstück. Es war viertel vor zehn, sie hatte noch fünfzehn Minuten Zeit, bevor das Frühstücksbuffet abgeräumt werden würde.

Eigentlich hatte sie damit gerechnet, dass sie alleine frühstücken würde, doch Sara saß an ihrem Tisch und stocherte in einem Rührei.

»Guten Morgen, Sara«, begrüßte Melody ihre Freundin.

Sara hob langsam den Kopf. »Hm? Ach, guten Morgen, Melody.«

Ihre Freundin schien im Geiste abwesend zu sein. Sie hatte Melody kaum wahrgenommen und machte auch keine Anstalten sich mit ihr zu unterhalten. Das sollte ihren Brummschädel eigentlich erfreuen, doch Melody sah ein Gefahrenzeichen vor sich aufblitzen. Sara ging es nicht gut.

»Ich hole mir einen Kaffee, soll ich dir noch etwas mitbringen? Vielleicht eine Semmel zu deinem Eierschlachtfeld?«, versuchte es Melody mit einem Scherz. Doch Sara schüttelte nur traurig den Kopf.

Melody kehrte mit ihrem Kaffee und zwei Croissants mit Butter zurück zu ihrem Platz. Sara saß immer noch in derselben Haltung am Tisch wie zuvor. Ihre Eier waren mittlerweile zu einem Brei weichgeklopft.

»Bald kannst du sie trinken.«

»Wie bitte?«, fragte Sara eher höflichkeitshalber als tatsächlich interessiert.

»Ach nichts. Erzähl mal, was war gestern denn noch los, nachdem ich euch alleine gelassen habe?«

Sara schluckte schwer. »Nichts Besonderes.«

»Ach komm schon«, forderte Melody, »ich merke doch, dass etwas nicht stimmt. Hat Leonie irgendetwas Dummes gesagt oder getan?«

Sara sah stur in ihren Kaffeebecher.

Melody hatte die Meldung über Leonie eigentlich nur spaßhalber geschoben, doch anscheinend hatte sie voll ins Schwarze getroffen.

»Was hat sie gemacht?«, flüsterte sie erstaunt.

»Andreas ist gestern hier gewesen, und ... und-« Sara schaffte es nicht, weiter zu sprechen. Denn kaum hatte sie seinen Namen ausgesprochen, rannen ihr warme Tränen über die Wangen.

»Und Leonie hat dich vor ihm lächerlich gemacht?«, mutmaßte Melody. So wie sie ihre Freundin kannte, hatte sie sich nichts Schlechtes dabei gedacht und zur Auflockerung ein paar Scherze über Sara losgelassen. Das würde genau Leonies Art entsprechen. Sie war zwar ein ruppiger Kerl, meinte es jedoch niemals böse oder verletzte jemanden absichtlich. Und Sara werden die Sprüche ihrer Freundin gegenüber dem Mann, den sie gern hatte, peinlich gewesen sein.

»Sie hat ... sie hat-« Sara schniefte, »sie hat ihn geküsst.«

»Wie bitte?« Der Kaffee schien zu wirken. Melodys Kopf wurde mit einem Schlag klar und die restlichen Alkoholwolken verzogen sich. »Das kann sie doch nicht wirklich getan haben.«

»Doch«, bestätigte Sara, »sie hat sich noch einen Drink bei der Bar geholt und ist dann eine Weile nicht mehr zu uns zurückgekommen. Natascha ist nachsehen gegangen und hat sie knutschend mit einem Mann erwischt. Natascha hat es mir gleich erzählt und neugierig wie ich bin, ich dumme Nuss, bin ich ums Eck geschlichen und habe sie beobachtet. Zuerst musste ich wahnsinnig kichern, weil sie sich wie ein Teenager verhielt. Doch dann habe ich sein Gesicht gesehen.«

»Oh, Sara. Das tut mir schrecklich leid.«

»Das ändert jetzt auch nichts mehr. Ich meine, ich bin ja auch selbst schuld. Ich habe nicht gemerkt, dass er den Abend auch hier verbringt. Und er wird mich wohl auch nicht gesehen haben, oder ... oder ...« Wieder ein Schniefen »oder ... er hat mich gesehen, aber es war ihm einfach egal.«

»Er hat dich bestimmt nicht bemerkt, Süße«, versuchte Melody ihre Freundin zu beruhigen, und legte einen Arm um sie.

»Er hat mich nicht bemerkt, weil ich so unscheinbar bin. Willst du das damit sagen?«

Ohje, anscheinend würde Sara jetzt alles was sie sagte in den falschen Hals bekommen. Melody ahnte, dass sie sich ab jetzt für alles was sie sagte, rechtfertigen musste.

»Sara, nein, so habe ich das nicht gemeint. Ich wollte damit nur sagen, dass du ihm sicher nicht aufgefallen bist« *falsche Wortwahl* »also, ich meine, dass er sich nicht großartig nach dir umgesehen hat. Immerhin weiß er doch nicht, dass du hier bist, oder?«

Sara schüttelte den Kopf. Sie hatte ihm tatsächlich keine Nachricht zukommen lassen. Zwar wusste sie, dass Andreas des Öfteren seinen Abend hier an der Hotelbar verbrachte, doch sie war nicht auf die Idee gekommen, vorab hier anzurufen und einen Zettel für ihn bereitlegen zu lassen.

»Ich bin ja so dumm. Über ein Jahr habe ich auf den Moment gewartet ihn wiederzusehen. Und dann, als es endlich so weit ist, hängt er an Leonies Lippen. Es war so eklig, als würden sie sich gegenseitig fressen«, sagte Sara mit verzogenem Mund. Sie war eindeutig nicht begeistert von dem, was sich Gestern noch ereignet hatte.

»Und ich habe bei Ted dem Wetterschreck übernachtet«, platzte es aus Melody heraus.

Saras Blick hellte sich schlagartig auf. »Waaaas? Nicht dein ernst! Du schlimmes Luder, du!«

»Hey, jetzt hörst du dich an wie Leonie.« Kaum hatte Melody diesen Vergleich gezogen, tat er ihr auch schon wieder leid. »Entschuldige bitte. Ich habe einen schrecklichen Kater und mein Hirn denkt langsamer als mein Mund spricht.«

»Ist schon in Ordnung, Melody. Du kannst nichts dafür und Leonie ja eigentlich auch nicht. Sie weiß noch gar nicht, dass dieser Typ mein Andreas war. Ich bin auf mein Zimmer gegangen, nachdem ich die beiden beobachtet habe. Natascha habe ich auch nichts gesagt.«

»Oh, Schätzchen, das ist ja schrecklich. Tut mir so leid für dich.«

»Genug jetzt über mein gescheitertes Liebesleben. Erzähl mir von deinem«, forderte Sara ihre Freundin auf.

»Liebesleben? Also Moment. Soviel ich weiß ist mit diesem geschmiergelten Typen nichts gelaufen.«

»Also, ich finde ihn eigentlich ganz süß«, gab Sara zu.

»Ernsthaft?«, fragte Melody überrascht. »Der ist doch steif wie ein Brett und er trägt eine Herrenhandtasche. Ich wüsste nicht, was an einem Mann noch unattraktiver sein kann als das.«

»Aber er hat total nette Grübchen und sein Hintern ... den finde ich auch ganz nett, wenn du verstehst.«

»Er hat auch einen total heißen Oberkörper«, antwortete Melody ohne nachzudenken. Hastig schlug sie sich die Hand vor den Mund.

»Und zwischen euch ist ernsthaft nichts gelaufen?«

»Um ehrlich zu sein«, gab Melody resigniert zu, »ich

weiß es nicht. Ich kann mich einfach nicht erinnern. Ich hoffe so sehr, dass nichts passiert ist.«

»Ja, wäre schade, wenn du ihn geküsst hättest und nichts mehr davon wüsstest. Wenn seine Küsse so heiß sind wie sein Body ... dann ...« Sara kicherte hinter vorgehaltener Hand.

»Also, Sara. Wirklich«, rügte Melody ihre Freundin.

»Ich würde dir sogar wünschen, dass etwas passiert ist. Du hast es dir verdient, Melody.«

»Wie meinst du das?«

»Nach all dem was mit Marcell passiert ist, dachte ich. Es wäre doch super, wenn du auch mal Glück hättest und einen netten Mann treffen würdest. Auch wenn es nur für eine Nacht wäre.«

»Ich will nicht darüber reden.« Die Geschichte mit Marcell war ein schwarzes Tuch, über das Melody nie wieder sprechen wollte.

»Ich weiß«, sagte Sara, »aber du hast doch auch ein Recht darauf wieder glücklich zu sein. Oder zumindest darauf, ein bisschen Spaß zu haben. Lass dich gehen. Ted scheint doch ganz in Ordnung zu sein. Mach dir selbst ein Weihnachtsgeschenk und schmeiß dich an den Wettermann mit dem sexy Po ran.«

Melody überlegte kurz. Schüttelte dann aber den Kopf. »Nein, danke. Das ist nicht-«

»Deine Art«, beendete Sara ihren Satz. »Ich weiß, ich weiß. Aber denk doch einfach mal darüber nach. Ich glaube, du verpasst etwas, wenn du dich nicht auf einen kleinen unschuldigen Weihnachtsflirt einlässt. Du musst ja nicht gleich aufs Ganze gehen, aber ein wenig Romantik hat doch noch keinem geschadet.«

»Ich werde darüber nachdenken«, flunkerte sie ihre Freundin an. Nie und nimmer würde sie sich auf ein Techtelmechtel mit diesem Saubermann einlassen.

5. So wie man in den Wald ruft ...

Nachdem Melody nach dem Frühstück noch einmal eine Runde geschlafen hatte, fühlte sie sich wieder wie ein normaler Mensch. Ihr Kopf brummte nicht mehr und auch ihre Erinnerung kehrte langsam zurück. Jedenfalls bildete sie sich das ein. Sie konnte sich noch daran erinnern, wie Ted sie in sein Zimmer mitgenommen hatte. Eigentlich wollte er ihr einen Kaffee und Kekse anbieten, doch sie dürfte vorher einfach eingeschlafen sein.

Es war nichts passiert.

Dessen war sie sich auch zu Neunundneunzig Prozent sicher. Ein mulmiges Gefühl blieb aber trotzdem zurück. Sie würde dem Wettermann heute auf jeden Fall aus dem Weg gehen. Ihr Handy würde sie schon noch früh genug von ihm zurückbekommen. Immerhin war noch eine gute Woche Zeit bis Weihnachten. Und die Freundinnen fuhren erst wieder am sechsundzwanzigsten Dezember zurück nachhause. Ursprünglich hatten sie überlegt, bis nach Neujahr hierzubleiben, doch bis jetzt schien der Urlaub mehr in einer Katastrophe zu enden und eine Verlängerung schien eher unangebracht. Immerhin hatte es bis jetzt immer noch nicht geschneit, Leonie hatte mit Andreas, dem Schwarm von Sara herumgemacht und für Melody war der Aufenthalt in Freedom Falls auch nicht gerade ein Zuckerschlecken. Einzig für Natascha dürfte der Urlaub halbwegs erträglich sein. Wobei ihre Freundin viel Zeit alleine verbringen musste, das hatte Natascha sich bestimmt auch ganz anders vorgestellt.

Melody beschloss, alleine mit Leonie eine Unterhaltung zu führen. Sie hatte ihr über die Rezeption eine Nachricht zukommen lassen, dass sie mit ihr einen Waldspaziergang machen wollte. Zu diesem Zweck hatte Melody ein paar der Schlittenhunde reserviert, die eigentlich dazu gedacht waren, die Gäste auf einem aufwändig verzierten Holzschlitten durch die wunderschöne Winterlandschaft zu ziehen. Doch den Hunden war der Spaß dank des seltsamen Wetters nicht vergönnt. Dann sollten sie zumindest auf andere Art und Weise Bewegung bekommen, dachte Melody.

Martin, der Schlittenführer wartete schon bei dem Gatter auf sie. Er fand die Idee herrlich, dass die Gäste gerne mit den Hunden einen Spaziergang machen wollten.

Die Vierbeiner saßen in Reih und Glied und sahen gespannt zu Martin, ohne Melody auch nur einen Blick zu schenken. Man merkte sofort, dass Martin sie trainiert und großgezogen hatte und wie sehr er die Tiere liebte.

»Das hier ist Daisy, der große da ist Donald und der kleine Frechdachs hier ist Pluto«, stellte er die Tiere nach der Reihe vor.

»Und sie werden auf mich hören?«, fragte Melody sicherheitshalber noch einmal nach.

»Wenn du die richtigen Befehle kennst, dann ist das überhaupt kein Problem. Sie sind dazu ausgebildet worden.«

Gerade als Martin ihr eine Einschulung der wichtigsten Befehle gab, stapfte Leonie durch das grüne, nicht schneebedeckte Gras und gesellte sich zu ihnen.

»Und diese drei Tölen sollen uns durch den Wald begleiten?«, motzte Leonie ohne Martin auch nur anzusehen.

»Hey, das sind reinrassige Huskys, dazu ausgebildet Menschen durch Schneestürme sicher nachhause zu bringen«, konterte er mit finsterer Miene. Leonie hatte ihn eindeutig verärgert.

Erst jetzt sah Leonie zu ihm. Mit einem kritischen Blick musterte sie den Hundehüter von oben bis unten. »Aha«, schnauzte Leonie und wandte sich sofort von Martin ab.

Melody erschrak ein wenig vor ihrer Kaltschnäuzigkeit. Doch wer wusste schon, was in Leonie so vorging. Wie sie wen behandelte oder auf welchen Menschen sie wie reagieren würde, das war bei ihr immer schon eine große Überraschung gewesen. Martin konnte sie anscheinend nicht besonders gut riechen. Na gut, er glänzte auch nicht gerade in seinen Hochwassergummistiefeln und seinem verdreckten Uraltpullover. Seine Haare standen auch wirr von seinem Kopf ab und würden sich mit Sicherheit auch mal wieder über ein Bad freuen.

Nichtsdestotrotz war Leonie total unfreundlich zu ihm. Melody nahm Martin mit entschuldigendem Blick die Leinen und die Hundepfeife aus der Hand. Er verabschiedete sich ganz höflich von beiden Frauen und befahl seinen Hunden, mit Melody zu gehen. Pluto hopste freudig neben ihnen her, Daisy lief voraus in den

Wald, sie kannte den Weg mit Sicherheit, und Donald trabte hinter den beiden Freundinnen her.

»Das ist so ein mies riechender Typ«, sagte Leonie, sobald Martin außer Hörweite war, und hielt sich demonstrativ die Nase zu.

»Ich glaube, er arbeitet auch im Stall, mistet die Pferde aus und so. Da kann es schon gut sein, dass er während der Arbeitszeit nicht so herrlich duftet.«

Leonie war ein typisches Stadtkind und hatte keine Ahnung vom Leben am Land, anders als Melody, deren Großeltern aus einem ähnlichen Örtchen wie Freedom Falls stammten. Das war auch der Grund, warum Melody dieses Kaff so anödete. Sie musste ihre Kindheit auch in purer Langeweile verbringen. Obwohl, wenn sie darüber nachdachte, dann hatte die Zeit bei ihren Großeltern auch viele schöne Seiten gehabt. Zumindest wusste sie, wie schwer Menschen auf dem Land arbeiten mussten und was es hieß, wirklich noch mit seinen Händen zu arbeiten, sein Essen selbst anzubauen und Kühe zu melken.

»Wie auch immer«, sagte Leonie und streichelte Donald über den Kopf als er an ihnen vorbeitrottete und zu Daisy aufschloss. »War ja eine ganz nette Idee von dir diesen Spaziergang zu machen, Melody. Aber warum gehen wir denn nicht zu viert? Sara und Natascha hätten sich sicher auch über Beschäftigung gefreut.«

»Das mag schon sein«, warf Melody ein, »aber ich wollte gerne mit dir über gestern reden.«

»Oh, du meinst wegen Ted und deinem Handy? Ich habe die Neuigkeiten schon von Sara gehört.«

»Du hast Sara heute schon getroffen?«

»Ja, sie war zuerst total ruhig. Du kennst sie ja, wie sie ist, wenn sie versucht, ein Geheimnis für sich zu bewahren. Na jedenfalls hat es dann nur so aus ihr herausgesprudelt, schlimmer als die Niagarafälle. Und ich sag dir, ich konnte es kaum glauben, als sie meinte, du hättest bei Ted übernachtet. Stimmt das denn tatsächlich?«

Melody biss sich auf die Lippe. Ursprünglich hätte sie Leonie davon lieber nichts erzählt, doch sie verstand auch, dass Sara den eigentlichen Grund, weshalb sie Leonie aus dem Weg ging, mit dieser Story über Melodys Drama überspielen wollte.

»Ähm ... ja, das stimmt. Aber es ist nichts passiert. Ich war betrunken und bin eingeschlafen. Das ist auch schon wieder alles.«

»Na sieh mal einer an. Unsere brave, ach so sittsame Melody hat einfach so im Bett eines fremden Mannes übernachtet. Herrlich!«

Melody beschloss, es wäre an der Zeit das Thema zu wechseln. »Und wie lief es gestern Abend bei dir? Es wird getuschelt, dass du jemanden kennengelernt hättest?«

»Jemanden, ja das trifft es ziemlich genau. *Niemanden* beschreibt den Typen jedoch besser.«

»Was meinst du denn damit? Ich dachte, ihr hättet wild herumgeschmust? Wie die Teenager?«

»Ja, anfangs schon. Er war zuerst auch total bei der Sache. Ich habe ihn in mein Zimmer eingeladen und er hat mich sogar durch die Empfangshalle gejagt. Aber nachdem wir uns auf den Treppen befunden haben, war er irgendwie wie ausgewechselt.«

»Ach, tatsächlich?«, fragte Melody in ihrem beiläufigsten Tonfall.

»Ja, ich kann es mir selbst nicht erklären. Zuvor war er noch rattenscharf wie Lumpi und dann plötzlich; Nichts mehr. Er ist zwar noch mit auf mein Zimmer gekommen, doch als ich ihm an die Wäsche wollte, hat er mich nur gefragt, ob ich alleine hier auf Urlaub wäre. Oder ob ich vielleicht mit Freundinnen hier wäre? Das fand ich dann schon sehr seltsam.«

»Und was hast du geantwortet?«, wollte Melody wissen.

»Ich dachte mir zuerst nichts dabei und habe ihm erzählt, dass ich mit euch über Weihnachten hier bin. Auch, dass zwei meiner Freundinnen gerade eben in der Empfangshalle auf der Couch gesessen haben. Danach wollte er plötzlich nur noch über euch sprechen.«

»Das ist ja interessant«, murmelte Melody. Durch diese spannenden Neuigkeiten vergaß sie, weiterhin ein Auge auf die Hunde zu haben.

»Also, ich finde das gar nicht interessant. Eher gestört und unheimlich. Ja, genau. So finde ich das«, antwortete Leonie.

»Weißt du, das liegt vielleicht daran, dass dieser süße Typ, den du gestern beinahe herumgekriegt hättest, Saras Schilehrer ist.«

»Waaas?«, kam es schrill aus Leonies Mund. Pluto, der bis vor kurzem noch direkt vor den beiden hergelaufen war, bog auf einmal in den Wald ab.

»Das kann doch nicht wahr sein! Bitte sag mir, dass das nicht stimmt. Ich würde doch nie ... oh mein Gott. Sara ... sie hat gar nichts zu mir gesagt. Und glaubt sie, dass ich mit ihm?«

»Ja, das denkt sie wohl«, sagte Melody, bevor sie in die Hundepfeife blies. Daisy und Donald galoppierten aus der entgegengesetzten Richtung wieder zu ihnen zurück. Nur Pluto ließ auf sich warten. Melody pfiff erneut in die geräuschlose Trillerpfeife, diesmal etwas fester.

»Das ist ja schrecklich. Ich muss das sofort aufklären! Und dieser Andreas, der ist ja nicht besser als Sara. Er hat auch kein einziges Wort zu mir gesagt. Was glauben die Leute denn, woher man wissen sollte, was man gerade anstellt, wenn es einem Niemand sagt? Ich hätte das natürlich auch verstanden, klar. Ich hätte sofort die Finger von ihm gelassen. Schrecklich.«

»Es ist ja zum Glück nichts passiert«, versuchte Melody, ihre Freundin zu beruhigen. Es tat Leonie wirklich leid.

»Aber auch nur, weil er Sara anscheinend in der Halle sitzen gesehen hat«, führte Leonie weiter aus. »Ich frage mich nur, warum er nicht gleich zu ihr gegangen ist?«

»Das ist eine gute Frage«, antwortete Melody, bevor sie anfing nach dem jüngsten der Huskys zu rufen. »Pluto! Komm hier her, Junge!«

»Der Hund heißt Pluto? Na, das ist ja passend. Den Namen hat sicher dieser Stallbursche ausgesucht«, stichelte Leonie, doch dann half sie, den Hund zu suchen und rief ebenfalls lautstark nach ihm.

Eine weitere Stunde ohne Anzeichen auf Pluto war bereits wie im Flug vergangen. Melody schmerzten allmählich die Füße. »Komm, lass uns zurückgehen und Martin sagen, dass wir einen seiner Hunde verloren haben.«

»Bist du verrückt?«, entfuhr es Leonie völlig entgeistert, »Ich gestehe dem Typen gegenüber doch nicht ein, dass ich es nicht einmal schaffe, auf drei Köter aufzupassen. Wir suchen weiter.«

»Ich kann nicht mehr, Leonie. Wir sind schon viel zu lange unterwegs. Auch wenn das Wetter gar nicht so winterlich ist, die Uhrzeit ist es sehr wohl. Es ist beinahe vier Uhr, gleich wird es dunkel werden.«

»Sei doch kein Feigling, Mel. Die Hunde bringen uns schon wieder zurück.«

»Meinst du? Das kann ja gut sein, aber ... was ist wenn nicht?«

»Schau dir Donald und Daisy doch mal an. Die finden sicher immer nachhause, das hat uns der Stallbursche doch gesagt.«

Melody stimmte widerwillig zu. Sie kramte in ihrer Tasche, doch dann fiel ihr wieder ein, dass ihr Telefon immer noch bei Ted war. Normalerweise würde sie ihr Handy als Taschenlampe nutzen, doch so hatte sie keine andere Wahl als zu warten, bis sich ihre Augen an die beginnende Dämmerung gewöhnten.

Auch Leonie sah immer schlechter, es würde nicht mehr lange dauern und der Weg sollte für sie beide unsichtbar werden. Die Freundinnen leinten Daisy und Donald an als sie bemerkten, dass sie wirklich gleich nichts mehr in der Dunkelheit erkennen würden. So marschierten sie noch einige Zeit weiter.

»Okay, vielleicht sollten wir doch umkehren«, sagte Leonie nach einer Weile.

»Ach? Denkst du wirklich, dass wir das sollten?« Melody war normalerweise kein sonderlich sarkastischer Mensch, doch jetzt gerade schien ihr ein sarkastischer Ton mehr als angebracht zu sein. Zusätzlich konnte sie so ihre Angst überspielen. Sie ahnte ja bereits, dass es nicht klug wäre mitten im Wald zu bleiben, während der Tag sich seinem Ende neigte.

»Ich sehe die Hand vor Augen nicht mehr. Da werden wir den Hund auch nicht mehr finden.« Leonie klang richtig niedergeschlagen. Sehen konnte Melody sie ja nicht mehr.

»Es wird ihm schon nichts passiert sein, immerhin ist er hier in der Gegend aufgewachsen. Ich denke, Martin wird regelmäßig mit den Hunden durch den Wald gehen. Pluto findet mit Sicherheit nachhause.«

»Ach, es geht mir doch nicht nur um den Hund. Es geht momentan einfach alles schief. Zuerst bringe ich dich dazu, bei Ted einzubrechen. Dann mache ich auch noch mit Saras großer Liebe herum. Und jetzt verliere ich den Hund vom dreckigen Hundeflüsterer höchstpersönlich. Zuguterletzt verirren wir uns in einem echt gruseligen Wald, weil ich zu stolz bin, mir meine Fehler einzugestehen. Das passt alles ganz wunderbar zu dem, was mich erwartet, wenn wir wieder zuhause sind. Deshalb wollte ich eigentlich bis Anfang nächsten Jahres hierbleiben.«

»Was meinst du damit?«, fragte Melody vorsichtig nach.

»Ich habe meinen Job verloren. Mein Mietvertrag läuft demnächst aus und ich werde auch noch meine Wohnung verlieren. Aber das ist halb so schlimm, weil ich sie mir sowieso nicht mehr leisten kann, nachdem ich keine Arbeit mehr habe.«

»Oh, Leonie ... das ist ja echt schrecklich.«

»Dann geschieht das ganze natürlich auch noch zu Weihnachten. Deshalb dachte ich, dieser kleine Urlaub würde mich von all dem ablenken.«

»Und dann geht hier auch noch so viel schief.«

»Genau. Und ich mache alles noch schlimmer. Ich bin so schrecklich.«

»Das stimmt schon, manchmal bist du schrecklich und redest, ohne nachzudenken. Aber in diesem Fall kannst du doch gar nichts dafür.«

»Danke für die Aufmunterung«, sagte Leonie in einem etwas fröhlicherem Tonfall. Die Hunde zogen brav an ihren Leinen und geleiteten sie langsam aber sicher zurück in Richtung Hotel. Gemachsam kroch die nächtliche Kälte unter Melodys Strickmantel. Wenn sie gewusst hätte, dass sie so lange unterwegs sein würden, dann hätte sie einen Rucksack mit Proviant und warmer Kleidung mitgenommen. Denn auch das Durstgefühl wurde immer stärker. Ohne ihr Handy wusste sie auch nicht, wie spät es bereits war. Es konnte erst Sechs Uhr abends, aber auch schon locker Zehn Uhr nachts sein.

Nach einer weiteren gefühlten Ewigkeit hielten die Hunde plötzlich an. Melody zog an Donalds Leine, doch der Husky bewegte sich keinen Millimeter vom Fleck.

»Was ist denn nun los?«, fragte Leonie, doch Melody antwortete nur mit einem »Psssst ...«

Aus dem Wald vernahm sie ein stetiges Knistern, als würden feine Äste brechen und sich jemand oder etwas auf sie zubewegen. Jemand näherte sich ihnen. Eindeutig.

Flüsternd richtete sie sich an ihre Freundin. »Irgendetwas ist hier im Wald. Vielleicht ein Wildschwein oder ein Fuchs.«

»Ein Bär?«, fragte Leonie nervös.

»Ich glaube, hier in der Gegend gibt es keine Bären. Eher ein Luchs oder ein Reh.«

»Okay, wenn es nur ein Luchs ist. Dann bin ich ja beruhigt.« Der schnippische Unterton in Leonies Stimme war kaum zu überhören.

»Pssst!«, zischte Melody erneut. Doch egal wie sehr sie sich Stille wünschte, Daisy und Donald sahen das ganz anders. Beide Hunde begannen zeitgleich zu bellen.

»Seid doch ruhig!«, versuchte sie, die Huskys zum Schweigen zu bringen. Doch ohne Erfolg. Was auch immer sie in den Tiefen des Waldes witterten, es schien sie nervös zu machen.

Kurz darauf war ein Winseln zu hören und etwas streifte Melodys Bein.

Leonie schrie auf. »Hilfe! Was ist das?«

»Bei mir war es auch gerade. Halt einfach still, vielleicht verschwindet es dann wieder.«

Anstatt auf sie zu hören verfiel Leonie in schallendes Gelächter. »Hahaha«! Hör doch auf! Du dummer Hund! Das kitzelt! Hahaha!«

»Was ist denn los, Leonie?«

»Es ist ... hahaha! ... Pluto. Er hat mich umgeworfen. Hahaha! Und jetzt schleckt er mein ... Gesicht ab. Hahaha!«

Das Pochen in Melodys Brust wurde abrupt ruhiger. Aus dem Wald hörte sie plötzlich Stimmen, die ihre Namen riefen.

»Ich glaube, sie suchen uns«, sagte Melody und machte ein paar Schritte in die Richtung, aus der die Stimmen kamen.

»Hier! Wir sind hier!«, antwortete sie den Rufen, die aus der Dunkelheit zu ihnen drangen.

Die Lichtkegel von Taschenlampen erhellten allmählich ihre Sicht.

»Hier! Hier sind wir!«, riefen die beiden Frauen nun im Chor.

Das Knistern wurde lauter und die Lichtpunkte der Lampen steuerten direkt auf die frierenden Freundinnen zu.

Melody erkannte Martin, der sich im Laufschritt mit zwei Decken bewaffnet näherte. Eilig legte er zuerst ihr dann Leonie eine Pferdedecke um die Schultern.

Leonie murmelte irgendetwas davon, dass die Decke nach Pferd müffelt, doch Martin ignorierte ihr Gemecker einfach und fragte sie, ob es ihr gut ginge.

Ein weiterer Mann näherte sich mit einer großen Flasche Wasser. Zuerst konnte Melody nur seine schemenhaften Umrisse wahrnehmen, weil sie die Taschenlampe blendete. Doch als er ihr die Flasche reichte, erkannte sie Ted, den Wetterfrosch.

»Martin hat an der Rezeption nach euch gefragt. Ich stand direkt neben ihm und habe mich sofort freiwillig gemeldet ihm bei der Suche zu helfen. Ich habe mir schreckliche Sorgen um dich gemacht.«

Er hatte sich Sorgen um sie gemacht? Das konnte er doch nicht ernst meinen. Anstatt ihm zu antworten nahm sie einen großen Schluck Wasser. Ted musste verwirrt sein. Immerhin war sie momentan seine größte Gegnerin. Sie hatte ihn beleidigt, als sie betrunken war. Jetzt fiel es ihr wieder ein.

»Ted ... es tut mir leid was ich zu dir-«

»Vergeben und vergessen«, unterbrach er sie, »du warst nicht ganz bei dir und eigentlich fand ich es auch ganz amüsant zu erfahren, was meine Zuseher von mir denken.«

»Ich denke nicht, dass dein kompletter Fankreis so über dich denkt«, antwortete Melody verlegen.

»Ach, was soll´s. Ich mache doch auch nur meinen Job. Ich bin nur der Wettermann von Channel 5. Ich bekomme eine Minute Ruhm täglich, das ist nicht mal Zeit genug, um sich mein Gesicht einzuprägen.«

»Also ... ich habe dich sofort erkannt, als ich dich in der Stadt gesehen habe. Gemeinsam mit dieser bildhübschen Reporterin.«

Kaum hatte Melody fertig gesprochen, bemerkte sie

den eifersüchtigen Unterton, der in ihrer Stimme mitgeschwungen sein musste. Sie hoffte, dass Ted diese Kleinigkeit entgangen war. Denn sie war definitiv nicht eifersüchtig. Ted konnte und sollte treffen, flirten und küssen, wen auch immer er wollte. Solange es sich dabei nicht um sie, Melody, handelte.

Ted legte ihr einen Arm um die Schulter und führte sie den Waldweg entlang. Zuerst wollte sie seine Hand wegstoßen, doch dann stieg ihr der Duft von Vanille und Lebkuchen in die Nase. Sie schmiegte sich an ihn und genoss die Wärme, die von ihm ausging. Es war ihr sowieso gerade viel zu kalt, als sein Angebot, sie vor der eisigen Nacht zu schützen, abzulehnen.

Als sie sich der Zivilisation und dem Hotel näherten löste sie sich langsam von ihm.

»Vielen Dank für die Rettung«, flüsterte sie mehr ihren Füßen, als ihrem Retter zu.

»Kein Problem, holde Maid. Ich stehe immer wieder zu euren Diensten.«

Melody hob den Kopf und sah Ted direkt in die Augen. Die klirrende Kälte der Nacht färbte ihren Atem kristallweiß. In Zeitlupe näherte sich sein Gesicht dem ihren. Melody hielt den Atem an und schloss die Augen.

»Danke, dass du für mich da warst«, sagte sie. Ohne es zu merken, hatte sie eine Hand auf Teds Brust gelegt um ihn von sich wegzudrücken.

Er stolperte einen Schritt zurück. »Ähm ... immer wieder gern, wie gesagt.«

»Es tut mir leid, Ted. Aber ich ... ich kann nicht.«

»Ist schon in Ordnung. Das liegt bestimmt an meinem Stock. Du hast Angst, dass du ihn auch schlucken musst«, antwortete er in heiterem Ton.

Melody konnte sich ein Schmunzeln nicht verkneifen.

»Lass uns morgen etwas unternehmen, was meinst du?«, schlug er plötzlich vor.

»Ach, ich weiß nicht so recht.« Wenn sie zusagen würde, dann könnte sie sich ihr Handy vielleicht doch noch besorgen, ohne Ted von ihrer peinlichen Aktion erzählen zu müssen. »Aber okay. Ja, warum eigentlich nicht. An was hättest du denn gedacht?«

»Das ist eine Überraschung. Treffen wir uns gleich nach dem Frühstück in der Empfangshalle?«

»In Ordnung«, antwortete sie und nickte ihm seltsamerweise sehr interessiert zu. Dass er sagte, er hätte eine Überraschung geplant, machte sie doch neugierig.

»Und jetzt ab in den Wellnessbereich des Hotels, mit dir. Du solltest dich dringend aufwärmen. Ich kann nur das Dampfbad empfehlen. Aber eine finnische Sauna gäbe es auch, wenn man mehr der Typ ist, der sich ohne Kleider am Körper aufwärmen will.«

»Es gibt in diesem Hotel einen Wellnessbereich?«, ertönte Leonies schwer begeisterte Stimme hinter ihnen. »Nichts wie hin!«, jauchzte sie, schnappte Melody im Vorbeilaufen an der Hand und zerrte sie mit sich.

Meldody hörte nur noch Teds Stimme nachhallen: »Und nimm morgen deinen Fotoapparat mit!«

6. Ich sage dir nur an einem Ort, was du tun sollst

Innerhalb weniger Minuten hatten sich die Freundinnen umgezogen und waren bereit für den hoffentlich entspannenden Teil ihres Urlaubs. Natascha und Sara saßen schon im Whirlpool, als Leonie und Melody den Wellnessbereich betraten.

»Zum Glück geht es euch gut! Wir haben von eurem kleinen Malheur gehört. Ted hat uns gebeten die Sauna für euch vorzuheizen«, erklärte Natascha.

»Dann nichts wie los!«, quietschte Leonie. Es war kaum zu glauben, dass sie sich nach dieser Tortur so für den minimalistischen Wellnessbereich begeistern konnte. Aber das waren wohl gerade ihre freudigeren Momente im Leben. Immerhin erwartete sie zuhause ja nichts besonders Aufregendes.

Zu viert passten sie gerade mal so auf die schmale Bank der finnischen Sauna. Sollte sich noch ein Gast in diesen Bereich verirren, dann würden sie wie Sardinen zusammengedrängt sitzen müssen. Doch da die Wellness-Oase eher ein Geheimtipp war, würde sie dieses Schicksal bestimmt nicht ereilen.

Leonie setzte sich direkt neben Sara und flüsterte ihr etwas ins Ohr. Melody konnte sich schon gut vorstellen, worum es ging. Ihre Freundin wurde, seit sie die Wahrheit kannte, von einem schrecklich schlechten Gewissen gequält.

»Und wie war es so, von dem Wettermann gerettet

zu werden?«, fragte Natascha in die vorherrschende Stille.

Melody sah nach links und rechts. »Ach, du meinst mich?«

»Ja, klar. Leonie wurde doch von diesem Martin gerettet«, kicherte Natascha.

»Wie bitte?«, entfuhr es Leonie, die sofort von Sara abließ. »Dieser dreckige Stalljunge? Okay, ich meine er hat mir sogar seine Jacke geliehen, weil ich trotz der Decke, die er vorsorglich für mich dabei hatte, gefroren habe ... aber-«

»-Aber egal wie nett und vorausschauend er ist, solange er nach Pferdemist stinkt ist er für unsere feine Leonie natürlich kein geeigneter Kandidat«, ergänzte Natascha und beendete damit Leonies Satz.

»Hey, so ist das auch wieder nicht. Jeder bekommt bei mir eine Chance.«

»Ach, das glaubst du doch selbst nicht«, warf Sara in schnippischem Ton ein.

Leonie riss ungläubig die Augen auf. »Ich habe dir doch gerade alles erklärt und mich dafür entschuldigt, dass beinahe etwas mit deinem Schilehrer gelaufen ist.«

»Ich spreche doch auch nicht von Andreas, sondern davon, dass du generell nicht gerade ein zugänglicher und vorurteilsfreier Mensch bist. Du siehst jemanden an und hast dir sofort eine Meinung gebildet, die du partout nicht änderst. Egal, wie sich der Andere in Zukunft noch verhalten mag.«

»Hm.« Leonie war das ersten Mal sprachlos. Melody wusste gar nicht, dass ihre Freundin dazu fähig war.

»Hm«, machte Leonie erneut. »Vielleicht ... aber nur vielleicht! Hast du recht.«

»Oh, wow«, sagte Sara und hielt sich sofort die Hand vor den Mund. Mit so einer Antwort hatten sie alle nicht gerechnet.

»Und falls dem so ist«, warf Melody ein, »was willst du dagegen unternehmen?«

Leonie drehte den Zipfel ihres Handtuches zwischen den Fingern hin und her. »Ich weiß es nicht.«

»Ich habe eine Idee!«, eröffnete Natascha freudig. »Du gehst morgen einfach mit dem Stalljungen aus!«

»Was? Nein, nein ... nein. Das kann ich doch nicht ... nein.«

»Ach, komm schon, Leonie. Natascha hat da wirklich einen wunderbaren Einfall. Jetzt lass dich doch mal darauf ein. Immerhin gehe ich doch morgen auch mit Ted aus, obwohl ich nicht möchte«, erklärte Melody.

Natascha und Sara warfen ihr sofort einen ungläubigen Blick zu.

»Kriegt euch wieder ein«, sagte Leonie, als sie die Blicke bemerkte, »sie trifft sich doch nur mit ihm, weil sie ihr Handy unbemerkt zurückbekommen möchte.«

»Das stimmt so nicht«, konterte Melody.

»Sag bloß, du kannst ihn auf einmal leiden?«, fragte ihre Freundin ungläubig.

»Okay, okay. Vielleicht geht es auch nur um mein Handy. Aber ... ich gebe auch dem Wettermann eine reelle Chance, mich zu beeindrucken.«

»Uuh!«, riefen die Freundinnen wie aus einem Mund.

»Ich sagte, mich zu *beeindrucken*. Nicht mich zu *verführen*. Das sind zwei völlig unterschiedliche Dinge. Und nein, ich habe euch keine unterschwellige Botschaft gesendet.«

»Ja ja, das kann jeder behaupten«, kicherte Natascha.

Die ausgelassene Stimmung endete abrupt, als sich plötzlich die Tür zur Sauna öffnete. Die Freundinnen verstummten schlagartig.

»Guten Abend, die Damen«, sagte der nackte, nur mit einem winzigen Handtuch bedeckte, gut durchtrainierte Mann. Nach einem kurzen Blick in die Runde erschrak er. Leonie und Sara taten es ihm gleich. Eine unangenehme, sich in die Länge dehnende Stille, erfüllte den viel zu heißen Raum und schenkte der Situation einen grotesken Beigeschmack.

»Hallo, Andreas«, sagte Leonie, nachdem Sara sich gegen eine Begrüßung entschieden hatte.

»Ähm ... Hallo, Leonie. Alles klar bei dir?«, grummelte Andreas in seinen Dreitagebart, ohne Leonie dabei direkt anzusehen.

»Ja, alles super. Und bei dir? Hast du schon gesehen, wer noch hier ist?«

Er nickte langsam und hob den Kopf. Dann schenkte er Sara einen warmen Blick.

Er räusperte sich auffällig lange. »Hey, Sara. Es ist wirklich schön, dich zu sehen.«

»Weil du mich ja heute zum ersten Mal hier siehst«, stellte Sara eine sarkastische Bemerkung in den Raum.

»So ganz stimmt das nicht«, gab Andreas zu. »Ich

habe dich gestern gesehen, in der Empfangshalle. Und dann ...«

»Ja? Nur raus damit, wo du schon dabei bist«, stichelte Sara, die mehr als angewidert dreinblickte. Andreas hatte es sich ganz schön mit ihr verscherzt.

»Also ...« Er kratzte sich am Hinterkopf, dabei spannten sich seine Bauchmuskeln. »Naja, also ... ich habe dich auch schon im Fernsehen gesehen.« Er schmunzelte und ließ seinen Blick von ihrem Gesicht hinunter zu ihrem Schritt gleiten. »Hübscher String Tanga, übrigens«, ergänzte er mit einem lasziven Lächeln.

Sara wurde augenblicklich rot. Klarerweise hinderte sie die vorherrschende Saunaluft nicht daran und innerhalb von Sekunden war ihr komplettes Gesicht, so wie ihr Ausschnitt, knallrot.

»Ach, das. Naja ... », stotterte sie. »Aber das tut nichts zur Sache. Lenk nicht vom Thema ab. Du hast mich gesehen. Das hast du mir ja gerade bestätigt. Und du hast dich bist jetzt nicht bei mir gemeldet. Das sagt schon alles, also brauchst du mich jetzt auch nicht *so* ansehen!«

»*Ich* habe mich nicht gemeldet? Sara, ich dachte, dass du mich nicht wiedersehen willst, weil *du* dich nicht bei mir gemeldet hast. Ich war schrecklich enttäuscht, als ich dich gestern in der Halle sitzen gesehen habe. Ich dachte, du würdest mir Bescheid sagen, wenn du wieder einmal nach Freedom Falls kommst?«

Nun war es an Sara den Blick zu senken. Sie traute sich nicht, Andreas auch nur für eine Sekunde anzusehen. Doch sie fasste immerhin den Mut, ihm zu antworten. »Oh ... es tut mir leid, ich dachte ... ich habe geglaubt, dass du ...«, stotterte sie.

Andreas quetschte sich zwischen sie und Leonie. Dabei verrutschte sein Handtuch und legte seine festen Oberschenkel frei. »Sara, ich hätte mich echt total gefreut, wenn du dich bei mir gemeldet hättest. Ich habe wirklich gehofft, dass wir uns wiedersehen.«

Sara hob endlich den Blick. Doch sie sah keineswegs erfreut über sein Geständnis aus. »Und trotzdem hattest du etwas mit meiner Freundin.«

»Das trägst du ihm jetzt wirklich nach?«, mischte sich Leonie ein. »Also, Sara. Das kann doch nicht dein ernst sein.«

»Er wusste, dass ich hier bin und hat sich trotzdem jemand Anderen für sein *Vergnügen* gesucht.«

»Aber es ist doch gar nichts passiert, nachdem er dich gesehen hat«, versuchte Leonie Saras Stimmung zu bessern.

»Ja, das ist schon richtig. Aber trotzdem. Er ist nicht auf die Idee gekommen, mich anzusprechen oder mich zu fragen, ob ich ihm aus dem Weg gehe. Er hat sich einfach an dich rangeschmissen und ist mit dir auf dein Zimmer gegangen.«

»Er ist ein Schilehrer, ich bin sicher nicht sein erster Flirt seit letztem Jahr gewesen. Und als ob du seither in Abstinenz gelebt hättest. Tu doch bitte nicht so jungfräulich.«

»Entschuldigt«, meldete sich Andreas zu Wort, »ich bin auch noch hier.«

»Ja ja, das sehen wir«, sagte Leonie, kombiniert mit einer wedelnden Handbewegung.

Wieder an Sara gewandt, sprach sie weiter: »Ich weiß ganz genau, dass du im letzten Jahr zumindest zwei kurzatmige Beziehungen hattest.«

»Du und Mel, ihr wolltet wissen, warum ich euch nichts von Andreas erzählt habe, nicht wahr?«

Melody und Leonie nickten zögernd.

»Weil ihr euch immer einmischen müsst. Alle beide. Ich habe es nur Natascha erzählt, weil sie mir zuhört, ohne mir zu sagen, was ich tun soll.«

»Oh, Sara. Das tut mir so leid. Ich wollte dich nicht so behandeln. Glaubst du denn tatsächlich, dass wir dich bevormunden?« Melody spürte, wie sich ein Kloß in ihrem Hals bildete.

Andreas erhob sich plötzlich von der Holzbank und hielt Sara auffordernd seine ausgestreckte Hand entgegen. »Ich sage dir nur an einem Ort, was du tun sollst.«

Sara legte ihre Hand in seine. »Wegen eines dummen Missverständnisses sollten wir uns das nicht entgehen lassen. Ich bin ganz deiner Meinung.«

Andreas hob sie hoch und Sara schlang ihre Arme fest um seinen Nacken. Während Andreas die Tür der winzigen Kammer aufstieß, rutschte sein Handtuch zu Boden und legte seinen strammen Hintern frei.

»Das ist eindeutig die Kehreseite eines Schilehrers«, gackerte Natascha, nachdem die Türe wieder zugefallen war.

»Sara ist nach diesem abgedroschenen Spruch tatsächlich mit ihm mitgegangen«, äußerte Leonie verwundert.

»Ich sage dir nur an einem Ort, was du tun sollst«, äffte Natascha den durchtrainierten Mann nach.

»Ach, hört doch auf. Habt ihr denn nicht gehört, was in Sara vorgeht? Sie vertraut uns nicht mehr, Leonie.«

»Das legt sich bestimmt wieder. Gib ihr einfach nur ein bisschen Zeit. Zeit in der sie nur an einem Ort tut, was er ihr sagt, *hihihi*.«

Melody hatte ihren Beschützerinstinkt noch nie als Belastung für ihre und Saras Freundschaft gesehen. Es war kaum zu glauben, dass ihre Freundin die gutgemeinten Ratschläge als Bevormundung wahrnahm. Daran musste sich dringend etwas ändern. Melody würde den restlichen Urlaub dazu nützen, um sich mit Sara auf dieselbe Ebene zu stellen. Und zwar die, einer verantwortungsbewussten, selbstbestimmten Frau. Sie würde sich ernsthaft Mühe geben, Sara ab sofort mit anderen Augen zu sehen und den Drang sie vor jedem Übel zu beschützen, unterdrücken.

Wobei ihr das gar nicht allzuschwer fallen würde, dachte sie. Immerhin hatte sie nicht damit gerechnet, dass sie mit Andreas heute noch heißen Sex haben würde. Und heiß musste der nach dieser Ansage ganz bestimmt sein. Da zeigte sich wieder, wie tief solch stille Wässerchen doch tatsächlich sein konnten.

»Kommt, lasst uns schlafen gehen. Denn immerhin haben zwei von uns morgen ein Date«, sagte Leonie und erhob sich von ihrem Platz.

»Und eine heute Nacht«, kicherte Natascha, als sie

ebenfalls aufstand.

»Jetzt müssen wir nur noch jemanden für dich finden, Nati«, trällerte Melody, als sie zu den Duschräumen gingen.

»Ach, um mich müsst ihr euch mal keine Sorgen machen.«

»Gibt es da etwa was zu erzählen?«, fragte Melody neugierig.

Natascha zwinkerte ihr zu. »Wer weiß, wer weiß.«

Typisch Natascha. Sie machte ständig aus allem ein großes Geheimnis. Dieser Urlaub barg anscheinend mehr Überraschungen als erwartet. Mit dem Gedanken an Ted und seinen mysteriösen Plan für den morgigen Tag ließ sie sich ins Bett fallen und schlief ein.

7. Angenehmes Prickeln

Melody frühstückte in aller Ruhe, so lange bis ihre Freundinnen schon auf dem Sprung waren und sie alleine im Speisesaal zurückblieb. In Wahrheit hatte sie keine große Lust sich mit Ted zu treffen, solange die Mädels dabei waren. Die peinlichen Sprüche konnte sie sich auch genau so gut ersparen. Ihr Plan ging auf und eine nach der anderen verabschiedeten sich. Sara hielt sich bedeckt was die Nacht mit Andreas anging, und verließ vorzeitig den Saal um keine weiteren Fragen gestellt zu bekommen, Leonie musste sich um das Date mit Martin kümmern und Natascha meinte nur, sie wolle dringend in die Stadt, bevor die Geschäfte rappelvoll wären. Weihnachten stand kurz bevor. In nur zwei Tagen würden sie das Fest der Liebe hier in Freedom Falls feiern. Wahrscheinlich musste ihre Freundin noch Geschenke besorgen.

Melody leerte ihren Kaffee, schnappte sich ihre Kamera und schlenderte durch die Empfangshalle, hinaus auf den Parkplatz des Hotels. Die Sonne tat ihr förmlich in den Augen weh und sie musste ihre Lider zusammenkneifen. Es war für diese Jahreszeit einfach immer noch viel zu warm.

»Ein Wetterphänomen«, vernahm sie Teds Stimme hinter sich. »Es ist unglaublich, aber eigentlich sollte es lediglich drei Grad plus haben und überall Schnee liegen, soweit das Auge reicht.«

»Das mit dem Schnee ist aber ganz schön in die Hose gegangen«, sagte Melody zur Begrüßung.

»Ja, sieht ganz danach aus. Deshalb können wir leider keine Schlittenfahrt machen. Doch stattdessen-« Ted hielt zwei Paar Rollerskates in der Hand und streckte sie ihr entgegen.

»Du meinst, wenn man nicht Schlittschuhlaufen kann, dann wären Rollen gute Alternativen?«

Er lächelte sie nur an und drückte ihr ein violettes Paar Skates in die Hand. Wenn wir rechtzeitig ankommen wollen, dann müssen wir jetzt los.«

Melody schenkte ihm einen fragenden Blick, entschied sich aber dagegen, ihm weitere Fragen über ihr Date zu stellen. Er würde ja doch nichts verraten. Und irgendwie gefiel ihr der Gedanke, dass sie nicht wusste, was als Nächstes geschehen würde.

»Sogar fast die richtige Größe«, erwähnte sie, als sie sich die Dinger überzog.

»Gib mir deine Schuhe.«

»Was tust du mit ihnen?«

Ted wandte sich um und präsentierte seinen Rücken. »Ich stecke sie in meinen superpraktischen Rucksack.«

»Und ich dachte schon, du hast deine sexy Herrenhandtasche dabei.«

»Erstens, hör auf, dich über wirklich praktische Erfindungen lustig zu machen. Und zweitens, dieser Rucksack *ist* meine Tasche, ich habe nur die Träger modifiziert.«

»Oho, selbst ist der Mann«, lobte Melody übertriebener Weise und klopfte Ted auf die Schulter. »Wir können los, ich bin so weit.«

»Perfekt, dann folge mir unauffällig.«

Melody fuhr auf wackeligen Beinen hinter Ted her. Ihren Blick hielt sie dabei auf seinen Taschenrucksack fixiert. Sie nahm an, dass Ted ihr Telefon noch nicht gefunden hatte, sonst hätte er bestimmt schon etwas erwähnt. Ihr Handy befand sich sicher noch darin. Und höchstwahrscheinlich war der Akku mittlerweile auch schon leer. Also selbst wenn er es demnächst finden sollte, dann wäre es unmöglich, den Besitzer ausfindig zu machen. Vielleicht würde er es sogar am Empfang abgeben. Aber diese Chance war eher gering. Sie rechnete eher damit, dass er das Smartphone nicht allzu bald entdecken würde. Wenn man nicht wusste, dass man etwas Fremdes mit sich herumtrug, dann bemerkte man es meistens auch erst sehr spät.

Noch wurde kein Rollsplit gestreut, die Straßen waren bis jetzt noch nicht eisig gewesen. Deshalb kamen sie zügig voran, ohne zu stolpern. Doch plötzlich bremste Ted ab und Melody musste sich an ihm festhalten. Sonst wäre sie an ihm vorbeigerollt und wer weiß wo sie dann gelandet wäre. Sie war schon seit Jahren nicht mehr mit Rollschuhen gefahren, wie man bremste hatte sie in dieser Zeit verlernt. Wobei sie noch nie besonders gut im Anhalten gewesen war.

»Wir sind da«, erklärte Ted und nahm ihre Hand. »Komm, ich helfe dir über die Schwelle.«

Der Boden unter ihnen war mit einer Gummimatte ausgelegt.

»Wo sind wir denn hier?«, fragte Melody.

Ted grinste sie nur an und führte sie weiter, bis sie eine Anordnung schmaler Holzbänke erreichten.

»Setz dich schon mal und zieh dir die Skates aus. Ich komme gleich wieder.«

Ohne ihm zu widersprechen ließ sie sich auf eine der Bänke fallen und öffnete die Schnallen der etwas zu engen Rollschuhe. Ihre Zehenspitzen freuten sich über die wiedergewonnene Freiheit und dankten es ihr mit einem leichten Ziehen. Ted bog um die Ecke und brachte erneut zwei Paar Schuhe.

»Eislaufschuhe?«, fragte Melody verdutzt.

Ted kniete vor ihr nieder, berührte einen ihrer Füße und umschloss ihre Zehen mit seiner warmen Handfläche. Ein leises Stöhnen drang aus Melodys Kehle. Die Füße schmerzten von der Fahrt doch mehr als gedacht. Ted massierte ihre Fußsohle mit leichtem Druck. Ihre Zehen kräuselten sich leicht und ein angenehmes Prickeln durchzog ihren Körper.

»Die Füße werden mir heute sicher noch mehr weh tun, wenn unsere Verabredung vorbei ist, oder?«, sagte sie, während sie lächelte.

Ted schnürte die Schlittschuhe zu und zog sie auf die Beine. Sie folgten dem Gang, der mit einem Teppich aus Gummimatten ausgelegt war.

»Es tut mir wirklich aufrichtig leid, aber ich muss dich das jetzt fragen. Bitte sei mir nicht böse.«

Melody schluckte. Was würde er denn jetzt von ihr wissen wollen? Hatte er vielleicht doch ihr Telefon gefunden?

»Kannst du Eislaufen?«

Melody nickte erleichtert. »Aber klar kann ich das.«

»Dann tu mir einen Gefallen und schließ die Augen. Ich verspreche, ich passe auf dich auf und führe dich sicher über das Eis.«

Melody versuchte, einen Blick in die Halle zu werfen, doch Ted stellte sich in den Weg und versperrte ihr die Sicht. »Ich verspreche es«, sagte er erneut und legte seine Hände auf ihre Schultern. Der Duft von Vanille und Lebkuchen stieg ihr in die Nase und ließ sie Schmunzeln.

»Ich vertraue dir.« Zur Bestätigung legte sie ihre Hände auf seine und schloss die Augen.

Ted geleitete sie bedächtig auf das Eis und beschrieb ihr jede Unebenheit oder Veränderung des Bodens, damit sie sich nicht erschrak. Das kratzige Geräusch der Kufen bestätigte, dass sie sich nun auf dem glatten, gefrorenen Untergrund befanden. Anstatt ihre Beine zu heben, konnte sie nun gleiten und ließ sich von Ted in die Mitte der Eisfläche ziehen.

»Die Ruhe wird gleich ein Ende haben«, warnte er sie vor. »Bitte nicht erschrecken und die Augen geschlossen halten.«

»Okay«, sagte sie zögernd, »ich werde es versuchen.«

Vor lauter Spannung biss sie sich auf die Unterlippe. Ein freudiges Lächeln umspielte ihre Lippen.

So wie Ted es angekündigt hatte, setzte kurz darauf ein dröhnender Lärm ein, der die gesamte Halle erfüllte.

»Was ist das?«, rief Melody gegen den Lärm an.

Ted zog sie noch ein Stück weiter in die Richtung,

aus der der Lärm kam, zog einen Kreis um sie und kam hinter ihr zum Stehen. Er hielt sie an der Taille fest. »Öffne die Augen«, flüsterte er ihr zu. Sein Atem kitzelte sanft ihren Nacken. Die feinen Härchen auf ihrem Hals reagierten darauf und das wohlige Gefühl ließ sie leicht Zittern. Vorsichtig schlug sie die Augen auf.

Das laute Geräusch stammte von Motorsägen, die in Eisblöcke getrieben wurden.

»Diese Frau und die zwei Männer dort drüben, mit den viel zu lauten Kettensägen, das sind Künstler. Sie schnitzen Figuren aus Eis.«

Melody antwortete nicht, sondern beobachtete das Spektakel mit großen Augen. Noch nie in ihrem Leben hatte sie so etwas faszinierendes gesehen. Die Frau, die Künstlerin mit der Motorsäge, trieb ihr elektrisches Werkzeug tiefer in den Eisblock. Unversehens stoben feine Eissplitter aus dem Schnitt und schwebten durch den Raum.

»Schneeflocken«, hauchte Melody. Ted konnte sie durch all den Lärm unmöglich gehört haben, doch schien es so zu sein. Kaum hatte sie ihre Verwunderung ausgesprochen, ertastete er ihre Hand und zog sie an sich. Er schlang die Arme um sie und hielt sie fest. Die Flocken aus Eis tanzten durch die Lüfte und legten sich auf ihren Haaren nieder. Freudig wandte sie sich zu Ted um. Eine der Flocken landete gerade auf seiner Nase. Melody reagierte und fegte sie unsicher mit einem Finger hinfort. Ted ergriff ihre Hand, als sie seine Wange streifte. Er legte ihre Finger gegen seine Wange und drückte seine Lippen behutsam auf ihre Finger. In Melodys Kopf keimte ein wunderbarer Gedanke, den sie nicht zu fassen bekam. Dieser bezaubernde Moment hielt sie gefangen und erfüllte sie mit einem intensiven Gefühl der Zuneigung. Ohne darüber nachzudenken hob sie ihren Kopf, schob ihre Hand in Teds Nacken und zog ihn zu sich hinab. Ihre Lippen berührten sich, gemeinsam mit den tanzenden Schneeflocken, die auf sie niederfielen und ihren Kuss mit einer schaurig feuchten, angenehmen Kälte untermalten. Das dröhnende Geräusch der Sägen verschwand in weite Ferne. Melodys Gedanken füllten sich mit Bing Crosbys Stimme, die *White Christmas* sang und ihre Zunge erforschte, tastete und fühlte, schmeckte das liebliche Aroma von Lebkuchen und Minze. Jegliches Zeitgefühl verließ ihren Verstand mit dem nächsten Atemzug und sie kostete diese zarte und leidenschaftliche Berührung vollends aus. Ihre Hände wanderten über seinen Körper und erforschten die Rundungen seines strammen Hinterteils. Ohne es zu merken ließ sie ihre Hand unter seinen Pullover gleiten und streichelte mit den Fingerspitzen über seine kräftigen Bauchmuskeln. Teds Kuss wurde fordernder und schenkte ihr ein warmes Gefühl zwischen den Beinen und in ihrem Herzen.

Die Schneeflocken umspielten ihre neckischen Berührungen und rieselten auf ihre vor Leidenschaft heißen Gesichter, wo sie zu feuchten Tränen zerschmolzen.

»Du hast mir Schnee geschenkt«, hauchte sie zart und liebkoste erneut seine Lippen.

8. Pferdeliebe?

Mit den Gedanken bei Ted und diesem wirklich atemberaubenden Tag, schwebte sie förmlich in den Speisesaal, um mit ihren Freundinnen gemeinsam zu Abend zu essen.

Natascha empfing sie mit einem breiten Grinsen. »Du siehst glücklich aus.«

»Ich?«, lächelte Melody im Kreis. »Naja, es war ja auch ein wirklich toller Tag«, hauchte sie, und ließ sich auf ihrem Platz nieder.

»Was genau habt ihr unternommen?«, fragte Sara neugierig.

»Wir waren Eislaufen.«

»Tatsächlich? Das klingt ja jetzt nicht gerade nach dem spannendsten Date aller Zeiten«, redete Leonie dazwischen.

»Es war wirklich total romantisch. Er hat es sogar für mich schneien lassen, weil er gewusst hat, wie sehr ich mich nach Schnee sehne. Und dann haben wir uns geküsst«, offenbarte sie mit quietschender Stimme.

»Ihr habt euch geküsst? Oh, Mel! Das ist ja großartig!«, freute sich Sara. »Dann sind wir jetzt beide glücklich und verliebt in Freedom Falls.«

»Hm, so würde ich das jetzt nicht unbedingt nennen. Eine Beziehung haben wir definitiv noch nicht. Und es ist ja auch nicht mehr passiert, als dieser Kuss.« Um von sich abzulenken, erkundigte sie sich sofort nach dem

Beziehungsstand ihrer Freundin. »Also, läuft es mit deinem Schilehrer auch gut?«

»Ja, es läuft sogar hervorragend. Wir planen gerade, wie wir unsere Beziehung nach den Feiertagen weiterführen wollen.«

»Gratuliere euch«, motzte Leonie.

»Was ist denn los? Kannst du dich denn nicht für uns freuen?«, blaffte Sara zurück.

»So wie sie das Gesicht verzieht, lief es bei ihr heute nicht so toll«, sagte Natascha und tätschelte Leonies Arm.

Melody tat sofort leid, dass sie nicht an Leonie und ihr Date gedacht hatte. »Oh, entschuldige bitte. Wir haben dich gar nicht nach deinem Treffen mit Martin gefragt. Wie war es denn?«

»Eine Katastrophe«, stöhnte Leonie, »er ist halt doch nur ein Stallbursche.«

»Warum denn? Was ist denn passiert?«

»Ich bin zu ihm in den Stall gegangen, weil ich ihn um eine Verabredung bitten wollte. Und dieser Typ ... er hat mich einfach abblitzen lassen. Mich!«

»Also warst du gar nicht mit ihm aus?«

»Doch. Damit war die Geschichte noch nicht zu Ende. Zuerst hat er mir gesagt, dass er eigentlich kein Interesse daran hätte, sich mit mir abzugeben. Aber dann meinte er, dass wir ja zumindest auf einen Kaffee gehen könnten, denn ich würde nicht nach einer Frau aussehen, die so einfach aufgibt.«

»Aber damit hat er doch recht, Leonie.«

»Ich fand das einfach nur frech. Sein fettes Grinsen, das er dabei aufgelegt hatte, hättet ihr sehen sollen.«

»Und wie ging es weiter?«, fragte Sara, die sich auf ihre Fingerknöchel stützte und einen schwer romantischen Blick auflegte.

»Er hat sich einfach seine Jacke geschnappt und wir sind los. Von einer Sekunde auf die Nächste waren wir in der Stadt. Er roch die ganze Zeit stark nach Pferdemist. In dem kleinen Café haben uns die Leute ständig angestarrt.« Sie schüttelte den Kopf. »Zumindest eine Dusche hätte er vorher nehmen können. Aber nein, in voller Arbeitsmontur hat er mich dorthin geschleppt.«

»Und wie war es sonst? Ich meine, abgesehen von seinem arbeitsbedingten Geruch. Ist er ein netter Kerl?«

»Das kann ich dir nicht so genau sagen, Mel. Der Gestank hat mich einfach zu sehr abgelenkt. Und die Blicke der Leute ... ich bin direkt im Boden versunken. Das könnt ihr mir glauben. Noch dazu blieb er genauso frech, wie er es schon vorhin im Stall gewesen war. Es ist beinahe unmöglich sich normal mit diesem Mann zu unterhalten.«

Welche Vorstellungen sich Leonie von einem normalen Gespräch machte, wusste Melody nur all zu gut. Bei einem normalen Gespräch gab sie den Ton an, sie suchte das Gesprächsthema aus und lenkte ihren Gesprächspartner auch in die dementsprechende Richtung, was seine Antworten betraf. Das schien jedoch bei Martin nicht besonders gut geklappt zu haben. Das was Leonie an ihm als frech betitelte, dürfte ein stark ausgeprägter, selbstbewusster Charakter sein, der sich nicht einfach so von einer hübschen Frau um den Finger wickeln ließ.

»Dieser Mann wird dir noch richtig gut tun«, sagte Melody.

»Wie bitte? Das kannst du doch nicht ernst meinen.«

»Warte nur ab. Du wirst schon sehen.«

»Gar nichts werde ich sehen. Ich rede doch nie wieder freiwillig mit diesem arroganten Typen.«

Melody beschloss, nichts mehr darauf zu antworten und Leonie in dem Glauben zu lassen, dass sie Martin aus dem Weg gehen konnte. Doch in Wahrheit war sie schon längst von ihm angetan, sie wusste es einfach nur noch nicht.

Auch Melody war sich immerhin noch nicht ganz sicher, was sie von Ted halten sollte. Er hatte sie zwar zu Hundert Prozent verzaubert, als er ihr den Schnee geschenkt hatte, aber irgendwie war sie sich noch nicht ganz sicher, ob sie sich wirklich etwas mit ihm vorstellen konnte. Bis jetzt betrachtete sie ihn nur als kleinen Urlaubsflirt. Was sich daraus noch entwickeln konnte, stand für sie weit entfernt, in den Sternen.

»Und du?«, riss Leonie sie aus ihren Gedanken, »Hast du dein Handy wiederbekommen? Deshalb hast du dich doch überhaupt erst auf die Verabredung eingelassen, oder?«

»Ja, das ist richtig«, bestätigte Melody, »doch mein Handy habe ich leider wieder nicht zurückbekommen.« Eigentlich hatte sie sogar völlig darauf vergessen, wenn sie ehrlich war. Der Tag hatte sie so verzaubert und Ted hatte sie so in dieser Traumwelt gefangen gehalten, dass sie nicht mehr an ihr Telefon gedacht hatte. »Ich treffe mich heute Abend nochmal mit ihm, wir gehen fein aus, dann werde ich es mir zurückholen.«

»Noch ein Versuch? Na, ich bin mal gespannt, ob du dein Handy vor Weihnachten noch in den Händen hältst.«

»Das glaube ich weniger«, warf Sara ein, »immerhin ist Weihnachten schon morgen und so wie wir unsere Freundin Melody kennen, wird sie wieder zu feige sein, um sich ihr Handy zurückzuholen«, spottete Sara.

»Ihr werdet schon sehen! Ich gehe heute auf Frontalangriff und hole es mir zurück!«

Melody verzichtete auf die Nachspeise und stapfte mit bleiernen Schritten in ihr Zimmer. Ihren Freundinnen würde sie es zeigen. Wie konnten sie nur behaupten, dass sie zu feige dazu wäre? Eilig wühlte sie sich durch ihren Kleiderbestand. Nachdem sie ein Chaos auf dem Zimmerboden angerichtet hatte, weil sie all ihr Gewand einfach aus dem Schrank fetzte, hatte sie gefunden, wonach sie suchte. Ihre Geheimwaffe: ein hautenges, weinrotes Kleid. Schulterfrei, mit Herzausschnitt. Zuhause wollte sie das Kleid eigentlich gar nicht einpacken. Doch eine Stimme in ihrem Kopf flüsterte ihr zu, dass dieses winzige Stück Stoff nicht viel Platz im Koffer einnehmen würde. Und man konnte doch nie wissen, ob sich nicht eine Gelegenheit ergab, wo man es brauchen konnte. Und genau diese Gelegenheit war nun gekommen. Sie schlüpfte in den samtigen Stoff, der sich sofort an ihre Haut schmiegte. Dann raste sie ins Bad, trug Rouge und Eyeliner auf heizte ihren Lockenstab an.

Zuguterletzt steckte sie sich die Haare hoch. Eine gelockte Strähne ließ sie verführerisch über ihre Wange fallen. Perfekt.

Dann fiel ihr ein, dass sie doch gar keine passenden Schuhe zu dem Kleid eingepackt hatte. Mit kritischem Blick stand sie vor dem winzigen Schuhregal, das zur Grundausstattung des Hotelzimmers gehörte. Sie hatte die Wahl zwischen den hoteleigenen Hauspantoffeln, Flipflops die sie sich für den Wellnessbereich besorgt hatte, und ihren viel zu klobigen Winterstiefeln.

»Verdammt«, murmelte sie, doch sie traf auch gleichzeitig eine Entscheidung.

Mit übergroßen Schritten hopste sie durch den Gang, hinüber zu Teds Zimmer. Bereits nach dem ersten Klopfen öffnete er.

»Oh wow, Melody, du siehst echt klasse aus. Und du bist etwas zu früh dran, ich bin noch nicht ganz fertig«, sagte er, während er sich sein Hemd zuknöpfte. »Und warum trägst du keine Schuhe?«, fragte er beiläufig, »die wirst du brauchen, wenn wir in die Cocktailbar gehen wollen.«

»Wollen wir das denn wirklich? Wir könnten auch gleich zur Nachspeise übergehen«, flüsterte sie, während ihre Finger nach seiner Hand tasteten und sie davon abhielten die Hemdknöpfe weiter zu schließen.

»Was genau ...« Ted schien von ihrer direkten Art verwirrt zu sein.

Anstatt ihm zu antworten, zog sie ihn an sich heran und fuhr ihm durch sein Haar.

Er ließ sich ganz auf ihre Aufforderung ein, sie zu

küssen. Mit einem kleinen Schubs beförderte sie ihn auf das Bett. Seine Tasche konnte sie direkt dahinter auf dem Schreibtisch ausmachen. Darin würde sie ihr Handy finden. Aber darum konnte sie sich auch kümmern, nachdem sie sich mit diesem wirklich attraktiven Mann vergnügt hatte, dachte sie, während sie ihre Fingerspitzen über seine Brustmuskeln wandern ließ.

Eigentlich wollte sie sich nicht so einfach und gar so schnell auf einen anderen Mann einlassen, doch aus irgendeinem Grund konnte sie dem Wettermann nicht widerstehen. Seine Küsse schmeckten nach Lebkuchen und seine Haut fühlte sich so verdammt weich an. Es war einfach unmöglich, ihn nicht zu berühren. Auch Ted schien es ähnlich zu gehen. Er erforschte ihren Körper mit seinen Lippen und öffnete etappenweise den Zipp ihres Kleids. Melody stöhnte auf. Sie wollte sich fallen lassen, jede noch so kurze Berührung auskosten und sich diesem betörenden Mann völlig hingeben. Ted liebkoste ihren Nacken und öffnete den Verschluss zur Gänze. Mit zierlichen Bewegungen ließ sie den weichen Stoff über ihre Hüfte wandern.

Brrrrr. Brrrrrrr.

Ted hob den Kopf und sah in Richtung Schreibtisch.

Brrrr. Brrrrr.

»Was ist das?«, fragte er.

»Ist doch egal, wo waren wir gerade?«, hauchte Melody und versuchte, ihn wieder zu sich hinunter zu ziehen.

Brrrr. Brrrrrr.

Doch als sie das Geräusch noch einmal hörte, fiel ihr plötzlich ein, was das sein konnte. Der Akku ihres Smartphones war wohl doch noch nicht ganz leer. Ihr Handy war auf vibrieren gestellt und irgendjemand rief sie gerade unerwarteterweise an.

Brrrr. Brrrrr.

»Nimm es mir bitte nicht übel, aber ich möchte nur kurz nachsehen-«

»Es kommt aus dem Bad!«, sagte Melody hastig.

Brrrrr. Brrrrr.

»Das klingt eher danach, als würde es aus meiner Tasche kommen.«

»Es kommt bestimmt aus dem Bad, ich bin mir ganz sicher.«

Brrrrr. Brrrrr.

Ted erhob sich vom Bett und schlenderte zu dem Schreibtisch hinüber.

Brrrr. Brrrrr.

Melody bekam Gänsehaut. Gleich würde er seine Tasche öffnen und ....

9. Die Wahrheit, und nichts als die Wahrheit

»Hallo?«, sprach Ted verwundert in das Telefon.

Melody wollte ihn davon abhalten, abzuheben, doch ihr flehendes Winken hatte Ted einfach übersehen.

»Wer ich bin? Wer sind Sie?«

Wer konnte der Anrufer denn bloß sein? Ihre Eltern waren es mit Sicherheit nicht. Sie riefen sie nie aus Hawaii an.

»Ich kenne keinen Marcell, tut mir leid.«

Verdammt, mit einem Anruf ihres Exfreundes hatte sie ebenso wenig gerechnet. Sie waren nicht gerade im Guten auseinandergegangen und Melody hatte beschlossen, seine Nummer aus ihrem Speicher zu löschen.

»Aha, Sie sind also Melodys Freund? Interessant.«

Was erzählte dieser Mistkerl denn nur?

»Aha, aha. Verstehe.« Kurze Pause. »Ja, verstehe. Ich werde es ihr ausrichten.«

Ted legte auf und warf das Telefon neben Melody auf das Bett.

»Dein Freund will dich sehen. Er wird morgen hier ankommen.«

Melody hatte es die Sprache verschlagen. Wie sollte sie das nur alles erklären? Teds Gesicht legte sich in Falten. Sie war sich nicht sicher, auf welche Gefühlsregung sie zuerst reagieren sollte. Sein Gesicht zeigte Besorgnis, in seiner Stimme schwang Enttäuschung mit und seine Gesten deuteten darauf hin, dass er wütend war.

»Es ist nicht so, wie du denkst«, versuchte sie, zu erklären.

»Was denke ich denn?«

»Er ist nicht mein Freund. Also, er ist es nicht mehr. Wir haben uns getrennt. Schon vor einer ganzen Weile.«

»Und warum sagt er dann, dass er dein Freund wäre?«

»Weil ... weil ich nie offiziell mit ihm Schluss gemacht habe. Aber ich dachte, das wäre auch nicht nötig, nach dem, was er abgezogen hat. Für mich war diese Beziehung eindeutig beendet.«

»Das sieht er aber anders. Immerhin will er hierherkommen. Zu dir. Morgen. Und Weihnachten mit dir verbringen.«

»Eigentlich dürfte er nicht einmal wissen, wo ich bin«, stotterte sie. »Er muss es irgendwie herausgefunden haben und rechnet sich vielleicht noch Chancen bei mir aus. Ich rufe ihn sofort an und sage ihm klipp und klar, dass es vorbei ist und er mich in Ruhe lassen soll.«

»Genau«, bestätigte Ted, »ruf ihn an, am besten gleich mit *deinem* Handy.« Er deutete auf das Smartphone, das er vorhin aus seiner Tasche gefischt hatte.

»Deshalb warst du damals in meinem Zimmer.«

Melody wollte ihm so gerne widersprechen. Doch das konnte sie nicht. »Ja, das stimmt. Ich bin bei dir eingebrochen, um mein Telefon aus deiner Tasche zu holen, während du unter der Dusche bist.«

»Aber ... wie kam es denn überhaupt in meine Tasche?«

Melody schlang sich eine Decke um ihren halb entblößten Körper. »Ich habe es dort hineingesteckt. Es war eine dumme Idee. Ich wollte mich lustig über dich machen und habe im Affekt mein Handy bei dir deponiert.«

»Aha«, war alles, was er dazu sagte.

»Es tut mir so leid, bitte glaub mir das. Aber wenn ich es nicht getan hätte, dann hätten wir uns auch nicht so gut kennengelernt.«

Anstatt ihr zu antworten, knöpfte er sein Hemd zu. »Ich will, dass du gehst.«

»Aber ... Ted? Es tut mir wirklich leid. Ich wollte nicht, dass es so kommt.«

»Ich denke, du wolltest, dass es *genau* so kommt. Du bist vorhin mit der puren Absicht, dir dein Handy zurückzuholen, in mein Zimmer gekommen. Du trägst nicht mal Schuhe, Herrgott! So hätten wir das Hotel doch niemals wie geplant verlassen können!«

Sein Entsetzen wechselte in blanke Wut. Leider stimmte alles, was er sagte und sie konnte ihm auch hier nicht widersprechen. Zögernd tastete sie nach dem Zippverschluss und schloss ihr Kleid. Sie erhob sich vom Bett und griff nach seiner Schulter. »Ted, bitte ... es tut mir leid. Bitte ... verzeih mir.« Ihre Stimme zitterte bei jedem neuen Versuch, sich zu entschuldigen, ein wenig mehr.

»Du hast mich von Anfang an belogen, Melody. Wahrscheinlich kannst du mich nicht mal ausstehen. Du hast die ganze Zeit nur versucht, an dein Telefon heranzukommen. Ich will, dass du gehst.«

Melodys Augen wurden feucht. Der Verrat an Ted machte ihr nun doch mehr zu schaffen, als sie gedacht hatte. Sie mochte ihn mittlerweile wirklich sehr. Sie hatte sogar vorgehabt mit ihm intim zu werden und das, obwohl sie so etwas normalerweise nicht so früh zuließ. Dieser Mann bedeutete ihr bereits jetzt schon mehr, als Marcell es jemals in ihrer gemeinsamen Zeit getan hatte.

Resigniert nahm sie ihre Hand von seiner Schulter. Er starrte an ihr vorbei, ins Leere. Im Vorbeigehen schnappte sie sich ihr Handy und lief aus dem Zimmer. Unter Tränen tippte sie auf dem Bildschirm herum, der Akku war so gut wie aufgebraucht. Unter den eingegangenen Anrufen fand sie Marcells Nummer. Nach dem zweiten Klingeln hob er ab.

»Melody?«, fragte er vorsichtig.

»Wer sollte es denn sonst sein?«, schrie sie ihr Handy an.

»Sorry, ich dachte, es wäre vielleicht wieder dieser seltsame Typ dran. Hat er dir meine Nachricht überbracht?«

»Ted ist kein seltsamer Typ!«, herrschte sie zurück.

»Okay, okay«, versuchte Marcell, sie zu beruhigen. »Aber, meine Nachricht? Die hat er dir überbracht?«

»Ja, hat er. Und nein: Ich will nicht, dass du hierher kommst. Von woher weißt du überhaupt, wo ich bin?«

»Deine Eltern«, gab er zu. »Ich habe sie kontaktiert.«

Wie bitte? Ihre Eltern hatten tatsächlich mit ihm über sie gesprochen?

»Sie wollen, dass wir glücklich sind, Schätzchen.«

»Nenn mich nicht Schätzchen, Marcell! Das Recht darauf hast du dir selbst genommen.«

»Was meinst du?«, fragte er, nichtsahnend, worauf sie anspielte.

Melody sank vor Teds Zimmertür zu Boden und lehnte sich dagegen. Ihr Eyeliner rann bereits über ihr Gesicht und ihr Haar stand wirr von ihrem Kopf ab.

»Du weißt wirklich nicht, wovon ich spreche?«, fragte sie in möglichst ruhigem Tonfall.

»Keine Ahnung, Süße.«

Dieser Typ war doch wirklich die Höhe. Melody wischte sich die Tränen von der Wange. Ihre Finger färbten sich wässrigschwarz.

»Du hast mir diese Kamera geschenkt.«

»Ja, Süße, ich weiß. Und wir haben wirklich extrem geniale Fotos damit gemacht. Weißt du noch?« Seine Stimme bekam einen lustvollen Unterton.

»Natürlich weiß ich das noch. Und nicht nur ich, sondern eine undefinierbare Anzahl an Käufern weiß es auch! Du hast die Fotos online zum Kauf angeboten! Glaubst du, ich hätte das nicht mitbekommen? Ich bin doch kein naives Dummchen, du perverses Schwein!«

»Was hast du denn, Süße? Ich dachte, du würdest dich darüber freuen. Es sollte eine Überraschung sein. Immerhin hast du doch einen hammermäßigen Körper.

Den solltest du nicht verstecken. Das bestätigt sich auch, wenn man sich ansieht, wie oft ich die Bilder verkauft habe. Stell dir vor, es war sogar so viel, dass ich von dem Gewinn einen romantischen Urlaub für uns hätte finanzieren können.«

Er klang wirklich überrascht. Es war kaum vorstellbar, doch dieser Mann dachte tatsächlich, dass er nichts Schlimmes verbrochen hatte.

»Ach, Marcell. Ich will dich niemals wieder sehen«, sagte sie ruhiger als erwartet. »Ich weiß nicht, wie du auch nur annehmen konntest, dass so ein Verhalten einem anderen Menschen gegenüber in Ordnung wäre ... so etwas Unvorstellbares zu tun, ohne um Erlaubnis zu fragen. Und nein, ich hätte meine Erlaubnis dazu auf gar keinen Fall gegeben.«

»Wir hatten doch Spaß«, versuchte er, ihre Meinung zu ändern.

»Ja, genau. Wir hatten immer nur Spaß. Von Anfang an. Aber weißt du was, Marcell? Spaß ist keine gute Grundlage für eine langfristige Beziehung. Vertrauen und gegenseitiger Respekt bedeuten mehr als Spaß, aber davon hast du keine Ahnung. Aufnimmerwiederhören«, sagte sie und das Telefon rutschte ihr aus den feuchten Fingern. Mit einem dumpfen Geräusch plumpste es zu Boden.

»Hallo? Hallo, Süße?«, hörte sie Marcells, nun viel leisere und hohle Stimme, aus weit entfernten Sphären an ihr Ohr dringen. Mit dem Zeigefinger drückte sie auf *Anruf beenden*. Die Tränen rannen nun unaufhaltsam über ihr Gesicht und tropften auf den flauschigen Teppich des Flurs. Ein letztes Mal sah sie zu Teds Zimmer, wagte es jedoch nicht, an seine Türe zu klopfen. Morgen war Weihnachten und sie würde diesen Tag nicht mit ihm verbringen können. Sie schleppte sich in ihr Zimmer, schälte sich aus dem viel zu engen Kleid und ließ sich in ihr Bett fallen. Diese Nacht würde sie bestimmt nicht gut schlafen. Kaum hatte sie einen für sie perfekten Mann gefunden, hatte sie ihn auch schon wieder verloren.

Melody weinte sich in einen nicht besonders erholsamen Schlaf.

10. Das perfekte Weihnachtsfest

Ein Klopfgeräusch riss Melody aus einem sehr merkwürdigen Traum.

»Ja, bitte?«, gähnte sie der Zimmertüre entgegen.

»Bist du schon wach? Wir haben dich beim Frühstück vermisst! Wir wollen noch in die Stadt, ein paar Dekoartikel für den Weihnachtsbaum besorgen. Kommst du mit?«, drang Leonies Stimme durch das Türblatt.

Verwirrt schüttelte Melody den Kopf, sie musste diese seltsamen Traumbilder dringend loswerden. »Wenn ihr noch zehn Minuten warten könnt, komme ich gern mit.«

»Natascha besorgt dir einstweilen einen *Coffee to go* von der Hotelbar. Sie hockt sowieso die ganze Zeit dort herum. Wir treffen uns dann unten in der Empfangshalle.«

»Super, danke! Ich beeile mich.«

Kaum hatte sie zugestimmt mitzugehen, sprang sie auch schon aus dem Bett. Heute war ein Festtag und den würde sie nicht schmollend im Bett verbringen. Es war schon schlimm genug, dass sie das leckere Frühstück verschlafen hatte. Da würde sie doch nicht auch noch das gesamte Weihnachts-Trara verpassen.

Der seltsame Traum begleitete sie die Stufen hinunter. Erneut sah sie Ted, wie er mit einer Kettensäge in der Hand auf einem Schlitten stand und Schnee vom

Himmel herab holte. Hinter ihm lugte Marcell mit einer Kamera hervor und machte Fotos davon. Auf dem Boden verstreut, direkt unter Teds Füßen, lagen Bilder von ihnen beiden, von ihr und Ted, wie sie sich umgeben von Schneeflocken küssten. Marcell grinste sie an und forderte sie auf, sich auszuziehen. Ted bot ihr an, ihr aus ihrem Kleid zu helfen. Genau an dieser Stelle hatte Leonie zum Glück an die Tür geklopft. Der Traum war so schon absurd genug, noch mehr hätte sie davon bestimmt nicht sehen wollen.

»Hier ist dein Kaffee«, sagte Leonie und wollte ihr einen heißen Becher in die Hand drücken. Dann begutachtete sie Melody von oben bis unten. »Und geh vielleicht nochmal auf dein Zimmer und hole deine Jacke. Es ist heute arschkalt.«

»Also, Leonie, was ist denn das für eine rüpelhafte Sprache?«, fragte Sara entsetzt.

»Habe ich mir von dem Stallburschen abgeschaut. Ich passe mich nur an mein Umfeld an.«

Leonie steckte immer noch in ihrer Trotzphase wegen Martin fest.

»Ich glaube aber nicht, dass hier irgendjemand so spricht«, erwiderte Sara, doch ihr Anliegen wurde einfach überhört.

Melody huschte eilig in ihr Zimmer und zog sich ihre Jacke über. Als sie aus dem Zimmer rannte, prallte sie gegen einen telefonierenden Ted. Ganz so, wie bei ihrer ersten Begegnung, kam es ihr in den Sinn.

»Entschuldigen Sie-«, murmelte er, hielt aber sofort inne, als er sah, mit wem er gerade zusammengestoßen war. »Ich rufe später zurück«, erklärte er seinem Telefonpartner und beendete abrupt die Verbindung.

»Die Arbeit«, sagte er und wedelte mit dem Smartphone hin und her.

»Die lassen dich nicht mal zu Weihnachten in Ruhe, hm?«

»Das Wetter ... du weißt schon. Es ist ein tägliches Ereignis. Und eigentlich bin ich auch nur aus genau diesem Grund in Freedom Falls. Ich soll über das Wetter berichten.«

»Ach so«, antwortete Melody und schabte mit ihrer Schuhspitze über den Teppichboden.

Einige Sekunden herrschte ein unbehagliches Schweigen.

»Nagut, dann wünsche ich dir viel Spaß bei der Arbeit. Und gute Heimreise«, sagte sie zu ihm und ließ ihn an Ort und Stelle alleine stehen. Als sie die Stufen erreichte, rief er ihr hinterher: »Dir auch, Melody! Ich hoffe wir-«

Sie blieb stehen und schaute sich zu ihm um.

»Ich hoffe wir ...« Er räusperte sich. »Ich wünsche dir ein schönes Weihnachtsfest.«

»Das wünsche ich dir auch, Ted«, antwortete sie und lief die Treppen hinab, ohne noch einmal zu ihm zurückzusehen. Denn wenn sie das getan hätte, dann hätte sie womöglich die Kraft verlassen und sie wäre erneut in Tränen ausgebrochen. Ihn zu sehen schmerzte tief in ihrer Seele. Und so ein schreckliches Gefühl konnte sie zu Weihnachten bestimmt nicht gebrauchen.

Im Vorbeilaufen nahm sie Leonie den Kaffee ab und führte die Spitze des Frauenrudels in die Stadt an. Sara erzählte noch einige Anekdoten von ihrer gemeinsamen Zeit mit Andreas. Sie schien tatsächlich glücklich mit ihm zu sein. Das freute Melody sehr. Sie hatten beschlossen, dass er nach der Wintersaison eine Stelle in Saras Nähe annehmen würde, um Zeit mit ihr verbringen zu können. Und falls ihre Beziehung gut lief, also wenn sie bis nächstes Jahr im Winter halten sollte, dann wollte Sara es irgendwie möglich machen, dass sie den Winter über in Freedom Falls verbringen konnte. Das klang nach einem zukunftsorientierten Plan. Man merkte, dass es den beiden ernst miteinander war und Melody tat es sofort leid, dass sie ihre Freundin so dermaßen unterschätzt hatte. Anscheinend wusste Sara genau, was sie wollte, und auch was sie tat.

Die Geschäfte in der Stadt hatten nur noch wenige Stunden geöffnet, es war nicht mehr viel Zeit, um ein paar prunkvolle Anhänger für den Baum zu finden, der in der Empfangshalle aufgeputzt werden sollte.

Natascha schlug vor, sich aufzuteilen. Melody ging mit Leonie und Natascha suchte gemeinsam mit Sara nach etwas Passendem.

»Sieh mal, wie gefällt dir denn dieser Engel hier?«, fragte Melody die nicht richtig anwesende Leonie.

»Was hast du gesagt? Ja, ja, sehr hübsch.«

»Leonie? Du hast doch noch nicht einmal hingesehen.«

»Tut mir leid, ich bin mit den Gedanken gerade woanders.«

»Stell dir vor, das habe ich schon gemerkt. Wo bist du denn, wenn ich fragen darf?«

»Du darfst. Und du wirst es nicht glauben.«

»Lass mich raten. Du bist in Gedanken bei Martin.«

»Woher weißt du das?«, fragte Leonie überrascht.

»Weil ich schon schwer damit gerechnet habe, dass dich dieser Mann mehr beeindruckt hat, als du es dir selbst je eingestehen würdest.«

»Ach, so ein Quatsch.« Leonie tat die Bemerkung mit einer Handbewegung ab. »Obwohl ... es ist unerträglich, das zugeben zu müssen, aber vielleicht hast du auch damit recht.«

»Tja, mit Anziehungskraft kenne ich mich eben aus«, trällerte Melody, während sie vier der Engel zur Kasse trug.

»Aber die Anziehungskraft, die der Wetterheini auf dich ausübt, die hast du doch tatsächlich übersehen. Ist denn das zu glauben?«, erwiderte Leonie in gespielt schnippischem Ton.

»Lass es mal gut sein. Das mit Ted ist schon wieder zu Ende, bevor es überhaupt richtig angefangen hat.«

»Wieso denn das?«, staunte Leonie. »Ich dachte, bei euch läuft es so toll?«

»Er weiß jetzt, dass ich mein Handy bei ihm deponiert habe. Und er denkt, dass ich mich nur mit ihm abgegeben habe, um es wiederzubekommen. Das war vielleicht zuerst wirklich der einzige Grund, aber dabei blieb es nicht.«

»Hast du ihm das gesagt?«

»Ich habe es versucht«, erzählte Melody, während sie zurück zum Hotel gingen, »aber dann hat er mit Marcell geredet und dieser Idiot hat Ted gesagt, dass wir noch zusammen wären.«

»Oh nein, das ist ja schrecklich. Was willst du jetzt tun?«

»Was ich tun will? Gar nichts?«

»Aber ... wenn du diesen Mann wirklich so gern hast, wie du denkst, dann solltest du dringend alles nur Erdenkliche unternehmen, um ihn wieder für dich zu gewinnen.«

»Ach, ich weiß nicht. Ich fürchte, der Zug ist bereits abgefahren.«

»Einen Versuch ist es doch auf jeden Fall wert, oder meinst du nicht?«

Melody senkte den Blick und starrte auf ihre Füße. Natürlich hatte Leonie vollkommen recht, mit allem, was sie sagte, doch wie sollte sie Ted wieder für sich gewinnen können? Sie hatte es eindeutig vermasselt und jetzt hatte er nicht gerade die allerbeste Meinung von ihr. Was sie aber auch verstand. Denn nach so einer Aktion hätte sie ihn mit ziemlicher Sicherheit auch vor die Türe gesetzt.

»Er hat dir doch Schneeflocken geschenkt, Mel. Welcher Mann würde so etwas denn schon tun?«

»Du meinst, abgesehen von einem Wettermann?« Doch Leonies Meldung brachte sie auf eine Idee. Sie drückte ihrer Freundin kurzerhand die Tüte mit den Engeln in die Hand. »Bitte sei so gut und bring den Baumschmuck zu den Mädels, ja? Ich habe noch einiges zu erledigen und muss jetzt dringend los, wenn ich alles rechtzeitig schaffen will. Wir sehen uns dann beim Weihnachtsfest, in Ordnung?«

»Sag bloß, du hattest einen Geistesblitz, wie du Teds Herz zurückerobern kannst.«

Melody zwinkerte ihrer Freundin neckisch zu und machte sich auf den Weg, um ihre Idee umzusetzen. Es würde ein Haufen Arbeit auf sie zukommen, doch das war Ted allemal wert.

Nachdem sie all ihre Energie dazu aufgebraucht hatte, eine Überraschung für Ted zu organisieren, stolperte Melody abschließend in den Empfangsraum des Hotels. Der Weihnachtsbaum, eine beinahe zwei Meter hohe Nordmanntanne, ragte in der Mitte des Raumes empor. Die Gäste hatten bereits mit dem Schmücken des wirklich beeindruckenden Exemplares begonnen.

Natascha half dem Barmann gerade dabei, eine Lichterkette rund um das Geäst zu wickeln. Sara saß gemeinsam mit Andreas auf der Couch, schwer damit beschäftigt Popcorn auf einen Zwirn zu befördern. Melody wusste aus Erfahrung, dass diese Ketten wesentlich anspruchsvoller in der Herstellung waren, als man es sich vorstellte. Sara streckte die Zunge jedes mal heraus, wenn sie die Nähnadel durch ein neues Korn stach.

Leonie entdeckte sie in der Nähe des Schallplattenspielers. Sie diskutierte gerade lautstark mit Martin über die Weihnachtsmusik, die bei der Bescherung gespielt werden sollte, und natürlich konnten sich die beiden nicht einigen. Da auch die Musik einen Teil von Melodys Plan umfasste, schlich sie sich an Martin heran und flüsterte ihm ihre Bitte ins Ohr. Dieser lächelte nur und nickte zustimmend.

So wie es aussah, war alles für die große Weihnachtsüberraschung vorbereitet. In einer halben Stunde würde die Bescherung beginnen, sie lag perfekt im Zeitplan.

Jetzt fehlte nur noch Ted.

Sie hatte extra in der Redaktion angerufen und Rebecca S. George nach seinem heutigen Dienstplan gefragt. Eigentlich sollte er sich, laut der Journalistin, innerhalb kürzester Zeit wieder hier im Hotel einfinden. Melody wippte nervös auf und ab. Sie hoffte inständig, dass alles so klappte, wie sie es geplant hatte. Aus Erfahrung wusste sie jedoch, dass gerade die allersorgsamst geplanten Überraschungen meist schief gingen.

Nach weiteren zwanzig Minuten war Ted immer noch nicht aufgetaucht. Melody wurde langsam unruhig. Sie dachte an den Abend zurück, als sie ihn so sehr verletzt hatte. Besorgt ging sie zur Rezeption und erkundigte sich nach ihm.

»Den Wetterfrosch meinen Sie? Der hat heute Morgen ausgecheckt«, sagte ihr die Dame am Empfang. Verdammt, das konnte doch nicht wahr sein. Irgendwie hatte sie es ja schon im Gefühl, dass ihre Überraschung nicht gelingen würde, doch sie hatte nicht damit gerechnet, dass es an der Abwesenheit von Ted liegen würde.

Was sollte sie denn jetzt nur tun?

Sie wusste weder, wie er abreisen würde, ob mit dem Auto, der Bahn oder dem Bus. Noch wusste sie, wann er losgefahren war. Er konnte schon längst über alle Berge und kurz vor der Heimat sein.

Gefrustet sank sie in die Knie.

»Geht es ihnen gut, Miss? Wollen Sie sich setzen?«, fragte die Empfangsdame, die ihr Verhalten für einen Schwächeanfall hielt.

»Danke, es geht schon«, stammelte Melody. Sie setzte sich wie in Trance in Bewegung und ließ sich neben Sara auf die Couch plumpsen.

In dem Moment wurde das letzte Schmuckstück auf den strammen Ästen des prunkvollen Baumes platziert und Martin legte Melodys Musikwunsch auf.

»Er ist weg«, murmelte sie, während die lieblichen Klänge von *White Christmas* den Raum erfüllten.

»Wer ist weg? Der Wettermann?«, fragte Sara ungläubig. »Aber, sieh doch mal, da im Fernsehen!«, rief sie plötzlich überschwänglich. »Ist er das nicht? Neben dieser hübschen Rothaarigen. Rebecca ... Irgendwie.«

»Das ist doch nur eine Aufzeichnung, Sara. Das übertragen sie nicht live.«

»Bist du dir da ganz sicher?«, hörte sie Nataschas Stimme hinter sich. Ihre Freundin sah gerade aus dem Fenster.

Eigentlich hätte es das perfekte Weihnachten werden sollen, von dem sie schon immer geträumt hatte. Sie hatte geplant, gemeinsam mit Ted auf der Couch zu sitzen, heißen Kakao zu schlürfen, während ihr absoluter Lieblingsweihnachtssong im Radio lief. Und das alles während es dicke Schneeflocken schneite.

»Sieh doch mal, Mel. Es schneit.« Natascha zog den

Vorhang zur Seite, damit sie es sehen konnte.

»Ich weiß«, stöhnte Melody. »Dafür bin ich verantwortlich.«

Natascha sah sie entgeistert an.

»Schneekanonen«, erklärte Melody. »Das war als Überraschung für Ted geplant.«

»Ja, er freut sich ja auch sichtlich«, sagte Sara, die auf den Fernseher deutete. »Es ist doch live.«

Melody fixierte den Bildschirm und suchte nach Hinweisen, wo sich ihr Wettermann gerade befand. Sie hatte gehört, dass heute beinahe überall in Freedom Falls Schneekanonen zum Einsatz kamen, um die Piste endlich befahrbar zu machen. Denn immerhin war es seit heute kühl genug dafür.

»Also, ich finde, dass er eher entgeistert dreinblickt, aber was weiß ich schon«, warf Natascha ein, die ihren Blick jedoch nicht auf das Fernsehgerät richtete, sondern immer noch aus dem Fenster sah.

Da klickte es plötzlich in Melodys Gedanken. Ted musste direkt hier vor dem Hotel stehen! Hastig erhob sie sich von der Couch und sprintete hinüber zu der schweren Eingangstüre. Mit einem Ruck stieß sie die massive Türe auf und konnte ihren Augen kaum glauben, als sie ihren Verdacht bestätigt bekam. Ted stand gemeinsam mit einem ganzen Fernsehteam vor einer schneebedeckten Kulisse. Er warf ihr einen verwunderten Blick zu, als er sah, wie sie im Eiltempo auf ihn zulief.

»Das perfekte Weihnachten kann es nur geben, wenn du an meiner Seite bist, Ted!«, rief sie gegen den Lärm der riesigen Schneekanone an. »Ich habe mir so sehr weiße Weihnachten gewünscht, doch ohne dich hat das nur noch wenig Bedeutung. Du bist mein höchstpersönlicher Wettermann und hast mir Schnee gebracht, Ted. Und ich wollte dir das perfekte Weihnachtsfest schenken.«

Die Schneekanone verstummte und die weiße Pracht hörte auf vom Himmel herabzusinken. Melody hatte diesen Service nur für einige Minuten finanzieren können. Es war kaum zu glauben, wie kostspielig künstlich hergestellter Schnee war.

Ted warf einen verdutzten Blick in die Kamera. »Liebe Zuseher, wir sind natürlich live für Sie unterwegs und da ist es gut möglich, dass sich unerwartete Dinge ereignen.« Dann räusperte er sich und deutete nach oben. »Dieses Jahr wäre uns zu Weihnachten kein Schnee vergönnt gewesen. Doch die Liebe ermöglicht alles, wie wir sehen können.« Dann wandte er sich direkt an Melody. Der Kameramann schwenkte sein Aufnahmegerät sofort hinterher, um alles Weitere für das Publikum festhalten zu können.

Sara und Andreas, Leonie und Martin, Natascha und der Barmann, hatten sich zu ihnen nach draußen gesellt und schwenkten ihre Tassen, gefüllt mit heißer Schokolade.

Ted bewegte sich wie in Zeitlupe auf Melody zu. Er strahlte über das ganze Gesicht und schloss sie in die Arme.

»Weißt du, mein Schatz, das ist wirklich das schönste Weihnachtsgeschenk, das ich je bekommen habe.« Dann lächelte er sie liebevoll an. »Doch ich verrate dir jetzt etwas.« Dann richtete er seinen Blick in den Himmel und von einer Sekunde auf die nächste, begann es tatsächlich zu schneien.

»Wie hast du das gemacht?«, fragte Melody verwirrt.

»Ich wusste, dass es heute noch schneien wird. Eigentlich hatte ich vor, heute direkt nach der Sendung abzureisen, doch dann habe ich erfahren, dass uns ein Hoch den langersehnten Schnee bringen wird. Da musste ich an unseren ersten Kuss denken ... und ich konnte mir nicht vorstellen, den ersten Schnee ohne dich zu erleben. Deshalb habe ich die Liveübertragung direkt vor dem Hotel geplant.«

»Oh, Ted. Dann verzeihst du mir?«

»Ich habe dein Gespräch mit deinem Ex gestern durch die Zimmertüre hindurchgehört. Es tut mir leid, dass ich dich nicht sofort gefragt habe, was er getan hat ... oder dir einfach genug vertraut habe, um dir zu glauben, dass es mit ihm tatsächlich aus und vorbei ist. Wahrscheinlich konnte ich die Vorstellung, dass so eine wunderbare Frau sich für mich interessiert, einfach nicht für real halten.«

Anstatt ihm zu antworten, stellte sie sich auf ihre Zehenspitzen und drückte ihm einen Kuss auf den Mund. Ted verwarf in derselben Sekunde, was er noch sagen wollte, und erwiderte ihren Kuss, der von Schneeflocke zu Schneeflocke immer intensiver wurde. Ihre Leidenschaft glühte bei jeder kalten Berührung der winzigen Kristallgebilde, die ihren Kuss erneut zu einem unvergesslichen Ereignis machten.

Melody löste sich von ihm und warf ihren Freundinnen einen neugierigen Blick zu. Sara küsste gerade ihren

Andreas, den Schilehrer auf den sie ein Jahr lang gewartet hatte. Leonie beugte sich hinüber zu Martin, dem Stallburschen, den sie doch eigentlich nicht leiden konnte, ihn aber mit Sicherheit im tiefsten inneren bereits liebte, und Melody beobachtete, wie sich ihre Lippen berührten. Und auch Natascha küsste ... Sepp den Barmann. Das erklärte, warum Natascha kein Problem damit hatte, ihre Zeit alleine an der Bar zu verbringen.

Vier Engel hingen an dem prächtigen Christbaum und vier wunderbare Engel in Frauengestalt standen gemeinsam im Schnee und küssten ihre Liebsten, umgeben von einem eisigen Meer aus Schneeflocken, die das perfekte Weihnachtsfest einläuteten.

Melody legte ihre Hand in Teds Nacken und zog ihn zu sich, bis sie den Duft von Vanille und Lebkuchen inhalieren konnte. Ihre Lippen berührten sich erneut und eine der weißen Schneeflocken beteiligte sich an ihrem Kuss, indem sie sich auf ihren Lippen ausruhte, bis sie aufgrund der Hitze ihrer Liebe zu einer feuchten Träne zerschmolz.

Aus dem Inneren des Hotels drang die reizende Stimme von Bing Crosby, der über weiße Weihnachten sang und Melody konnte ihr Glück kaum fassen. Sie hatte tatsächlich das Weihnachtsfest ihrer Träume bekommen.

I'm dreaming of a white Christmas
With every Christmas card I write
May your days be merry and bright
And may all your Christmases... be... white

ENDE

Erster Band

Herz, Kuss, Liebe

Valentinstag in Freedom Falls

Band 2 – Natascha

Herz, Kuss, Liebe

Natascha

1. Der 7. Februar

Natascha trat die Bremse durch und schlug das Lenkrad hastig nach rechts ein.

»Verdammt, Sara ... Ich habe mich schon wieder verfahren.«

»Nicht verzweifeln, Nati«, drang Saras Stimme aus der Freisprecheinrichtung, »du biegst einfach bei der nächsten Möglichkeit rechts ab, bei der übernächsten Kreuzung fährst du links, dann immer geradeaus, danach nimmst du die dritte Ausfahrt und hältst dich leicht rechts. Und dann musst du nur noch-«

»Ja, ja ... alles klar, Sara«, unterbrach Natascha die Wegbeschreibung ihrer Freundin, »ich frage dich einfach nochmal, falls ich mich wieder verfahren sollte. Zum Glück habe ich die Heizung meines kleinen Käfers doch noch reparieren lassen, so muss ich wenigstens nicht frieren, während ich mich zu dir in dieses Kaff quäle.«

»Tja, bei so einem Spontanbesuch muss es einfach eine Menge glücklicher Zufälle geben, Nati. Ich würde ja nie ... und dann auch noch so spontan ... solche Reisen gehören genau geplant.«

Natascha setzte den Blinker und bog rechts ab.

»Hey, immerhin bist du ganz spontan nach Freedom Falls gezogen, meine liebe Sara. Also, werde ich dich als eine deiner besten Freundinnen, auch ganz spontan besuchen kommen dürfen.«

Erklärst du mir bitte nur nochmal ganz kurz«, räusperte sich Sara, »warum du ausgerechnet in dieser Woche deinen spontanen Besuch in die Tat umsetzen musst?«

Sara klang ein klein wenig verärgert, wobei sie versuchte, die Ruhe selbst zu sein, so wie es für Sara üblich war. Klar passte es Sara nicht in den Kram, dass Natascha gerade um den Valentinstag bei ihr in Freedom Falls aufschlug und so die neugewonnene Zweisamkeit mit Saras großer Liebe störte. Sie war erst vor Kurzem zu ihm gezogen und die beiden befanden sich noch in der Flitterwochenphase ihrer Beziehung.

»Ich habe mir ehrlich gesagt darüber keine Gedanken gemacht. Ich habe einen Blick in meinen Terminkalender geworfen und es passte einfach gerade«, flunkerte Natascha.

»Bist du dir sicher, dass es nichts mit Valentinstag zu tun hat und, dass du die Einzige von uns vieren bist, die ihn ganz alleine verbringen wird?«, hakte Sara nach.

»Erstens, damit hat es bestimmt nichts zu tun«, rechtfertigte sich Natascha, während sie die dritte Ausfahrt nahm, »und zweitens, bin ich nicht die Einzige. Leonie hat doch auch gerade keinen Freund.«

»Aber bei Leonie ist das nichts Neues. Sie kommt super damit zurecht. Du hingegen ... naja ... sei mir nicht böse, Nati. Aber ich glaube, du spielst uns nur den überzeugten Single vor. Und tief in dir grummelt es ganz schön. Du sehnst dich nach Liebe.«

»Saraaa«, warnte Natascha, »ich lege gleich auf.«

»Mach ruhig, ich kann dich sowieso schon sehen«, sagte Sara freudig. Gleichzeitig drosselte Natascha das Tempo. Denn direkt vor ihr, mitten auf der Straße, stand eine grinsende Sara und winkte ihr mit hochgereckten Armen zu.

Natascha nahm sich nicht die Zeit das Gespräch zu beenden, sie stieg hastig auf das Bremspedal, hüpfte aus ihrem kleinen Stadtflitzer und lief auf ihre Freundin zu. Sie schloss Sara in die Arme und drückte sie, so fest sie konnte.

»Es tut so gut dich zu sehen«, bestätigte Sara, dann deutete sie auf einen freien Parkplatz. »Dort drüben kannst du parken, ich helfe dir deine Sachen ins Haus zu tragen. Ich mache uns gleich eine Kanne Tee und dann kannst du mir alles in Ruhe erzählen. Andreas ist noch bei der Arbeit, also haben wir genügend Zeit zum Plaudern.«

»Aber, es gibt doch nichts zu erzählen«, versuchte es Natascha erneut. Doch Sara schüttelte nur den Kopf.

»Ach, Nati ... ich sehe dir doch an, dass es dir nicht gut geht. Du weißt doch, du kannst mir einfach alles erzählen.«

Natascha nahm wieder auf dem Fahrersitz ihres maroden VW Käfers Platz und manövrierte ihn in die viel zu enge Parklücke. Sara deutete ihr dabei und versuchte sie einzuweisen. Natascha befolgte Saras Gewinke, doch ihre Fuchtelei stellte sich als kontraproduktiv heraus.

Denn kaum hatte sie sich eine Spur weiter links gehalten, genauso wie von Sara vorgegeben, krachte sie gegen das Auto auf dem benachbarten Parkplatz.

»Nichts passiert!«, rief Sara, senkte jedoch sofort die Arme.

»Bist du dir sicher?«, fragte Natascha durch das heruntergekurbelte Fenster.

Sie beschloss, Sara zu ignorieren und fertig einzuparken. Nachdem sie endlich genau in der Mitte der winzigen Parklücke stand, holte sie tief Luft und stieß die Fahrertür auf. Dabei knallte die Tür natürlich erneut gegen das schon beschädigte Auto. Dieser Parkplatz war einfach viel zu eng.

»Kaum zu glauben, dass ihr in Freedom Falls so einen akuten Parkplatzmangel habt«, murmelte Natascha, während sie ihr Gepäck aus dem Kofferraum kramte und es Sara in die Hände drücke. Dann schlich sie eine Runde um das fremde Auto, wobei sie sich stückchenweise daran vorbei quetschen musste, weil die Fahrzeuge viel zu dicht aneinander standen. Es handelte sich bei diesem Wagen um ein Sondermodell.

»Das ist ja der neue Tesla«, staunte Natascha »reiner Elektroantrieb mit hoher Reichweite. Wer in diesem Kaff kann sich denn so einen leisten?«, wunderte sie sich.

»Wahrscheinlich ein Tourist. Du weißt ja, dass hin und wieder Prominente ihren Urlaub hier verbringen«, erklärte Sara stolz.

»Nur weil der Wettermann von *Kanal 5* hier war, heißt das noch lange nicht, dass sich auch *echte* Prominente in dieses Dorf verirren«, neckte Natascha ihre Freundin, wobei sie Gänsefüßchen in den Himmel malte, als sie von *echten* Prominenten sprach.

»Es wohnen doch sogar echte Prominente hier«, antwortete Sara, die die Ironie in Nataschas Stimme wohl nicht bemerkt hatte.

»Ja, ja ... ich weiß. Rebecca S. George-«

»Und sie ist wirklich nett. Stell dir vor, ich habe neulich beim Einkaufen ein paar Worte mit ihr gewechselt.«

Natascha lächelte sie zufrieden an, während Sara von dem Gespräch mit der Kleinstadt-Reporterin schwärmte. Sie hatte ihre Freundin wirklich sehr vermisst. Es war kaum zu glauben, dass ausgerechnet die bodenständige und prüde Sara einfach so die Stadt verlassen hatte, und ins Niemandsland gezogen war. Was die Liebe alles anrichten konnte ... für Natascha ein unerklärliches Rätsel. Sie hatte sich noch nie dermaßen verliebt, dass sie ihr ganzes Leben freiwillig komplett auf den Kopf gestellt hätte. Und auch ihrer Freundin Sara hätte sie so eine unüberlegte Aktion niemals zugetraut. Aber dieser Andreas brachte eine bisher unbekannte Seite von Sara zum Vorschein, die Natascha überraschte.

Sara stellte ihre Taschen ab und machte sich gleich daran den Tee aufzusetzen.

»Du kannst dich einstweilen gerne umsehen, das Haus ist nicht gerade riesig, du wirst dich also mit Sicherheit nicht verlaufen«, scherzte Sara. »Das linke Zimmer ist übrigens das Gästezimmer, in dem würden wir dich einquartieren, wenn es dir passt. Aber wenn du möchtest kann ich auch gerne im Hotel anrufen und ein

Zimmer für dich buchen. Dasselbe Zimmer wie zu Weihnachten? Das wäre doch irgendwie witzig ...«

Saras Stimme wurde immer leiser, als Natascha durch das restliche Haus schlenderte. Es handelte sich um eine massive Blockhütte, sehr rustikal eingerichtet, genauso wie man diese Art von Häusern aus Filmen her kannte. Erneut wunderte sich Natascha, dass Sara ihre wirklich süße Wohnung in der Stadt aufgegeben hatte, um hierher zu ziehen, in dieses unkomfortable Knusperhäuschen mitten im Nirgendwo. Natascha war im Vergleich zu Sara eine Träumerin, jedenfalls dachte sie das bisher. Doch anscheinend hatte sich das Blatt gewendet und nun war es Sara, die Fantasien hinterher schmachtete und Natascha diejenige, die fest auf dem Boden der Tatsachen stand.

Auf einem Regal entdeckte sie ein Foto von Sara und Andreas, das in einem liebevoll, von Hand verziertem, Bilderrahmen steckte. Sara saß auf den breiten Schultern ihres Freundes und hielt sich mit den Händen an seinen kräftigen Unterarmen fest, die er ihr entgegenstreckte. Auch diese Ausgelassenheit, die dieses Foto ausstrahlte, sprach nicht für die Sara, die Natascha aus der Stadt kannte.

»Dieses Bild hat Melody geschossen, einen Tag vor Silvester, erinnerst du dich?«

Natascha war so in Gedanken versunken gewesen, dass sie Saras Anwesenheit erst jetzt bemerkte.

»Es war wirklich eine tolle Woche. Gut, dass wir unseren Mädels-Winterurlaub doch noch verlängert hatten«, sprach Sara weiter.

»Ja ... es war ein echt netter Urlaub. Aber an diesen

Moment kann ich mich gar nicht erinnern«, sagte Natascha nach kurzem Nachdenken.

»Ach, stimmt ja. Du warst ja ständig mit diesem Barmann aus dem Hotel beschäfigt. Da hast du einiges nicht mitbekommen«, grinste Sara. »Wie hieß der noch?«

»Sepp«, antwortete Natascha gedankenverloren. »Sein Name war Sepp, wenn ich mich richtig erinnere.«

»Diese Sepp war nett«, kicherte Sara über ihren kleinen Reim.

»Ein Urlaubsflirt, weiter nichts.« Natascha stellte den Rahmen wieder zurück auf das Regal. »Ich glaube, es wäre mir sogar peinlich, ihn wiederzusehen. Deshalb wird es auch nicht nötig sein, mich wieder in dem Hotel unterzubringen. Ich bleibe gerne bei euch.«

»Wir haben aber nur ein Badezimmer«, sagte Sara und deutete auf die Tür den Flur hinunter.

»Auch das werden wir überleben«, lachte Natascha.

»Es ist schön, dich lachen zu hören«, warf Sara ein, »das ist das erste Mal seit du hier bist.«

Ihre Freundin machte sich sichtlich Sorgen um sie. Es fiel Natascha schwer, Sara nicht sofort alles zu erzählen, doch sie beschloss, ihre Gedanken für den Moment lieber für sich zu behalten. Die Fahrt in dieses Kaff hatte durch die Irrfahrt hierher wesentlich länger gedauert als erwartet und Natascha spürte jeden einzelnen Knochen in ihrem Körper. Sie hätte sich wohl doch besser ein Auto mieten sollen, anstatt mit ihrem zwanzig Jahre alten Käfer so eine Weltreise auf sich zu nehmen.

Auch beim Tee führte sie mit ihrer Freundin Smalltalk und verheimlichte ihr weiterhin den wahren Grund für ihren Besuch. Noch bevor Andreas nachhause kam, verkroch sich Natascha unter dem Vorwand, sie sei müde und wolle sich hinlegen, in dem kleinen Gästezimmer, ohne eigenes Badezimmer.

Sie packte ihre Taschen aus und bemerkte zuerst nicht, dass die Postkarte, von der sie sich nicht erinnern konnte, dass sie sie überhaupt eingepackt hatte, auf den Boden gesegelt war. Sie bückte sich danach und betrachtete das kleine Stück Karton aufmerksam. Auf der Vorderseite war ein Panoramabild von Freedom Falls abgebildet, das in weihnachtlicher Atmosphäre erstrahlte. Auf der Rückseite stand nur ein kurzer Text in krakeliger Schrift.

Nur die Worte:

Gutschein für einen Wellnesstag
In meinen Armen.
In freudiger Erwartung,
Dein Sepp

Der Poststempel zeigte, dass die Karte bereits Anfang Januar abgeschickt worden war. Doch die Post schien sie verschlampt zu haben, denn die Postkarte war erst vor einigen Tagen unter Nataschas Tür durchgeschoben worden. Sie tippte auf einen ihrer Nachbarn, der die Karte irrtümlich erhalten und vergessen hatte, sie ihr zu übergeben. Doch in Wahrheit machte es keinen Unterschied, denn Natascha hätte sowieso nicht auf Sepps Einladung reagiert. Den Gutschein einzulösen hatte sie auch jetzt nicht vor. Andererseits musste sie zugeben, dass der Erhalt der Karte der wahre Grund dafür war, warum sie nach Freedom Falls zurückgekehrt war.

2. Der 8. Februar

»Guten Morgen, Schlafmütze!«, riss Saras Stimme Natascha aus dem Schlaf, »Kommst du zum Frühstück?«

»Einen Moment!«, rief Natascha durch die geschlossene Tür, »Ich komme gleich.«

Schlaftrunken erhob sie sich aus dem Gästebett, schnappte sich ihren Kosmetikbeutel, öffnete vorsichtig die Tür, um sich zu vergewissern, dass sie niemandem auf dem Weg ins Bad begegnen würde, und tapste dann barfuß in das geräumige Badezimmer. Natascha war positiv überrascht, denn sie hatte sich in einer Blockhütte nicht so viel Komfort erwartet. Andreas schien ein Genießertyp zu sein. Neben einer Regenwalddusche stand eine freistehende, sehr geräumige Badewanne mit Whirlpoolfunktion. Das Licht ließ sich dimmen und in den Wänden erkannte sie eingebaute Lautsprecher. Natascha beschloss spontan, sich eine morgendliche Dusche zu gönnen. Und sie bereute den Entschluss keinen Augenblick, denn das Wasser drang gleichmäßig aus dem überdimensionalen Duschkopf und schenkte ihr das Gefühl in einen warmen Regen geraten zu sein. Die Tropfen prickelten beinahe auf ihrer Haut und erinnerten sie an Sepps heiße Küsse, mit denen er noch vor sechs Wochen ihren Nacken, ihre Taille, und ihre Oberschenkel liebkost hatte. Hastig öffnete sie die Augen, um die Gedanken an diesen Mann wieder zu vertreiben. Zwar hatte seine Nachricht den Impuls gesetzt diese

Reise zu unternehmen, doch sie wollte sich daran halten, nicht auf seine Einladung zu reagieren. Sie stieg aus der Dusche und schnappte sich eines der flauschigen Handtücher.

In diesem Moment kam ihr der Gedanke, dass sie sich in Wahrheit doch nur selbst etwas vormachte. Sie wollte den Valentinstag einfach nicht alleine verbringen und als ihr die Postkarte ihres letzten Urlaubsflirts in die Hände fiel hatte sie spontan entschieden, ihre Freundin Sara zu besuchen, die rein zufällig genau in dem Örtchen wohnte, in dem ihre heiße Winteraffäre arbeitete. Es war unvorstellbar, dass sie sich selbst so erfolgreich hinters Licht geführt hatte. Sich einzugestehen, dass sie diesen Mann sehr wohl wiedersehen wollte, fiel ihr tatsächlich schwer. Sie hatten immerhin nur zwei Wochen miteinander verbracht. Wobei jeder Tag davon heißer verlief, als der vorige ... aber wie gesagt, eigentlich kannte sie diesen Mann kaum und es schien ihr absurd, nur wegen ihm diese lange Fahrt auf sich genommen zu haben. Da kam es ihrem wirren Gedankengang wohl gerade recht, dass Sara jetzt hier wohnte.

Nur mit Unterwäsche bekleidet, sprintete Natascha zurück in ihr Zimmer und entschied sich für ein Paar ausgewaschene Jeans und für ein sportlich geschnittenes T-Shirt. Zum Glück war schon Mitte Februar und die Sonne lugte schon für mehrere Stunden täglich, aus dem sonst so dichten Wolkenbett hervor.

»Na, endlich. Was hast du denn so lange getrieben?«, fragte Sara, als Natascha die Küche betrat.

»Ich habe nur eure wunderbare Dusche genossen.«

»Dafür hast du Andreas schon wieder verpasst, er ist

gerade los zur Arbeit.«

»Oh, wie schade, aber ich werde ihn ja bestimmt heute Abend sehen.«

Sara brühte frischen Kaffee auf und reichte Natascha eine Tasse.

»Was wollen wir denn heute unternehmen?«

Natascha blies auf den viel zu heißen Kaffee, um ihn etwas abzukühlen.

»Ach, ich weiß nicht. Vielleicht gehen wir einfach nur spazieren und sehen wohin uns der Wind treibt? Und später könnten wir dann auf einen Nachmittags-Cocktail gehen?«

»Das klingt ja nach einer fantastischen Idee. Gleich ein Stück die Straße runter hat eine neue Bar aufgemacht, die könnten wir uns doch mal ansehen.«

Das waren keine guten Nachrichten. Damit hatte Natascha nicht gerechnet. »Ich dachte eher, dass wir uns an die Hotelbar setzen?«

»Die Zeiten, an denen man gezwungen war, seine Freizeit mit den Touristen zu verbringen, sind zum Glück vorbei, jetzt da es die neue Bar gibt. Wir müssen also nicht ins Hotel. Es sein denn ... du möchtest gerne?« Sara legte ihren *Ichweißworaufduhinauswillst*-Blick auf und grinste dabei schelmisch.

»Nun ... naja ...«, stammelte Natascha und fixierte dabei die schwarze Brühe in ihrer Hand.

»Dein heißer Typ, mit dem du zu Weihnachten etwas hattest, das war doch der Barmann aus dem Hotel, nicht wahr?«

»Ja ... Das könnte stimmen«, druckste Natascha herum und nippte verlegen an ihrer Tasse.

»Und du möchtest ihn wiedersehen?«

»Auch das könnte stimmen.«

»Nagut, dann lass uns heute nicht in die neue Bar schauen. Gehen wir lieber ins Hotel und checken die süßen Kerle dort ab. Da wird doch sicher einer für dich dabei sein«, zwinkerte ihre Freundin ihr zu.

»Sara, bitte ...«

»Tut mir leid, Nati. Aber seit ich mit Andreas zusammen bin, kann ich solche Dinge mit Leichtigkeit sagen. Immerhin habe ich es nicht mehr nötig, nach dem Richtigen zu suchen.«

»Ich suche doch nicht nach dem Richtigen«, antwortete Natascha empört, »und schon gar nicht in diesem Kaff. Ich will doch nicht so enden wie-«

»Wie ich?«

»Nein, das wollte ich nicht sagen«, versuchte Natascha, ihre unüberlegten Worte wieder zurückzunehmen. »Immerhin führst du jetzt ein total tolles Leben, mit dem Mann den du liebst. Du bist immer noch eine super Modedesignerin, die jetzt nur nicht mehr in der Stadt arbeitet. Aber das ist ja das tolle an deinem Beruf.«

»Ja, das ist Richtig. Die neuesten Modetrends entwerfen, kann ich so gut wie überall. Wobei ich zugeben muss ....«

Natascha lehnte sich über den Küchentisch, um Sara besser verstehen zu können, weil die Stimme ihrer Freundin von Wort zu Wort leiser wurde.

»Ich muss zugeben«, fuhr Sara fort, »dass ich, seit ich hier bin, noch keinen einzigen Strich gezeichnet habe. Ich habe einfach keine zündende Idee für eine neue Kollektion.«

»Kaum zu glauben«, murmelte Natascha. Sara war doch sonst immer so kreativ. Ihre Freundin war zwar im Alltag eher sachlich gestrickt und folgte gerne logischen Schlussfolgerungen, doch in ihrem Beruf stach sie stets als künstlerisch talentiertes Ass hervor.

»Ja, nicht wahr? Ich war doch immer so gut in meinem Beruf und bis jetzt ist es mir noch nie schwergefallen neue Kleider zu entwerfen. Aber seit ich hier bin, seltsamerweise ...«

»Vielleicht liegt es an der Atmosphäre die hier herrscht? In der Stadt gab es wesentlich mehr Sinneseindrücke als hier.«

»Ich hoffe, dass du unrecht hast«, entgegnete Sara.

»Ja, das hoffe ich für dich auch. Immerhin verdient Andreas als Camp-Betreuer nicht gerade besonders viel, oder?«

»Er ist bis jetzt gut zurecht gekommen. Du siehst ja, dass er eher der puristische Typ ist. Er braucht nicht viel zum glücklich sein.«

»Bis auf ein tolles Badezimmer mit allem möglichen Luxus-Wellnes-Zeug«, konterte Natascha in scherzhaftem Ton.

Sara legte ein verschmitztes Grinsen auf. »Ja, das ist völlig richtig. Ein Andreas ohne Wellnessanwendungen ist kein gut gelaunter Andreas. So viel kann ich dir verraten.«

»Es tut verdammt gut, dich so glücklich zu sehen, Sara. Wirklich.« Zwar glaubte Natascha nicht unbedingt an eine lange Zukunft für diese Beziehung, doch sie freute sich für ihre Freundin und drückte ihr die Daumen, dass es doch so sein möge und Andreas derjenige Welche ist, nach dem sich Sara schon ihr gesamtes Leben gesehnt hat.

Die wahre Liebe ... das war für Natascha eher eine Floskel als eine Tatsache. Sie würde erst daran glauben, wenn sie es selbst erlebte. Doch bis jetzt sah es nicht danach aus. Und sie würde auch mit Sicherheit kein Valentinswunder erleben, an dem plötzlich ihr absoluter Traumprinz vor ihr stand und sie auf Händen über das Wasser trug. Natascha glaubte an das Übersinnliche: Ein Leben nach dem Tod? Gut vorstellbar. Geister? Kein Problem in Nataschas Vorstellung. Aber die wahre Liebe? Nein, an die glaubte Natascha definitiv nicht. Sie war auch ganz verwundert darüber, dass so eine bodenständige Person wie Sara tatsächlich an so eine romantische Vorstellung glaubte und von der perfekten Beziehung träumte. Aber gut, das war Saras Kram und in den würde sie sich nicht einmischen. All ihre Freundinnen waren so unterschiedlich und Natascha würde sich nie erlauben, einer von ihnen zu sagen, woran sie zu glauben hatten. Sogar bei ihrer Freundin Leonie verkniff sie sich ihre Meinung zu der Einstellung ihrer Freundin zu äußern, obwohl ihr das manchmal sehr schwerfiel. Bei Leonie hatte Natascha sich schon öfter auf die Zunge beißen müssen, um ihr nicht die Meinung zu geigen. Auch was Männer anging, hatten sie alle unterschiedliche Vorstellungen. Einerseits war das eine gute Sache, weil sie sich selten beim flirten in die Quere kamen, aber andererseits fehlte aus diesem Grund auch manchmal das Verständnis füreinander. Natascha gab sich größte Mühe, um diesen Umstand zu ignorieren. Sie wollte für ihre Freundinnen da sein und auch für Sara wollte sie sich aufrichtig freuen, selbst wenn sie niemals an diese Art von Beziehung glauben würde, die Sara für die einzig absolut richtige hielt.

»Komm, lass uns losgehen, wenn wir noch länger hier in der Küche versauern, dann verpassen wir noch den ganzen Spaß.«

»Welchen Spaß?«, fragte Natascha ernsthaft.

»Ach, du«, sagte Sara und kniff ihrer Freundin in die Seite. »Du und dein seltsamer Humor.«

»Ähm, welcher Humor?«, antowortete Natascha wahrheitsgemäß.

»Genau den meine ich! Du bist einfach der Brüller, Nati.«

Nach einem zweistündigen Spaziergang durch die Stadt waren die Freundinnen wieder an ihrem Startpunkt angekommen. Die Stadt war nicht besonders groß und konnte innerhalb kürzester Zeit umrundet werden. Nur das Hotel lag etwas abseits und Sara schlug vor, dass sie einen kurzen Stopp zuhause zum Mittagessen einlegten und sich danach auf den Weg zum Hotel machten. Natascha stimmte zu, wobei ihr Herz plötzlich ein wenig schneller schlug. Im Hotel würde sie bestimmt auf Sepp, ihren Urlaubsflirt treffen. Bei dem Gedanken an ihn wurde es Natascha heiß und kalt gleichzeitig. Dieser Mann war von seinen Eltern vielleicht mit dem wirklich schrecklichsten Namen auf Gottes Erdball benannt worden, doch sein extrem wohlgeformter Körper, den er auch den Genen seiner Eltern zu verdanken hatte, glich die missliche Namensgebung voll und ganz aus. Ein angenehmes Ziehen machte sich in ihrem Schoß breit und Natascha verdrängte sofort die Gedanken an diesen sexy Typen. Liebe, oder irgendeine romantische Vorstellung davon, war es zwar keine, die die beiden verband. Aber definitiv die körperliche Lust. Denn Natascha hatte kaum einen Mann in ihrem Leben getroffen, mit dem Sex dermaßen viel Spaß machte und mit dem sie sich im Bett so perfekt kombinierte. Es war unglaublich, aber Sepp schien den passgenauen Schlüssel zu ihrem Schlüsselloch zu besitzen. Wenn er seinen Schlüssel langsam drehte, dann klackte ihr Schloss. Und zwar jedes Mal. Und sie hatten es in diesen zwei Wochen wirklich oft Krachen lassen.

»So, da wären wir also«, durchbrach Saras Stimme plötzlich Nataschas Fantasien. »Du warst den gesamten Weg hierher so ruhig, alles in Ordnung?«

»Doch, klar«, räusperte sich Natascha, »ich war anscheinend nur in Gedanken versunken.«

Sara hopste hinauf zu der Eingangstür des Hotels. »Bereit?«

»Nein.«

»Gut, dann kann es ja losgehen.« Sara schubste eine Seite der Flügeltür mit ihrem Po auf und verbeugte sich übertrieben tief vor Natascha.

»Wer ist hier der Scherzkeks?«, fragte Natascha und

klopfte Sara im Vorbeigehen auf ihren Hintern. »Vielleicht schaffst du es nicht zu arbeiten, aber dafür hast du ausgezeichnete Laune.«

»Wie wahr«, bestätigte Sara, die jetzt neben Natascha dahinschlenderte, »Andreas macht aus mir einen ganz anderen Menschen.«

Natascha hakte sich bei ihrer Freundin ein. »Ja, das kann ich nur bestätigen. Ich glaube, ich habe dich in all den Jahren, seit wir uns kennen, noch nie so ausgelassen erlebt.«

»Da siehst du mal, was die wahre Liebe alles ändern kann.« Sara zog ihre Freundin plötzlich am Arm. »Und gleich werden wir deiner begegnen.«

Natascha nickte nur, um Sara nicht ihre gute Laune zu verderben.

Als sie den Schankraum betraten, war keine Spur von Sepp zu sehen. Hinter der Bar schüttelte gerade eine superdürre Blondine einen Cocktailshaker und warf ihn mit gespielt wirkender Leichtigkeit in die Luft. Der Shaker drehte sich um seine eigene Achse und landete wieder in der Hand der Barfrau, die sich jedoch umgedreht hatte und den Becher hinter ihrem Rücken auffing.«

»Entschuldigen Sie«, unterbrach Natascha die Darbietung der jungen Frau, »aber wir würden gerne mit Sepp sprechen. Arbeitet er denn heute?«

»Den Josef meinst du?«, fragte die Blondine mit einer trällernden engelsgleichen Stimme, die wie Honig in Nataschas Ohren floss. »Der arbeitet doch nur, wenn ihm der Sinn danach steht.«

»Achso?«, antwortete Natascha, während sie die viel

zu hübsche Frau von oben bis unten musterte.

»Ja, der Josef ist ja nicht fix bei uns angestellt. Er macht nur die Vertretung, aber auch nur dann wenn es ihm gerade passt. Dafür braucht der Chef ihm nicht viel zu bezahlen.«

»Aha«, war alles was Natascha hervorbrachte.

»Und weißt du zufällig, wann er wieder Lust hat zu arbeiten?«, mischte sich Sara in das Gespräch ein.

»Soviel ich weiß macht er morgen die Vertretung für die Valerie. Er ist ja der einzige Hahn im Korb und die Mädels sind immer ganz happy, wenn der Josef ihnen hilft.«

Der Stimmenhonig verklebte Nataschas Ohren und rann zähflüssig ihren Gehörgang hinab. *Hahn im Korb. Die Mädels sind ganz happy. Blablabla. Ich bin blond. Ich bin so toll, ich nenne ihn Josef*, äffte Natacha die Kellnerin lautlos nach.

Sara sah sie auf einmal schief an. »Warum verziehst du denn deinen Mund so schrecklich? Du siehst aus, als ob du gerade ein wahnsinniges Ekelgefühl loswerden möchtest.«

»Ja, sowas in der Art«, sagte Natascha schnell und sah dann wieder zu der Blondine. »Okay, dann danke für die Auskunft. Vielleicht kommen wir ja morgen wieder.«

»Falls du nicht auftauchst, soll ich dem Josef dann was von dir ausrichten? Ich bin übrigens die Lisi und habe morgen mit ihm gemeinsam Dienst. Also, falls du möchtest, richte ich ihm gern was aus.«

»Danke, nicht nötig«, antwortete Natascha und

schnappte sich den Arm ihrer Freundin. »Komm wir gehen, Sara.«

Lisi zuckte nur mit den Schultern, trällerte ihnen ein viel zu melodisches »Tschüssi« hinterher und warf erneut auf viel zu verspielte Art ihren Shaker in die Luft.

3. Der 9. Februar

Neuer Tag, neues Glück, dachte Natascha, als sie sich aus den Bettlaken schälte. Der gestrige Tag war nach der Pleite im Hotel nicht mehr besonders spannend gewesen. Sara hat sie noch in die neue Bar eingeladen, doch Natascha verging die Lust auf Cocktails, als sie dort dem Barkeeper bei seinen Shaker-Kunststückchen zusehen musste. Diese Lisi aus dem Hotel hatte sie bereits zur Genüge mit der unnötigen Showeinlage genervt. Durch diese Frau wurde ihr sogar der ganze Abend ruiniert, denn anstatt Spaß mit Sara zu haben, musste sie ständig an das Blondchen mit der ach so perfekten Figur und der viel zu übertrieben positiven Ausstrahlung denken.

Zumindest blieb ihr das gemeinsame Abendessen mit Sara und Andreas, dem glücklichen Liebespaar, erspart. Denn Andreas ging so früh zu Bett, dass sie ihn gar nicht mehr zu Gesicht bekamen. Sara schlug daraufhin vor, nur eine Kleinigkeit zu essen, und wollte sich danach möglichst schnell zu ihrem Freund in die Federn werfen. Natascha verstand das und war in Wahrheit auch dankbar dafür. Sie wollte eigentlich nur ihre Ruhe haben und sich in ihrem Zorn auf Sepp und dieses Kellnerflittchen baden.

Doch nun war die Nacht zu ende, Natascha hatte doch noch einige Stunden Schlaf bekommen und erwachte mit einem ungemein starken Tatendrang. Sie würde heute, gemeinsam mit Sara, einen Ausflug in den

Nachbarort machen. Fest entschlossen, diesen Tag zu genießen, hüpfte Natascha ins Badezimmer, putzte sich die Zähne und genoss die morgendliche Dusche unter den Regentropfen, die aus dieser herrlichen Regenwalddusche direkt auf ihre Kopfhaut niederprasselten. Ein beinahe befreiendes Gefühl breitete sich in ihr aus. Auch die Gedanken, die ihr neulich unter der Dusche gekommen waren, blieben diesmal aus. Sie schaffte es tatsächlich, nicht an diesen Mann und seine beinahe magischen Berührungen zu denken, und das, obwohl sie ihn schon heute wiedersehen würde.

Sara erwartete sie bereits in der Küche und reichte ihr, so wie am Tag zuvor, eine Tasse frischgebrühten Kaffee. Es war unglaublich, welch angenehme Stimmung in dieser Hütte herrschen konnte. Der aromatische Duft des heißen Filterkaffees zog sich durch die Küche, bis hinaus in das Vorzimmer und der Geruch von frisch gebratenen Eiern lag in der Luft. Natascha fühlte sich für einen kurzen Moment in ihren Winterurlaub zurückversetzt. Denn auch im Hotel hatte es früh morgens immer so himmlisch nach Frühstück gerochen. Unweigerlich führten sie ihre Gedanken an die Hotelbar, hinter der Sepp, mit einer Tasse Kaffee bewaffnet, auf sie wartete. Eilig schüttelte Natascha den Kopf, um dieses Bild wieder zu vertreiben.

»Lass uns losfahren, Sara!«, forderte Natascha ihre Freundin beinahe übermütig auf.

»Was ist denn mit dir los? Du bist heute aber gar übertrieben gut gelaunt, hm? Ich dachte eigentlich, nach dem gestrigen Tag würdest du dich heute nur im Bett verkriechen und unseren Ausflug absagen.«

»Unseren Ausflug absagen? Mit Sicherheit nicht. Ich will in dieses tolle Shopping Center, von dem du so geschwärmt hast. Und es schadet sicher nicht, wenn wir mal aus diesem Kaff herauskommen.«

»Geht klar, ich hole nur noch meine Tasche und dann können wir schon los.«

»Ich gehe schon mal zum Auto und werfe die Heizung an«, erklärte Natascha und schlüpfte durch die Tür. Kaum war sie bei ihrem Auto angekommen, packte sie der Ärger. Dieser Teslafahrer hatte sich doch tatsächlich noch näher an ihr kleines Auto gequetscht. Natascha zog ihren Bauch ein und versuchte sich seitwärts an dem Wagen vorbeizuschieben. Doch anstatt bei der Fahrertür ihres Käfers anzukommen, polierte sie lediglich den Lack des Elektrofahrzeugs mit ihren Pobacken.

»Das ist doch wirklich die Höhe«, murmelte sie, während sie sich wieder aus dem Spalt heraus kämpfte. Welchem arroganten Schnösel dieses viel zu teure Auto wohl gehören mochte? Sara oder Andreas gehörte es definitiv nicht, das stand fest. Es musste einem der anderen Mieter hier gehören. Sara hatte ihr erklärt, dass diese Parkplätze für die Mieter der Blockhütten reserviert waren und da Andreas kein eigenes Auto hatte, durfte Natascha seinen Parkplatz benutzen.

Hinter sich vernahm sie Saras schallendes Gelächter. »Tut mir leid, Süße«, sagte Sara, begleitet von einem freudigen Gekicher, »aber, so wie du gerade durch diesen Schlitz gekämpft hast ... das sah einfach viel zu witzig aus.«

Natascha schenkte ihrer Freundin einen wütenden

Blick, musste aber kurz darauf selbst lachen und fiel in das Gekicher von Sara mitein. Es hatte doch wirklich keinen Sinn sich schon wieder über diesen dreisten Tesla-Fahrer zu ärgern.

»Komm, wir nehmen einfach mein Auto«, schlug Sara vor und hakte sich bei Natascha ein. »Heute soll es angeblich wieder richtig kalt werden, die Polarwirbel neigen momentan zu Instabilität«, erzählte Sara, als sie in ihr wesentlich moderneres Auto stiegen. »Da ist es wahrscheinlich sowieso besser, wenn wir mit meinem Auto fahren.«

»Du hast mit Melody telefoniert, nicht wahr?«, fragte Natascha, wobei es sich jedoch um eine Feststellung, als um eine richtige Frage handelte. »Die Polarwirbel neigen zu Instabilität«, äffte Natascha ihre Freundin nach und ergänzte: »Das klingt haargenau nach Ted.«

»Ja, richtig. Ich habe heute morgen mit ihr telefoniert. Ich bin gespannt, ob ihr Freund mit der Prognose recht hat. Denn angeblich soll es doch ein milder Valentinstag werden, das hat er sogar selbst erst im Fernsehen gesagt.«

»Erinnere dich an Weihnachten, Sara. Auf diese Vorhersagen ist doch sowieso nie richtig Verlass.«

»Ja, das mag sein«, stimmte Sara zu und bog aus der Einfahrt. »Wir sind jetzt eine gute Stunde unterwegs, also ... Lehnen Sie sich zurück und genießen Sie die Fahrt!«

***

Geschlagene achtundfünzig Minuten später kamen sie bei dem Einkaufszentrum an. Es war kaum zu glauben, wie abgelegen Freedom Falls tatsächlich lag. Im Umkreis von einer Stunde fand man keine andere Stadt oder auch nur einen Hauch von Zivilisation. Doch hier in der benachbarten Stadt ging ganz schön die Post ab. Die Autos schoben sich über den Parkplatz des Centers und die Leute drängelten sich an den, nach einem Parkplatz suchenden Fahrzeugen vorbei. Auch im Inneren des Centers sah es nicht viel anders aus. Die Besucher erinnerten Natascha ein wenig an Sardinen in einer Büchse, die darauf warteten, dass jemand den Verschluss aufrollte. Nach einer gefühlten Ewigkeit landeten die beiden Freundinnen endlich in einer süßen kleinen Boutique, in der man sich nicht eine halbe Stunde lang an den Garderoben anstellen musste, und Natascha schlüpfte in das, ihrer Meinung nach perfekte Kleid.

»Wow, das ist aber sehr gewagt«, sagte Sara, als Natascha aus der Umkleide kam, »findest du nicht?«

»Also, mir gefällt es«, entgegnete sie und drehte sich dabei einmal um ihre eigene Achse. Der knallrote Stoff schmiegte sich dabei an ihre langen Beine.

»Ich meine«, räusperte sich Sara, »die ideale Figur dazu hättest du ja. Aber ... wann genau willst du dieses verboten aufreizende Kleid denn tragen?«

»Heute Abend«, verkündete Natascha und begutachtete sich dabei im Spiegel.

»Ähm, du meinst wenn wir in das Hotel gehen?«

»Ja, genau.«

Sara drängte sich zwischen Natascha und ihr Spiegelbild. Mit einem fetten Grinsen im Gesicht himmelte sie Natascha an. »Das machst du für Sepp, nicht wahr? Oh, ich bin ja so aufgeregt! So kenne ich dich gar nicht! Ich habe mich schon gewundert warum du dieses sexy Kleid anprobieren willst, normalerweise trägst du doch solche Fummel nicht. Aber jetzt ist alles klar.«

»Nein, da verstehst du etwas falsch, Sara. Ich mache das nicht für *ihn*. Sondern nur für mich. Ich will auffallen. Und zwar so richtig.«

Klar fiel Sara aus allen Wolken. Dieses Verhalten sah Natascha wirklich nicht ähnlich. Normalerweise hielt sie sich lieber im Hintergrund, war der ruhige Kumpeltyp der sich nicht aufdrängte. Doch heute Abend wollte sie auffallen, einmal im Mittelpunkt stehen. *(Und dieser Lisi die Show stehlen.)*

»Dann lass mich nur schnell ...« Sara umrundete Natascha und zupfte an dem Saum. »Und hier auch noch ...« Mit geübten Fingern raffte sie den Stoff des Unterrocks und das Kleid nahm eine andere Form an. Bis jetzt hatte Natascha ihre Freundin noch nie bei der Arbeit beobachtet. Sie war beeindruckt. Zwar wusste sie, dass Sara eine talentierte Designerin war, aber sie während eines kreativen Prozesses zu beobachten, war dann doch etwas Anderes.

»Das sieht wirklich toll aus, Sara«, lobte sie ihre Freundin.

»Perfekt, dann gehen wir zur Kasse und dann nichts wie weg hier. Zuhause nähe ich den Saum dann hoch. So kann der Barmann deine wunderschönen Waden bewundern, wenn du heute in das Hotel kommst.«

Die Rückfahrt nach Freedom Falls gestaltete sich entspannter und lustiger als die Fahrt hinaus. Natascha freute sich sogar, als sie das Ortsschild des kleinen Städtchens vor sich auftauchen sah. Auch die Stimmung zwischen den Freundinnen war ausgelassen und Sara erzählte obendrein ein paar Bettgeschichten, die sie mit Andreas erlebt hatte.

Und es blieb unvorstellbar, aber wahr: Stille Wässerchen sind meist viel tiefer und perverser als man sich vorstellen konnte. Natascha hielt sich zwar meist im Hintergrund, doch Sara war die eigentlich ruhige, graue Maus ihrer Clique gewesen, die sich stets an ihre Prinzipien hielt und eher in schwarzweiß dachte, als in Farben. Doch nach diesen Geschichten die Sara ihr gerade erzählt hatte, würde Natascha sie nie wieder so sehen können. Sara hatte es faustdick hinter den Ohren. Es war unglaublich, was Andreas alles aus ihr herausholte. Anscheinend zeigte sie ihm ein ganz anderes Gesicht, wenn sie mit ihm alleine war, und von dem ihre Freundinnen nichts ahnten.

Ob das die Essenz der Liebe sein konnte? Diese Frage beschäftigte Natascha auch noch, als sie schon wieder zurück in der Hütte waren und Sara ihr Kleid fertig hochgenäht hatte.

»Weißt du Sara,« begann Natascha plötzlich, während ihre Freundin ihr die Haare hochsteckte, »ich muss zugeben, dass ich zuerst dachte, du wärst übereilt hierher gezogen. Aber ... mittlerweile glaube ich, dass du die richtige Entscheidung getroffen hast.«

»Danke Nati.« Sara fixierte die Frisur mit Haarspray. »Das freut mich wirklich zu hören, aber weißt du was?

Mir sind die Meinungen Anderer gar nicht mehr so wichtig. Und auch meine festgefahreren Denkweisen habe ich halbwegs losgelassen. Ich habe früher immer Angst davor gehabt, euch etwas zu erzählen, weil ich nicht dafür verurteilt werden wollte. Vor allem nicht von Melody und Leonie ... aber, durch Andreas habe ich gelernt mehr auf meine innere Stimme zu hören und mich so zu lieben, wie ich bin.«

»Und für diese Selbstliebe braucht man einen Mann, meinst du?«

Sara lachte. »Nein, natürlich nicht. Aber in meinem Fall war es so. Bei dir könnte ich mir gut vorstellen, dass du durch die reine Selbsterkenntnis zu deiner inneren Natascha findest.«

»Ach, damit willst du doch nicht etwa sagen, dass ich nicht ausgeglichen bin?«

Sara zupfte ein paar Haarsträhnen zurecht und hielt Natascha einen Spiegel vor das Gesicht.

»Ausgeglichen bist du sehr wohl, also ... meistens jedenfalls. Aber das mit der Selbstliebe ... ich weiß nicht ... Immerhin wirst du den Valentinstag hier in Freedom Falls verbringen.«

Sara hatte recht. Nataschas Taten erklärten einiges, da konnte sie ihr widersprechen, sooft sie wollte. Aber ihr Handeln war eine unbestreitbare Tatsache, die sie nicht leugnen konnte. Immerhin war sie tatsächlich aus Selbstzweifel hierher nach Freedom Falls gekommen. Der eigentliche Grund für die Anreise war ihr gar nicht bewusst gewesen, und sie hatte den Gedanken daran erfolgreich verdrängt, dass sie am Valentinstag einfach nicht alleine sein wollte. Denn eigentlich sah die ganze Sache so aus: Sie fühlte sich einsam und ungeliebt.

Da kam ihr die Postkarte von Sepp gerade richtig. So konnte sie sich einen Ausweg aus ihrer Unzufriedenheit schaffen und an einen Mann denken, der sie begehrte, sie wollte. Dem sie jedoch nicht verpflichtet war. Klar, würde sie sich besser fühlen, wenn sie den Valentinstag hier in diesem Kaff, in der Nähe des Mannes der sie toll fand, verbrachte. Aber eigentlich entsprach das gar nicht ihrem eigentlichen Charakter. Sie verhielt sich wie eine dumme Pute, die unbedingt Bestätigung von anderen brauchte, die ihr sagten, wie großartig sie war. Und aus der Bestätigung heraus, die sie sich von Sepp erwartete, würde sie sich selbst mehr wertschätzen können. Es würde ihr reichen zu wissen, dass sie einen Mann haben konnte, wenn sie es nur wollte. Doch das wollte sie nicht. Ja ... so wie es aussah, hatte sie vor, Sepp für ihre Zwecke und aus reiner Selbstsucht heraus, zu benutzen.

»Fertig! Dann lass uns gehen«, verkündete Sara und hielt Natascha ihren Mantel entgegen.

Natascha suchte einen Platz in der Nähe der Bar aus, an dem es ihnen gut möglich war, die Kellner bei der Arbeit zu beobachten. Kaum hatte sie sich gesetzt, fiel ihr auch schon sofort Lisi ins Auge. Die Kellnerin trug ihre Dienstkleidung, genauso wie gestern. Doch ihr Haar trug sie heute anders. Anstatt zu einem Zopf gebunden, wallte ihre blonde Mähne über ihre Schultern und umspielte ihren Nacken, bei jedem Schritt, den sie machte. Wieder spürte Natascha dieses starke Gefühl der Abneigung für die Kellnerin, in sich aufflammen.

»Hallo ihr Zwei!«, begrüßte Lisi die Freundinnen und reichte ihnen die Karte.

»Ist das hier nicht Sepps Tisch?«, fragte Sara mit einem Zwinkern.

»Oh, tut mir leid, der ist heute eigentlich nur hinter der Bar. Aber ich frag ihn einfach mal, ob er euch trotzdem bedienen will.«

»Kein Problem, das musst du nicht-«, warf Natascha ein, doch Lisi schwebte bereits wieder zurück zur Bar. Nataschas Augen folgten ihr und landeten direkt bei dem Mann, für den sie dieses Kleid gekauft hatte. (*Nicht für ihn.*)

Und er sah einfach umwerfend aus. Seine kastanienbraunen Locken fielen ihm in die Stirn und tanzten bei jeder Bewegung auf und ab. Seine Augenbrauen zogen sich bei jedem Glas, das er füllte zusammen und er biss sich dabei auf seine Unterlippe, die durch seinen Sieben-Tage-Bart -der ebenso Kastanienfarben war wie sein Haar- schon ein wenig verdeckt wurde. Er war ein dunkler Typ und erinnerte Natascha etwas an einen Höhlenmenschen, aber auf eine gute Art.

Auf eine richtig gute Art. Sepp hatte etwas Animalisches an sich, das ihn wirklich sehr attraktiv machte. Und nicht nur sie sah das so, auch alle anderen Frauen in diesem Raum. Ein kurzer Blick durch die Menge bestätigte ihren Verdacht. Es gab kaum eine Frau, die ihm keinen interessierten Blick zuwarf. Doch am schlimmsten waren die Blicke von Lisi. Immerhin stand die Gute direkt vor ihm und er sah sie deshalb auch direkt an. Er lächelte seiner Kollegin entgegen und zog dabei die Augenbrauen hoch. Diesen Blick liebte Natascha an ihm.

Er hatte sie in ihrer gemeinsamen Zeit auch oft so angesehen. Plötzlich sah er an Lisi vorbei und seine Augen erhellten sich in dem Moment, als er Natascha entdeckte. Sie hob eine Hand und winkte ihm verdutzt zu. Doch von Sepp kam keine weitere Reaktion. Kaum hatte sie ihre Hand wieder gesenkt, sah er sie auch schon nicht mehr an.

»Sag mal, Nati. Ist dir denn gar nicht heiß? Du trägst ja immer noch deinen Mantel«, lenkte Sara ihren Blick auf sie und weg von dem Barkeeper.

Anstatt den Mantel zu öffnen, schlang sie ihn enger um sich. »Ach, weißt du, ich glaube, ich behalte ihn doch lieber an.«

Sara sah ein wenig beleidigt aus.

»Ich weiß«, entschuldigte sich Natascha, »du hast dir mit dem Kleid so große Mühe gegeben, aber eigentlich ... eigentlich passt es doch gar nicht hierher. Und zu mir passt es auch nicht, wenn wir uns ganz ehrlich sind.«

»Sind das jetzt Selbstzweifel oder ist das deine Art von Selbsterkenntnis?«, fragte Sara mit einem Finger an ihr Kinn gelegt.

»Ein wenig von beidem, denke ich«, antwortete Natascha wahrheitsgemäß. »Ich komme mir so dumm vor, weil ich dachte, ich könnte hier einfach in diesem viel zu aufreizenden Kleid hereinstolzieren und ...«

»Und?«

»Und dieser tolle Mann würde mich sofort mit den Augen ausziehen. Ach, Sara, ich weiß auch nicht, was ich mir dabei gedacht habe. Ich hatte die Szene aus Roger Rabbit im Kopf, in der Jessica in diesem umwerfenden Kleid den Raum betritt und dem Hasen springen die Augen heraus.«

»Sei froh, dass Sepp nicht die Augen herausgesprungen sind. Und wenn sich seine Zunge plötzlich fünf Meter lang ausgerollt hätte, dann hätte ich mir auch Sorgen gemacht.«

Natascha konnte ein Lächeln nicht unterdrücken, doch trotzdem war ihr eher nach Weinen und verstecken zumute. »Er sieht mich nicht mal an.«

»Dann ist er es nicht wert«, konterte Sara »und dann hat er es auch nicht verdient, dich in diesem wirklich heißen Outfit zu sehen.«

»Lass uns besser gehen«, sagte Natascha und griff nach ihrer Tasche. Dabei wanderte ihr Blick automatisch zurück zur Bar. Sepp füllte gerade ein weiteres Bierglas und tratschte mit Lisi, während der Gerstensaft stetig in das Glas floss. Die Kellnerin nahm ihm das Getränk ab und zwinkerte ihm frech zu. Sepp sah der Blondine hinterher als sie ihr Tablett zu den Gästen trug.

»Schnell, verschwinden wir von hier, bevor diese Tussi unsere Bestellung aufnehmen will.«

»Lisi meinst du? Die ist doch total nett.«

»Nett. Ja, genau. Nett zu ihrem Kollegen.«

»Und zu den Gästen, Nati. Auch zu uns.«

»Wie du meinst«, würgte Natascha die Diskussion ab und erhob sich von ihrem Stuhl.

»Müsst ihr schon gehen?«, hörte sie Lisis Stimme hinter sich fragen. »Das ist aber schade. Der Josef hätte später sicher noch einen Sprung zu eurem Tisch gemacht, wenn ihr gewartet hättet.«

»Ich warte auf keinen Mann. Das kannst du ihm gern von mir ausrichten.« Mit diesen Worten auf den Lippen ließ sie Lisi stehen und verließ das Hotel.

4. Der 10. Februar

Natascha erwachte und kniff die Augen gleich wieder zusammen, als ihr Blick auf das tiefrote Kleid mit dem viel zu tiefen Ausschnitt fiel, das sie am Abend zuvor über die Stuhllehne gehängt hatte. Diese Peinlichkeit hatte sie sich wirklich gerne erspart. Zum Glück war sie rechtzeitig genug wieder bei Verstand gewesen, um ihren Mantel doch nicht auszuziehen. Wenn Sepp oder Lisi sie in diesem Kleid gesehen hätten ... höchstwahrscheinlich wäre sie zur Gänze im Boden versunken. Schlaftrunken schälte sie sich aus dem Bett und tapste in die Küche. Doch anstatt Sara dort vorzufinden, entdeckte Natascha nur einen Zettel, der an die Kaffeemaschine gepinnt worden war:

Bin einkaufen,
Wir haben keinen Kaffee mehr. (Weltuntergang!!!!)
Bis gleich, Sara

Sehr schön, Sara war einkaufen und Andreas in der Arbeit. Dann gehörte das ganze Blockhaus Natascha alleine. Sie streckte sich ausgiebig und konnte ein langes Gähnen nicht zurückhalten. Am besten wäre, wenn sie gleich unter die Dusche ginge. Kaum an diese Idee gedacht, stakste sie auch schon in die Mini-Wellnessoase der rustikalen Hütte und beschloss spontan, sich ein Bad einzulassen, als ihr Blick auf die riesige Whirlpoolwanne fiel. Mit gekonntem Griff band sie sich die Haare zusammen, ließ ihr übergroßes T-Shirt, das sie zum Schlafen trug, zu Boden gleiten und hopste in die Wanne. Der Schaum schmiegte sich wohltuend an ihren Körper und umrahmte ihre Brüste. Das heiße Wasser ließ ihre Haut leicht erröten, was sie jedoch als sehr angenehm empfand. Diese Hitze war im Vergleich zu der, die sie beim Anblick von Sepp empfunden hatte, tatsächlich existent. Sie war echt und das konnte sie *sehen.* Die Hitze die in ihr aufstieg wenn sie an diesen Mann dachte war dagegen nur ein kurzes Gefühl, dem sie ein kurzes Ziehen im Unterleib verdankte. Kaum hatte sie daran gedacht, fühlte sie dieses warme Gefühl zwischen ihren Beinen erneut. Der Schaum brachte ihre Haut zum Prickeln und Natascha konnte nicht widerstehen. Sie versank in einem Tagtraum an diesen starken, bärigen Mann, der sie noch vor kurzer Zeit mit voller Leidenschaft berührt hatte. Ihre Hand glitt langsam ihren Oberkörper entlang und verschwand unter der Schaumdecke. Sie schloss die Augen und genoss ihre eigene Berührung.

Kaum hatte sie sich entspannt, wurde der Duschvorhang zur Seite gezogen. Natascha riss die Augen auf und schreckte aus der Wanne hoch. Sie konnte nicht glauben, was sie vor sich sah. Andreas stand direkt vor ihr, in seinem Adamskostüm, so wie Gott in geschaffen hatte. Seine Nacktheit war einfach überall und Natascha schaffte es nicht, ihren Blick abzuwenden. Denn nicht nur bei ihr hatte sich anscheinend etwas geregt, auch bei Andreas war das eindeutigste Zeichen der männlichen Lust deutlich sichtbar.

»Oh mein Gott!«, stammelte Andreas und bedeckte seine Männlichkeit so gut es ging mit seinen Händen. Doch es wollte ihm nicht so recht gelingen.

»Oh mein Gott!«, antwortete Natascha und versuchte ebenfalls sich zu bedecken.

Andreas stand bereits mit einem Bein in der Wanne und war kurz davor, sein Gleichgewicht zu verlieren.

»Ich dachte, du wärst Sara, Oh mein Gott!« Kaum hatte er sein neuerliches Entsetzen ausgedrückt, rutschte er auf dem Schaum aus, der aus der Wanne gelaufen war. Natascha reagierte sofort, griff nach seinen Händen und zog ihn zu sich in die Wanne. Ein lautes Platschen bestätigte, dass ihre Rettungsaktion geglückt war. Andreas schnappte nach Luft, strampelte mit Armen und Beinen und stammelte nur immer wieder »Oh mein Gott, oh mein Gott«.

Natascha versuchte abermals, sich aufzurichten, doch der glitschige Schaum ließ ihr keine Chance. Immer wieder rutschte sie zurück in die Wanne und landete unter Andreas. Sie stöhnte schon vor Anstrengung, das Wasser schwappte wie verrückt hin und her, der Boden war schon klitschnass.

Die Tür wurde ruckartig aufgestoßen und Sara stand plötzlich direkt vor ihnen.

»Was ... ?«, war alles, was die verwirrte Sara herausbrachte.

»Es ist nicht so wie du denkst!«, rief Natascha, die unter Andreas' Armbeuge hervorlugte.

»Oh mein Gott«, sagte Andreas, als würde er ein Gebet aufsagen.

»Was genau ... geht hier vor?«, fragte Sara.

»Nicht was du denkst, ich erkläre es dir, wenn ich-«, sagte Natascha und rutschte erneut zurück in die Wanne.

»Oh mein Gott!«

»Jetzt geh doch endlich von ihr runter, du Mistkerl!« Sara packte Andreas an der Hüfte und zog ihn nach oben. Das Badewasser, das sich mittlerweile um die Wanne herum gesammelt hatte, brachte Sara zum Wanken.

Natascha krallte sich mit aller Kraft am Rand der Badewanne fest.

»Oh mein Gott!«, brüllte Andreas.

Sara kippte kopfüber in die Wanne.

Zu dritt rangen sie um den Platz an der Oberfläche, wobei Nataschas Busen sich fest gegen Saras Gesicht drückte. Die Knie von Andreas gruben sich in Nataschas Bauch und seine Ellenbogen stachen in Saras Rücken.

»Wir müssen stillhalten!«, versuchte Natascha, eine Lösung zu finden.

»Sie hat recht«, sagte Andreas, wobei es angenehm war ihn etwas anderes als »Oh mein Gott« stöhnen und jammern zu hören.

Schlagartig hielten alle drei still. Die Situation nahm noch groteskere Formen an. Natascha atmete schwer, wartete jedoch ab, bis Sara komplett aus der Wanne geklettert war.

»Gib mir ein Handtuch, Schatz«, bat Andreas, doch

Sara wandte sich von ihm ab.

»Sie hat dich doch sowieso schon in deiner vollen Pracht gesehen und ... und gespürt! Da brauchst du kein Handtuch mehr!«, rief Sara und stürmte laut fluchend aus dem Badezimmer.

Natascha erhob sich und griff sich das erstbeste Handtuch, an das sie herankam. Hastig wickelte sie es um ihre Taille und bedeckte ihren Oberkörper.

»Ich rede mit ihr«, sagte sie zu Andreas ohne eine Antwort abzuwarten und rannte Sara hinterher, was sich jedoch dank der nassen Füße nicht als so einfach herausstellte. »Sara, warte auf mich! Ich möchte es dir gerne erklären. Und glaub mir, im Endeffekt wirst du sogar darüber lachen. Versprochen!«

Sara stürmte um die Ecke und bremste sich direkt vor Natascha ein. »Darüber lachen? Das glaubst du doch nicht wirklich, oder?«, blaffte sie zurück.

»Es war ein Versehen. Ich weiß, das hört sich jetzt irgendwie nach einem Klischee an, aber genauso ist es passiert. Es war ein Unfall.«

»Und deshalb hat Andreas auch lauthals *Oh mein Gott* geschrien?«

»Er war entsetzt über-«

»Du hast dich an ihn rangemacht, gib es doch zu! Und als ich nicht zuhause war, hast du deine Chance genutzt und ihn verführt!«

»Sara ...«, ergriff Natascha erneut das Wort, doch sie wusste nicht so recht was sie darauf antworten sollte. Klar war ihre Freundin außer sich, weil sie diese Szene mitangesehen hatte. Und es musste aus Saras Blickwinkel wirklich sehr seltsam gewirkt haben. Natascha würde wahrscheinlich dasselbe annehmen, aber ... »Glaubst du wirklich, dass ich so etwas jemals tun würde? Erstens weiß ich doch, wie sehr du ihn liebst und Zweitens ... ich bin deine beste Freundin, selbst wenn Andreas sich auf eine Affäre einlassen würde, würde ich dir das doch niemals antun.«

Sara schüttelte den Kopf und kniff die Augen zusammen. »Okay, okay«, dann atmete sie tief durch. »Weißt du was? Es ist mir gerade egal, was tatsächlich passiert ist. Ich will kein Wort mehr hören. Lass mich einfach für ein paar Stunden in Frieden. Ich muss ...«

»Ich verstehe schon, du musst einen klaren Kopf bekommen. Diese Bild, das du gerade gesehen hast-«

»Das hat sich in meinen Sehnerv eingebrannt!«, unterbrach Sara Nataschas verständnisvolle Aussage. Sara atmete sofort wieder tief durch und versuchte sich zu beruhigen. »Geh jetzt bitte einfach. Geh ins Hotel, oder mach einen Ausflug, ja fahr am besten irgendwo hin. Weit weg von mir.« Dann wandte Sara sich von ihr ab und ging eilig davon.

Natascha zog eine feuchte Fußspur hinter sich her, als sie über den rutschigen Boden in ihr Zimmer schwankte. Sie trocknete sich grob ab und rieb sich die Haare halbwegs trocken. Noch ein Handtuch würde zwar nicht schaden, doch sie würde sicher nicht noch einmal in dieses Badezimmer gehen. Nie wieder.

Entschlossen schnappte sie sich ihren Koffer und begann ihre Kleidung ungeordnet hineinzuwerfen. Es war ihr egal, ob die Sachen allesamt knittrig wurden, sie wollte nur schnellstmöglich von hier weg und Sara ihre wohlverdiente Denkpause gönnen.

Mit festem Griff trug sie ihr Gepäck zu ihrem Auto. Es war jedoch ein Ding der Unmöglichkeit in das Gefährt einzusteigen. Denn der Tesla parkte immer noch genau neben ihr. Er war sogar noch ein Stück näher an ihr Auto herangerückt. Jetzt gab es nicht einmal mehr einen Spalt, durch den sie sich hätte quetschen können.

»So eine Frechheit!«, fluchte sie, während sie ihren Mantel fester zusammenzog. Die Februarkälte hatte ihren Höhepunkt erreicht und kroch langsam unter ihre Kleidung, die sie sich nur lieblos übergeworfen hatte. Sie hatte sich nicht einmal die Zeit genommen, ihren Mantel zuzuknöpfen. Ihr feuchtes Haar hing über dem Stoff und tränkte ihn schön gleichmäßig. Bald würde sie am ganzen Körper frieren.

Resigniert ließ sie ihren Koffer zur Seite kippen und ließ sich darauf plumpsen. Sie legte ihr Gesicht in ihre Hände, zitterte und schnaufte. Am liebsten würde sie jetzt einfach losheulen.

»Hallo Nati«

Natascha hob ihren Kopf und sah Sepp aus glasigen Augen an. Was machte der denn hier? Natascha erkannte, dass er einen Autoschlüssel in der Hand hielt. Ein kurzes Piepsen zeigte an, welches der hier parkenden Autos seines sein musste. *KlackKlack* ertönte die automatische Entriegelung des Tesla.

»Das ist dein Auto?«, fragte sie Sepp ungläubig, ohne auf seine Begrüßung zu antworten.

Ein breites Lächeln begleitete seine nächsten Worte.

»Jap, der gehört mir. Schon seltsam mich mit so einem Auto in Verbindung zu bringen, oder?« Verlegen kratzte er sich am Hinterkopf und zerwühlte dabei seine dunklen Locken.

»Ach ... eigentlich ... naja, wie ein Ökofreak hast du auf mich eigentlich nicht unbedingt gewirkt, aber wenn wir uns ehrlich sind, haben wir uns in den zwei Wochen die wir gemeinsam verbracht haben ja auch kaum unterhalten.« Natascha erhob sich und stellte sich aufrecht vor Sepp. »Es ist übrigens eine ganz gewaltige Frechheit, dass du mich dermaßen zuparkst!«, schimpfte sie los, »Wie stellst du dir das denn vor, wie der Fahrer des anderen Wagens jemals wieder in sein Auto einsteigen soll?!«

Sepp verzog seinen Mund und betrachtete die beschriebene Parksituation.

»Ähm ... ja du hast recht ... so geht das wirklich nicht. Ich werde es Lisi sagen; sie soll in Zukunft besser darauf achten.«

Was hatte er da gerade gesagt? Lisi, die Kellnerin, fuhr mit seinem Auto herum? Und dann auch noch mit so einem superschicken und viel zu teuren Modell? Das Auto war definitiv neu und er ließ eine völlig Fremde einfach so damit fahren. Oder, aber ... Lisi war keine Fremde oder nur eine Kollegin für ihn. Sie war mehr als das. Natascha ließ ihren Blick hinüber zu den Blockhütten gleiten.

»Wohnt Lisi denn hier?«

»Eine der Blockhütten gehört ihren Eltern.«

Das erklärte alles. Sepp und Lisi waren nicht nur

Kollegen, sie waren ein Liebespaar. Das würde auch erklären, warum er sie am Abend zuvor nicht begrüßt hatte. Und nun verstand sie auch, warum Lisi ihr gegenüber immer etwas barsch herüberkam.

»Dann sag ihr schöne Grüße und sie soll gefälligst besser beim Einparken aufpassen!« Natascha zeigte auf den Tesla. »Fährst du diese Karre jetzt endlich aus dem Weg, oder was?«

»Du bist aber heute gereizt«, konterte Sepp, stieg aber gleich in sein Elektroauto und fuhr es aus der Parklücke. Doch dabei überrollte er Nataschas Koffer.

»Das darf doch wirklich nicht wahr sein!«, rief sie, entsetzt über einfach alles was heute schon geschehen war. Jetzt gab es kein Halten mehr, die Tränen liefen wie automatisch aus ihren Augen und rannen über ihre sowieso schon unterkühlten Wangen. Die Wärme ihrer eigenen Tränen verursachte ein Brennen auf ihrer Haut.

Sepp bremste sich ein und sprang aus dem Wagen.

»Oh mein Gott«, sagte er als er den platt gefahrenen Koffer sah.

»Sag bitte irgendetwas anderes, nur nicht das.«

»Was meinst du?«, fragte er, hielt aber sofort inne als er Natascha ansah. »Warum weinst du denn? Wegen dem Koffer? Ich habe dich viel tougher in Erinnerung, muss ich sagen«, schmunzelte er und versuchte sie mit dieser Aussage auf spielerische Art aufzumuntern.

»Nein, es geht nicht um den verdammten Koffer, es geht einfach um ... es geht um ...« Sie stotterte und schniefte, brachte kaum ein klar verständliches Wort heraus. »Es geht .... es ist, weil ...«

Von einer Sekunde auf die nächste war ihr einfach alles zu viel. Die Tränen rannen jetzt nicht mehr nur über ihre Wangen, sondern es war ein ganzer Wasserfall, der aus ihren Tränendrüsen hervorbrach.

»Nati?«, fragte Sepp viel zu leise. Er ging auf sie zu und schloss sie in die Arme.

»Geh weg«, schniefte sie ihn an, »Lass mich in Ruhe.«

Anstatt ihr diesen Gefallen zu tun, drückte er sie fester an sich. Widerwillig legte sie ihren Kopf an seine Schulter. Seine Locken kitzelten ihr Gesicht und wurden von ihren Tränen ganz feucht.

»Jetzt beruhig dich erst mal«, bat er sie und klopfte ihr sanft auf die Schulter. »Und dann werden wir uns dein Gepäck ansehen. Ich bin gut versichert, also falls etwas Wertvolles wie ein Laptop zu Bruch gegangen sein sollte, dann bekommst du es ersetzt, alles klar? Anscheinend bist du auch gerade auf dem Heimweg? Dann lasse ich dir einen Scheck zukommen.«

Natascha schüttelte den Kopf. »Nein, da ist nichts Wertvolles drin. Und ich bleibe noch hier. Ich wollte nur gerade rauf ins Hotel.«

»Ich fahre dich, wenn du willst. So aufgelöst wie du gerade bist, solltest du besser nicht selbst fahren.«

Sie nickte dankbar und drückte sich noch eine kurze Weile an ihn. Seine Körperwärme übertrug sich auf ihren kalten Leib und schenkte ihr für einen Moment inneren Frieden. Auch wenn dieser Mann sich nicht mehr für sie interessierte, war es doch schön, ihm so nahe zu sein.

»Lass mich deinen Koffer verstauen«, sagte Sepp,

löste sich von ihr und griff nach ihrem Gepäck. Die Schließe des Koffers war jedoch gebrochen und der Inhalt entleerte sich auf den groben Asphalt. All ihre Kleidung landete auf der Straße, ihre Unterwäsche flog auf den Gehweg und die Postkarte segelte auf den Boden, direkt vor Sepps Füße. Er hob die Karte auf und sah sie fragend an.

»Ignorier das«, sagte Natascha, während sie sich nach ihren BHs bückte, »das hat rein gar nichts zu bedeuten. Ich bin nur hier um meine Freundin Sara zu besuchen.«

Sepp wedelte mit der Postkarte und sah Natascha weiterhin auffordernd an.

»Ich sagte doch schon«, versuchte sie es erneut, »das hat nichts zu bedeuten. Ich habe sie nur mitgenommen, weil sie mich an unsere gemeinsame Zeit erinnert. Nostalgie, weiter nichts. Ich hatte nicht vor, den Gutschein einzulösen oder so.«

»Das ist aber schade. Ich hätte mich gefreut.«

»Wie auch immer«, antwortete sie, »jetzt ist es sowieso zu spät.«

»Ist es das?«, fragte Sepp.

»Ich hatte nicht vor auf deine Einaldung zu reagieren, hätte ich das gehabt, dann wäre ich doch schon vor einem Monat hier aufgekreuzt, oder meinst du nicht?«

»Ja, das mag wohl sein«, murmelte Sepp, der gerade dabei war, den maroden Koffer in den Kofferraum zu verfrachten.

Natascha stieg ein und setzte sich auf den Beifahrersitz. Sepp startete den Motor und schaltete sofort die Heizung ein. »Wir fahren zwar nur ein kurzes Stück, aber wenn du dich etwas aufwärmen kannst, dann schadet das sicher nicht.«

Als er das sagte, sah er sie mit diesem Blick an. Dieser Blick, der sagte »Ich will dich spüren« oder »Ich begehre dich«. Ein Zittern ging durch ihre Arme. Sie wandte sich von ihm ab und sah aus dem Fenster. Es gab Männer, die einfach jeder Frau das Gefühl vermitteln konnten begehrenswert zu sein. Das taten sie jedoch nicht absichtlich, sondern das schaffte ihr Blick, den sie einfach besaßen, ohne ihn bewusst zu kontrollieren. Sepps verständnisvolles Lächeln schaffte genau das. Und jetzt verstand Natascha auch, dass er einfach jede Frau mit diesem Blick ansah. Unbewusst. Ohne zu wissen, welche Reaktion er in einer Frau auslösen konnte.

Am Hotel angekommen öffnete er die Beifahrerseite und half Natascha beim Aussteigen. Sie kam sich dabei etwas hilflos vor, fühlte sich jedoch sehr schwach und war ihm insgeheim dankbar für diese Geste. Ihren Koffer trug er kurzerhand an der Rezeption vorbei, fragte am Empfang nur kurz nach einem freien Zimmer, ließ sich den Schlüssel zuwerfen und ging weiter, die Treppen hinauf. Natascha kam kaum hinterher, so schnell spielte sich diese Szene ab. Sie folgte Sepp hinauf in den ersten Stock, doch er war schon längst in einem der Zimmer verschwunden. Die Tür eines Zimmers stand offen und Natascha lugte vorsichtig hinein. Sie beobachtete Sepp, der gerade ins Badezimmer ging. Eine Sekunde später hörte sie Wasser plätschern.

»Ich lasse dir ein heißes Bad ein und dann hole ich dir eine Tasse Tee von der Bar, was sagst du dazu?«

»Das mit der Tasse Tee klingt echt toll, aber auf das

heiße Bad würde ich lieber verzichten.«

Sepp sah sie verwirrt an.

»Das erzähle ich dir gerne beim Tee, wenn du möchtest«, bot Natascha ihm an.

Sepp schloss den Wasserhahn, trocknete sich die Hände an einem Handtuch und nickte ihr zu.

5. Der 11. Februar

Am Morgen des elften Februars erwachte Natascha in einem Hotelbett. Sie rieb sich die Augen, ohne genau zu wissen, wo sie war und was eigentlich geschehen war. Das war genau dieser Moment der seligen Unwissenheit, den sie zu genießen wusste. Vor allem, als ihr der gestrige Tag wieder in den Sinn kam. Sie sah Saras aufgelösten Blick vor sich, hörte Andreas´ *Oh Gott, Oh Gott* im Hintergrund und spürte Sepps sanftes Klopfen auf ihrer Schulter. Dieser Tag hatte es echt in sich gehabt und es würde bestimmt noch eine Zeit dauern, bis sie sich nicht mehr nervös auf die Unterlippe biss, wenn sie daran dachte. Heute würde sie versuchen, mit Sara zu reden. Das wäre ein guter Anfang, um diese Geschichte ein für alle Mal wieder aus der Welt zu schaffen.

Sepp hatte ihr gestern beim Tee auch dazu geraten, möglichst bald mit ihrer Freundin zu sprechen. Es war wirklich ein nettes Beisammensein mit ihm gewesen. Zum ersten Mal seit sie sich kannten, haben sie sich einfach nur unterhalten, ohne sich ständig anzugrapschen. Wobei ihr ein wenig Gefummel auch nichts ausgemacht hätte. Eigentlich hatten sie eine echt nette Stunde miteinander verbracht, über alles Mögliche gequatscht, gelacht und er hatte ihr auch wirklich aufmerksam zugehört, als sie von dem Malheur mit Andreas und Sara erzählt hatte. Wobei er natürlich erst einmal lauthals losgelacht hatte. Für einen Moment war sie deshalb eingeschnappt gewesen, aber wirklich nur für einen kurzen Moment, denn dann nahm er ihre Hand, drückte sie und schilderte ihr seinen Blick auf dieses enorm peinliche Aufeinandertreffen. Unter anderem meinte er, es wäre gut, wenn sie es möglichst bald mit Sara klären würde, am besten alleine, ohne Andreas. Doch es würde bestimmt auch nicht schaden, Andreas zu einem späteren Zeitpunkt in das Gespräch miteinzubeziehen. Natascha stimmte ihm zu und starrte beinahe durchgehend auf Sepps Hand, die er länger als nötig, auf ihrer ruhen ließ. Irgendwie stimmte es sie traurig, dass sie ihn nicht fragen konnte, ob er gerne mit ihr auf ihr Zimmer gehen wollte. Ja, sie gestand es sich selbst ein, natürlich hatte sie daran gedacht ihn zu fragen.

Doch genau in dem Moment, als sie den Mund öffnete, um eine passende Anspielung zu äußern, tanzte Lisi um die Ecke und trällerte Sepp etwas ins Ohr. Daraufhin grinste er und meinte nur, er würde sich gleich darum kümmern. Dann vertröstete er Natascha auf ein anderes Mal. Er hätte jetzt zu tun, seine Kollegin würde ihn dringend brauchen. Wofür konnte sich Natascha schon denken.

Ein Bild baute sich in ihrem Kopf auf: Sepp und Lisi, die es wild in der viel zu engen Besenkammer hinter der Bar trieben. Hastig schüttelte sie den Kopf, um dieses gruselige Gedankenkino wieder zu beenden. Immerhin kannte sie diese Kammer nur allzu gut aus eigener Erfahrung. Es war ein seltsamer und vor allem unangenehmer Gedanke, sich Sepp mit jemand anderem dort vorzustellen. Natürlich betrachtete sie diesen Mann immer noch als abgehakten Urlaubsflirt, aber gerade mit seiner Kollegin sollte er es nun wirklich nicht so bunt treiben. Das störte Natascha dann doch etwas. Beziehungen unter Kollegen ... das konnte doch nie gut gehen. Aber andererseits, was ging es sie denn schon an? Sie würde es genauso machen wie bei ihren Freundinnen und sich aus allem heraushalten was Sepps Liebesleben betraf. Immerhin waren sie doch jetzt so etwas wie Freunde. (*Oder?*)

Sepp hatte eine neue Freundin und Natascha interessierte sich eigentlich gar nicht für ihn. Und gestern hatten sie sich wirklich gut unterhalten. Klar war der Sex mit diesem Traum von einem Mann der reinste Wahnsinn, aber auf den konnte sie auch getrost verzichten. Es gab in Freedom Falls bestimmt genügend andere Männer, die sich auf so eine tolle Frau, wie sie eine war, stürzen würden. Gleich heute wollte sie mit der Suche nach einem Date für den Valentinstag beginnen. Doch zuerst musste sie mit Sara sprechen.

Ihr Auto parkte immer noch bei den Blockhütten, also marschierte Natascha den heute von der Sonne erhellten Weg vom Hotel hinunter zu der Siedlung. Innerhalb von zwanzig Minuten hatte sie ihr Ziel erreicht.

Gerade als sie anklopfen wollte, öffnete sich der Eingang der Hütte. Andreas rempelte sie direkt an, als er aus der Tür gestürzt kam.

»Oh, entschuldige bitte, ich bin schon spät dran. Muss zur Arbeit«, erklärte er im vorbei hasten, wobei er sich große Mühe gab, Natascha nicht zu Nahe zu kommen. Dann drehte er sich nochmal kurz zu ihr um. »Gut, dass du da bist«, sagte er und verschwand um die nächste Ecke.

Natascha nutzte die Gelegenheit und trat in die Hütte ein.

»Sara?«, rief sie, sobald sie die Schwelle übertreten hatte. Doch Sara reagierte nicht. Natascha durchsuchte das ganze Haus und wiederholte ihren Ruf, doch nirgends war eine Spur von ihrer Freundin zu finden. Seltsam, denn Andreas hätte ihr doch bestimmt gesagt, wenn Sara gar nicht Zuhause wäre.

Natascha ging in die Küche und begutachtete die Kaffeemaschine. Sie beschloss eine Kanne aufzusetzen, denn eine Tasse Kaffee konnte bei solch einem Gespräch, das ihnen beiden bevorstand, bestimmt nicht schaden. Das Gerät blubberte sein Lied und Natascha streifte einstweilen erneut durch alle Zimmer. Sara hatte sich zumindest nicht vor ihr versteckt, dessen war sie sich sicher. Als sie den Flur durchquerte und an der geschlossenen Badezimmertür vorbeiging, beschlich sie der Verdacht, Sara könnte sich eventuell hinter genau dieser Tür befinden.

»Sara?«, fragte Natascha und klopfte gleichzeitig. Keine Reaktion. »Sara? Bist du da drin?« Natascha wartete noch einen Moment, doch als erneut die Antwort ausblieb, drückte sie die Klinke nach unten. Die Badezimmertür sprang auf und öffnete sich einen Spalt, durch den Natascha hindurchlugen konnte.

Es war kaum zu glauben, was sie erblickte. Sara lag in der Badewanne, die Arme seitlich von sich gestreckt, ließ sie die Hände auf dem Rand der Wanne ruhen. Ihre Finger waren schon komplett schrumpelig. Natascha näherte sich der vermeintlichen Wasserleiche, die still und starr im Badeschaum lag.

»Sara?«

Anstatt ihr zu antworten, starrte Sara weiterhin geradeaus und rührte sich nicht.

»Sara, ich wollte nach dir sehen und mit dir reden. Wir sollten das aus der Welt schaffen, meinst du nicht?« Natascha griff nach Saras Hand. Sie war nicht nur völlig faltig, sondern auch kalt.

»Wie lange liegst du denn schon in der Wanne?«, fragte Natascha nervös. Sicherheitshalber fühlte sie Saras Puls.

»Schon ein paar Stunden. Aber mach dir keine Sorgen«, erwiderte Sara in lethargischem Ton, »ich wechsle das Badewasser aus, sobald es zu kalt wird.«

Natascha fasste in das Wasser. »Ich glaube, dann wäre es jetzt wieder so weit.«

»Ja, du hast recht.« Sara beugte sich nach vorne und zog den Stöpsel aus der Wanne.

»Hast du denn gar nicht mit Andreas gesprochen?«

Sara hantierte an dem Temperaturregler herum.

»Doch, doch.«

»Und trotzdem verhältst du dich so seltsam?«

»Er hat mir gesagt, dass er mich niemals betrügen würde.« Heißes Wasser ergoss sich aus dem Hahn und floss in die Wanne.

»Das ist doch gut ... oder?«

»Sicher ist das gut. Aber ... nun ja. Bevor ich wieder mit ihm zusammengekommen bin, hatte er doch etwas mit Leonie. Und jetzt auch beinahe mit dir.«

»Wie bitte?«

»Wenn ich nicht hereingeplatzt wäre, dann wäre aus dem peinlichen Zufall vielleicht göttliche Fügung geworden, Nati.«

»Das glaubst du doch nicht wirklich, oder?«

»Ich weiß schon nicht mehr, was ich glauben soll.«

Natascha schloss mit einem Handgriff den viel zu stark sprudelnden Wasserhahn und hielt Sara ein Handtuch vor die Nase.

»Du kommst jetzt erst mal aus der Wanne raus und dann trinken wir einen Kaffee.«

Sara schüttelte den Kopf. Natascha stupste sie mit dem Zeigefinger an. »Jetzt komm endlich raus da und lass uns reden.«

Sara wandte ihr den Blick zu. Ein kleines Erfolgserlebnis. Das Leben schien langsam in ihre Freundin zurückzukehren.

»Zuerst muss ich mich aber mit einem Kilo Bodybutter einreiben.«

»Alles klar, das verstehe ich. So verschrumpelt wie du aussiehst, hat deine Haut das auch verdammt dringend nötig.«

Sara nahm das Handtuch wortlos entgegen und rieb sich damit ab. Natascha ging einstweilen zurück in die Küche und kramte zwei Tassen aus einem der Schränke hervor. Ihr Entsetzen über Saras Verhalten versuchte sie derweilen herunterzuschlucken. Sie machte sich ernsthaft Sorgen um ihre Freundin. Wohin war nur die lustige und selbstbewusste Sara verschwunden, die sie hier in Freedom Falls kennengelernt hatte?

»Ich nehme zwei Stück Zucker«, sagte Sara, die sich gerade ihr Haar trocken rieb.

Natascha füllte die Tassen, ließ die gewünschte Menge Zucker hineinplumpsen und stellte sie auf dem Tisch ab.

»Und jetzt erzähl mir, warum du denkst, Andreas hätte die Situation gestern doch noch ausgenutzt, wenn du nicht ins Badezimmer geplatzt wärst.«

Sara nippte verlegen an ihrer Tasse.

»Ach, das hört sich sicher idiotisch an, wenn man es laut ausspricht.«

»Versuch es doch einfach«, forderte Natascha sie auf.

Wieder ein kurzes Nippen, doch dann stellte Sara die Tasse ab.

»Wie gesagt, er hatte doch etwas mit Leonie und ich glaube, mit Melody hat er auch kurz geflirtet. Da fehlst doch nur noch du und er hätte es bei all meinen Freundinnen versucht. Er lag immerhin nackt mit dir in der Wanne, Nati. Eure ... Körper haben sich schon berührt.«

Sara hatte völlig recht. Wenn man diesen Gedanken laut aussprach, hörte er sich wirklich dumm an, doch andererseits waren ihre Bedenken auch irgendwie verständlich. Keinesfalls realistisch. Jedoch nachvollziehbar.

»Ach, Sara«, schnaufte Natascha, »sieh dich doch um, wo du gelandet bist. Du lebst hier gemeinsam mit dem Mann, der für dich sein ganzes Leben umgekrempelt hätte, doch stattdessen hast du deines für ihn geändert. Und ja, er hatte etwas mit Leonie, aber da wusste er doch noch gar nicht, dass du auch hier bist. Er dachte damals doch, er würde dich nie wiedersehen.«

»Ja, das dachte er.«

»Eben. Und falls er tatsächlich mit Melody geflirtet hat, dann war es doch nur ein einfacher kleiner Flirt. Wobei ich mir ziemlich sicher bin, dass du in sein Verhalten mehr hineininterpretierst, als es eigentlich war.«

»Also, du meinst, er hat gar nicht mit ihr geflirtet und ich bilde mir das nur ein?«

»Genau«, bestätigte Natascha ihren Verdacht.

»Dann bildest du dir auch nur ein, dass der Barmann mit der Kellnerin flirtet«, antwortete Sara in leichttrotzigem Tonfall.

»Sepp und Lisi? Die flirten nicht nur miteinander, die sind ein Paar.«

»Und das hat er dir selbst gesagt?«

»Also ... nun ...«

»Hat er?«, bohrte Sara nach.

»Nein, also nicht direkt.«

»Eeeeben!«, stieß Sara triumphierend aus.

»Aber jetzt lenk nicht vom eigentlichen Thema ab. Andreas liebt dich. Er würde dich nicht mit einer deiner Freundinnen betrügen«, schnell ergänzte sie, »und auch nicht mit irgendeiner anderen Frau. Ich glaube, dass du einfach nur ein wenig Angst hast. Du hast deine Wohnung für diesen Mann aufgegeben und lebst jetzt wegen ihm hier in diesem Kaff. Seitdem kannst du nicht mehr arbeiten. Ich zähle jetzt einfach mal Eins und Eins zusammen und behaupte, dass du dir unsicher bist, was

Andreas angeht. Aber nicht, weil du dir Sorgen machst, er könnte dich betrügen, oder?«

Sara hob den Blick und sah Natascha eindringlich an.

»Was ist, wenn er doch nicht die Liebe meines Lebens ist, Nati? Was ist, wenn ich einen riesigen Fehler gemacht habe?«

»Ach, Süße«, hauchte Natascha, »willst du jetzt wirklich: *Was wäre, wenn* spielen? Ich glaube, du hast dich für den einzig richtigen Weg entschieden. Denn was ist, wenn er sehr wohl die Liebe deines Lebens ist, du dich aber nicht getraut hättest, diesen riesigen Schritt zu gehen? Dann würdest du jetzt ganz alleine in deiner viel zu kleinen Wohnung sitzen und irgendwann bereuen, dass du es nicht riskiert hast und zu ihm gezogen bist.«

Saras Blick änderte sich von panisch zu nachdenklich.

»Hmmm ... ich dachte nicht, dass ich meine Gefühle für Andreas jemals infrage stellen würde. Und schon gar nicht so schnell.«

»Ich glaube, das ist völlig normal, wenn so eine große Lebensveränderung damit zusammenhängt.«

Sara sah erleichtert aus. »Ja, wahrscheinlich.«

»Und diese romantische Vorstellung, wie es sich anfühlt die wahre Liebe gefunden zu haben ... ich glaube, die wird auch überschätzt.«

»Hey!«, protestierte Sara, »glaub mir, wenn du dein Herz an den Richtigen verlierst ... Zuerst macht dein Herz einen Sprung und sobald eure Lippen sich zu einem Kuss verbinden ... das ist magisch. Dann weißt du, dass es Liebe ist.«

»Herz, Kuss, Liebe? Genau in dieser Reihenfolge?«, witzelte Natascha.

»Du bist einfach unverbesserlich«, antwortete Sara und kniff ihre Freundin in die Seite.

»Aber eines schwöre ich dir, mein Herz hat keinen Sprung gemacht, als ich mit deinem Andreas in der Wanne gelandet bin. Kuss wird es auch nie einen geben, das kann ich dir versprechen. Denn weißt du was? Dein Skilehrer ist so gar nicht mein Typ«, schmunzelte Natascha.

»Stimm ja, du stehst ja mehr auf diesen Bauarbeiter-Rowdi-Look«, konterte Sara. »Breite Schultern, unrasiert, kantiges Gesicht und nach Möglichkeit dreckig. So wie der Barmann.«

»Jetzt lass es doch endlich mal gut sein, Sara. Dieser Typ interessiert mich nicht. Ich war nur ein paar Mal mit ihm im Bett, das war es auch schon wieder.«

»Wie du meinst«, sagte Sara, untermalt von einem Augenzwinkern.

»Themenwechsel. Lass uns heute etwas unternehmen. Wir könnten in die neue Bar gehen, nach einem passenden Valentins-Date für mich suchen«, warf Natascha ein.

»Das klingt toll, dann werde ich mich bis dahin in eine Tonne Öl einlegen, damit ich dann nicht mehr aussehe, wie eine faltige alte Frau.«

»Alles klar, Süße«, sagte Natascha und leerte ihre Tasse, »dann sehen wir uns später. Ich werde zurück ins Hotel gehen und duschen, immerhin ist meine Haut noch unversehrt. Und in ein paar Stunden hole ich dich von hier ab, in Ordnung?«

»Klingt nach einem guten Plan, ich werde die Zeit bis dahin nutzen und noch mit Andreas sprechen.«

Natascha nickte ihrer Freundin zu und verließ die Blockhütte. Dieses Mal würde sie ihr Auto mit zum Hotel nehmen. Kaum erreichte sie den Parkplatz, erblickte sie auch schon den Tesla, der natürlich wieder genau neben ihrem Auto parkte. Doch dieses Mal saß noch jemand am Steuer. Natascha näherte sich der Fahrerseite und klopfte gegen die Scheibe. Sie rechnete damit, dass Lisi ihr jeden Moment entgegengrinsen würde. Aber als sich das Fenster langsam öffnete, kam Sepps Wuschelmähne zum Vorschein.

»Hey, Natascha!«, begrüßte er sie. »Wohin des Weges?«

»Ich habe gerade mit Sara gesprochen und wollte jetzt zurück ins Hotel. Aber stell dir vor, da parkt wieder einmal so ein protziger Wagen viel zu nah neben meinem schicken kleinen Käfer und macht es mir unmöglich in mein Auto zu steigen.«

»Entschuldige bitte«, erwiderte Sepp und legte unverzüglich den Retourgang ein. Der Elektroflitzer rollte geräuschlos zurück. Natascha winkte ihm zu und öffnete die Autotür.

»Musst du sofort wieder zurück?« hörte sie Sepp aus dem Beifahrerfenster seines Wagens sagen. »Du könntest doch noch einen Sprung mitkommen und mir erzählen, wie das Gespräch mit Sara gelaufen ist.«

Nataschas Herz machte einen kleinen Sprung. Mit solch einem Angebot hatte sie nicht gerechnet. Sie schlug die Tür des Käfers zu. Sepp deutete das als ein Ja, denn kurz drauf stand er schon neben ihr und zeigte ihr den Weg.

»Wird Lisi denn auch da sein?«, fragte Natascha neugierig nach. Denn Sepp war lediglich ein Freund und da konnte es schon gut sein, dass seine Freundin auch zuhause war, wenn er Besuch mitbrachte.

»Die Lisi?«, fragte Sepp, sichtlich verwirrt, »Warum sollte sie denn in meiner Hütte sein?«

»Naja«, murmelte Natascha, »weil es doch ihre Hütte ist?«

»Ja, das stimmt schon, aber ihre Eltern haben die Hütte an mich vermietet. Die Lisi leiht sich nur hin und wieder mein Auto aus, wenn sie direkt vom Hotel herfahren möchte.«

»Um hier auf dich zu warten?«, ergänzte Natascha.

»Nein«, Sepp schüttelte den Kopf und seine Locken tanzten dabei fröhlich über seine Stirn, »um zu putzen. Sie kommt ein bis zwei Mal die Woche vorbei und reinigt das Haus. Der Service ist in der Miete enthalten.«

Natascha musste lachen. »Ernsthaft?«

»Ja, das ist doch auch nur eine Dienstleistung, die man mit Geld erwerben kann«, lachte Sepp zurück und zuckte mit den Schultern.

Sepp öffnete die Eingangstür zu seiner Blockhütte, die nicht unweit von Saras Hütte entfernt lag.

»Also, ist sie nicht deine ...«, Natascha kam sich bei der Frage so naiv vor, dass sie das letzte Wort nicht über die Lippen brachte.

»Meine Freundin? Die Lisi? Geh bitte, Natascha. Aber nie und nimmer würde ich mich für so ein Mädel interessieren. Hast du denn wirklich geglaubt, ich hätte etwas mit ihr?«

Natascha nickte leicht und ersparte sich eine verbale Antwort.

»Ich meine, sie ist ja wirklich ganz nett und auch unheimlich süß«, sprach Sepp weiter, »aber das war es dann auch schon wieder. Sie ist ein liebes Mädchen. Ich stehe ja mehr auf freche Vollblutfrauen, so wie du eine bist.«

Nataschas Herz machte erneut einen Sprung, doch dieses Mal mit aller Kraft. Ihr Brustkorb vibrierte beinahe, entzündet von der Intensität, die diese Emotion in ihr auslöste.

Natascha näherte sich dem Mann ihrer Begierde und legte ihre Hände in seinen Nacken. Mit sanftem Druck zog sie sein Gesicht nahe an ihres, bis sich ihre Lippen berührten. Begierig umschloss er ihre Lippen mit seinen und kurz darauf ließ er seine Zungenspitze sanft auf Erkundung gehen. Natascha öffnete ihren Mund bereitwillig, um seine Leidenschaft in sich aufzunehmen. Sepp saugte an ihren Lippen und ließ seine Hand mit sanftem Druck ihre Wirbelsäule entlang gleiten.

»Darauf habe ich schon gewartet, seit ich weiß, dass du wieder hier bist«, hauchte er zwischen seinen fordernden Küssen.

Natascha streifte ihren Mantel ab und ließ ihn zu Boden fallen. Dann packte sie seine Jacke und zog sie nach unten. Kurz darauf führte er sie durch die Hütte, wobei sie von der Einrichtung nichts mitbekam, denn er führte sie direkt in sein Schlafzimmer. Schwungvoll warf er sie auf sein Bett, streifte mit einer flüssigen Bewegung sein T-Shirt ab und knöpfte seine Jeans auf.

Natascha beugte sich nach vorne, umschloss seine Taille mit ihren Armen und zog ihn zu sich auf das Bett. In leidenschaftlicher Umarmung berührte sie seinen warmen Körper und genoss seine unmittelbare Nähe mit jedem Atemzug. Ihre Finger gruben sich in sein festes Haar, als er seine Lippen über ihren Hals wandern ließ. Wie sehr hatte sie diesen Mann und seine leidenschaftlichen Berührungen vermisst ... ihr Atem ging schneller, als er ihre Schenkel auseinander drückte. Stöhnend ließ sie sich zurück in die Kissen fallen und genoss jede neckische Berührung, die folgte, so lange bis er sie zum Höhepunkt brachte.

Erschöpft von diesem heißen Intermezzo lagen sie schweigend nebeneinander und schenkten sich liebevolle Blicke.

»Wie wäre es mit noch einer Runde?«, fragte Sepp kurze Zeit später.

Natascha legte ihr breitestes Grinsen auf.

»Aber immer doch, ich muss nur noch schnell Sara Bescheid geben, dass ich mich heute nicht mehr mit ihr treffen kann.«

Hastig griff sie nach ihrer Hose, fischte ihr Telefon heraus und begann zu tippen.

»Du bist so sexy und wunderschön«, flüsterte Sepp, der sie bei jedem Schritt beobachtete. Kaum hatte sie ihr Smartphone beiseite gelegt, stand er auch schon vor ihr und hob sie hoch. Mit ihren Beinen umklammerte sie sein Becken. Voll Vorfreude auf die weiteren Stunden, die sie mit diesem wundervollen Mann verbringen würde, ließ sie sich ein Stück näher an sein bestes Stück herangleiten. Bestimmt aber zärtlich drückte er ihren Rücken gegen die Zimmerwand und kam ihr so das letzte Stück entgegen. Sie hatten sich erneut zu einer, sich rhythmisch bewegenden Einheit verbunden, die im Gleichklang immer höher bis in die himmlische Ekstase schwebte.

6. Der 12. Februar

Der Geruch von frischgebrühtem Kaffee und Pfannkuchen weckte Natascha am nächsten Morgen. Die letzte Nacht hatte ihre Kraftreserven so gut wie aufgebraucht und der Duft des Frühstücks ließ ihren Magen knurren. Sie warf sich Sepps Hemd über, das immer noch auf dem Boden lag, und schlich auf Zehenspitzen durch die Hütte. Sie wollte Sepp, der höchstwahrscheinlich in der Küche zu Gange war, überraschen. Doch als sie dort ankam, sah sie lediglich einen gedeckten Tisch vor sich. Von dem heißen Typen der letzte Nacht unbeschreibliche Dinge mit ihr gemacht hatte, war jedoch nichts zu sehen. Natascha tapste zurück in den Flur und lauschte an der Badezimmertür.

Jedenfalls dachte sie, dass es sich bei den Raum dahinter um das Bad handeln musste. Die Hütten schienen alle gleich angelegt zu sein. Ein stetiges Geräusch drang durch das Türblatt. Ein Prasseln und Tropfen, das von der Dusche herrühren mochte.

Sie beschloss, ihm einfach unter der Dusche Gesellschaft zu leisten, und drückte vorsichtig die Klinke herunter. Doch die Tür sprang nicht auf. Anscheinend hatte er sie verriegelt. Schulterzuckend kehrte sie zurück in das Schlafzimmer und sammelte ihre Klamotten auf. Eigentlich hätte sie ihren Slip lieber noch nicht angezogen, doch nun hatte sie Zeit und streifte ihre Kleidung über. Sepp konnte sie ja später wieder aus ihren Jeans schälen, wenn ihm danach war.

Nachdem sie sich fertig angezogen hatte, wanderte sie erneut durch das Haus. Das Zimmer, das Sara und Andreas als Gästezimmer nutzten, erstrahlte in dieser Hütte als geräumiges Büro, mit einem massiven Schreibtisch aus eingelassenem Eichenholz. Natascha ließ ihre Fingerspitzen über das Holz gleiten und malte sich aus, wie Sepp sie darauf nahm. Direkt vor dem Computer lag ein Stapel Papier. Natascha umrundete den Tisch und warf einen Blick darauf. Es schien sich dabei um ein Manuskript oder etwas Ähnliches zu handeln. Darauf stand:

Ohne Herz,, zwar mit vielen Küssen,

aber niemals mit Liebe.

Die flüchtigen Affären der Großstadtfrauen.

Autor: Josef Brunner

Natascha kramte ihr Telefon aus ihrer Hosentasche und tippte den Namen *Josef Brunner* in die Suchmaske ihres Internet-Browsers. Kaum hatte sie auf Suchen gedrückt, ploppten unzählige Seiten mit diesem Namen auf. Schlagwörter wie: *Erfolgreichster Autor der Neuzeit, Genie unter den Gesellschaftsschriftstellern* und *Der neue Roman von Josef Brunner* fielen Natascha sofort ins Auge.

Sepp, der Barmann, war also ein erfolgreicher Romanautor? Nebenberuflich, oder wie genau sollte sie sich das vorstellen? Sie wählte einen der Berichte aus und las ihn aufmerksam durch, um mehr über Sepps geheime Identität zu erfahren. Anscheinend hatte der Schriftsteller Josef Brunner schon etliche Bücher veröffentlicht, doch Fotos konnte sie keines von ihm entdecken. In dem Bericht stand, dass er zurückgezogen lebte und keinen Drang nach der Aufmerksamkeit der Öffentlichkeit verspürte. Über sein neuestes Projekt stand in diesem Artikel, dass er es sich zur Aufgabe gemacht hat, eine Geschichte über das Verhalten von Frauen gegenüber Männern zu schreiben, die auf der Jagd nach schnellem Genuss ohne Liebe und Verpflichtung sind.

Natascha steckte ihr Handy wieder ein und begann interessiert in dem Manuskript zu blättern. Sie war zwar sehr überrascht von Sepps zweitem Standbein, die Neugier über dieses Geheimnis siegte jedoch. Andererseits hatten sie gerade ihre erste Nacht seit beinahe zwei Monaten miteinander verbracht und bis jetzt hatten sie sich noch nicht besonders viel unterhalten. So gesehen war es völlig in Ordnung, dass er ihr nichts von der Schreiberei erzählt hatte. Sie schlug wahllos eine Seite auf und las einen Absatz. Bei jedem Wort, das sie las, zitterten ihre Hände ein wenig mehr. Sie konnte es einfach nicht glauben ...

Wütend knallte sie das Manuskript zu und stürmte hinaus. Sie schnappte sich ihren Mantel im Vorbeigehen und lief schnurstracks hinüber zu Saras Haus.

»Was machst du denn so früh hier, und dann auch noch ohne Ankündigung?«, fragte Sara, nachdem sie der heftig klopfenden Natascha geöffnet hatte.

»Er hat ein Buch über mich geschrieben!«, sagte Natascha mit tiefem Entsetzen in der Stimme. Sie hastete an Sara vorbei, direkt in die Küche. »Kannst du dir das vorstellen? Er hat ein Buch über unseren Urlaubsflirt geschrieben.«

»Was hat er?«, stammelte Sara vor sich hin.

»Anscheinend ist Sepp ein Autor namens Josef Brunner, ein wirklich bekannter Schriftsteller. Und sein nächstes Buch handelt von unserer Affäre, die er als lieblos und lediglich sexuell orientiert, bezeichnet.«

»Seine Worte?«

»Ja, genau seine. So geschwollen würde ich mich doch nie ausdrücken.«

»Stimmt auch wieder.« Sara setzte sich an den Küchentisch.

Natascha nahm neben ihr Platz und legte ihr Gesicht in ihre Hände.

»Und ich habe gestern wieder mit ihm geschlafen.«

»Das dachte ich mir schon«, antwortete Sara, die mit ihrem Stuhl wippte, »war es denn wenigstens schön?«

»Es war fantastisch«, grummelte Natascha in ihre Handflächen, »aber jetzt hat er noch mehr Material, das er in seinem Buch verarbeiten kann.«

»War die letzte Nacht denn auch lieblos und lediglich sexuell orientiert?«

Natascha hob den Kopf und sah ihre Freundin mit großen Augen an.

»Nein, eigentlich dachte ich das nicht. Ich fand es ehrlich gesagt sehr schön. Und stell dir vor, mein Herz hat sogar einen Sprung gemacht.«

»Tatsächlich?«, hakte Sara nach, »Das hört sich wunderbar an!« Dann klopfte sie mit ihren Fingern auf den Tisch. »Abgesehen davon, dass er dich in seinem neuen Buch verrissen hat, natürlich.«

»Was soll ich denn jetzt nur tun?«

»Du kannst eine Unterlassungsklage bewirken, dann darf er das Buch so nicht veröffentlichen« ertönte plötzlich Andreas´ Stimme aus dem Flur, »aber nur, wenn du in dem Buch eindeutig erkennbar bist.«

Natascha warf Sara einen fragenden Blick zu.

»Ach ja«, antwortete Sara, »Andreas ist heute übrigens zuhause.«

»Und woher weiß er solche Dinge?«, flüsterte Natascha.

»Er hat Jura studiert.«

»Jura?«, wiederholte Natascha ungläubig.

»Ja«, sagte Andreas, der gerade in die Küche kam, »Jura. Und zwar sechs elendig lange Semester lang. Dann habe ich abgebrochen und entschieden, lieber etwas zu machen, was mir wirklich Spaß macht, auch wenn ich dann weniger verdienen sollte.«

Natascha war beeindruckt. Mit so einer Enthüllung hatte sie nicht gerechnet.

»Also kann ich dafür sorgen, dass er das Buch nicht veröffentlichen darf?«

»Mehr oder weniger«, bestätigte Andreas, der sich gerade eine Tasse, auf der die Aufschrift *Bester Camp-Betreuer, ever!* prangte, aus dem Regal fischte und Kaffee einschenkte.

Natascha erhob sich so schwungvoll von ihrem Stuhl, dass dieser beinahe umgekippt wäre. »Wunderbar, danke euch!«, rief sie, während sie schon wieder beinahe aus dem Haus war.

Mit diesem neuen Wissen im Hinterkopf, stapfte sie zurück zu Sepps Blockhütte. Mit einem lauten Knall schlug sie die Tür auf. Sepp saß am Küchentisch und hob den Kopf, den er hinter einer Zeitung versteckt hielt.

»Hey, Süße. Wo warst du denn? Ich habe Frühstück für uns gemacht.«

»Habe ich gesehen«, fauchte Natascha.

»Komm, setz dich doch zu mir und lass uns ein paar Kalorien zu uns nehmen, damit wir bereit sind für-«

»Bereit, um über das hier zu sprechen?«, unterbrach sie ihn, stürmte in das Büro, schnappte sich das schwere Manuskript vom Schreibtisch und knallte es Sepp vor die Füße. »Bereit, Herr Brunner?«

Sepp sah sie entgeistert an. Er legte die Zeitung auf den Tisch und bückte sich nach seinem Buch.

»Du hast in meinen Sachen geschnüffelt?«

»Ich habe es nur zufällig entdeckt ... von dem abgesehen, verdreh jetzt nicht die Tatsachen, Mister. Du bist hier der Bösewicht.«

»Warum denn?«, fragte er.

Natascha zeigte auf den Blätterhaufen in seiner Hand. »Du hast über mich geschrieben. Das ist nicht in Ordnung!«

»Aber, Nati-«

»Nichts da, aber Nati. Das kannst du dir sparen.«

»Aber ... okay, hör zu. Mir kam die Idee für dieses Buch schon, bevor wir uns kannten. Und ich habe auch nicht vorgehabt über dich zu schreiben. Und diese Frau

... die bist nicht wirklich du. Es ist Fiktion. Alles erfunden.«

Natascha riss ihm sein Werk aus den Händen, blätterte darin, bis sie die Stelle fand, die sie zuvor gelesen hatte.

»Natalia kniete vor ihm und umschloss seinen erigierten ... seinen ... ach, seinen ... *Pipimann* mit ihren vollen Lippen.«

»Fällt es dir denn so schwer, vorzulesen, was da tatsächlich steht?«, musste Sepp grinsen.

»Lenk nicht ab. Also ... wo war ich? Mit ihren vollen Lippen. Kurz darauf ergoss er sich in Natalias fordernden Schlund, dessen lodernde Intensität seine Vorstellungskraft bei weitem überstiegen hatte. Sie hob ihren zerwühlten Haarschopf und lächelte ihn an. Dann sagte Natalia: Ach wie gut, dass wir so ungezwungen sein können. Beziehungen werden doch tatsächlich überbewertet.« Dann klappte sie das Manuskript mit einer übertriebenen Geste zu und knallte es auf den Tisch. »Und jetzt sagt mir bitte, dass diese *Natalia* nicht ich sein soll? Davon abgesehen, dass ich ganz genau diesen Satz zu dir gesagt habe, nachdem ich ... nachdem ich deinen ...«

»Pipimann?«

Natascha drückte ihre Augen zu schmalen Schlitzen zusammen.

»Es ist Eins zu Eins genau das zwischen uns passiert, was hier steht, mein lieber Freund.«

Sepp sah schuldbewusst zu Boden. Das Lachen war ihm anscheinend endlich vergangen.

»Du warst nicht nur Recherche für mich, falls du das denkst.«

Natascha konnte ihre Entrüstung nicht unterdrücken.

»Mit wie vielen Frauen hast du denn zu Recherchezwecken geschlafen?«

Das erklärte so einiges. Wahrscheinlich war er nur nach Freedom Falls gekommen, um hier in Ruhe seiner widerlichen Recherche nachzugehen. Und welcher Job bot sich da besser als Deckmantel an, als der eines Kellners in einem Hotel? Gerade dort hatte so ein attraktiver Mann wie Sepp die größten Chancen, willige Frauen zu finden, die auf der Suche nach einem romantischen Abenteuer ohne Verpflichtungen waren.

»Ich habe nicht auf diese Weise für mein Buch recherchiert.«

Was sollte sie nun mit dieser Aussage anfangen? Eigentlich war es ihr beinahe egal, was er noch sagen würde. Es wären doch nur ein Haufen Rechtfertigungen und Lügen, die er ihr auftischen würde. Sie musterte ihn nochmals aufmerksam und wandte sich dann von ihm ab.

»Natascha?«, hörte sie Sepps Stimme hinter sich, der es jedoch nicht einmal der Mühe wert fand, sich von seinem Stuhl zu erheben.

Ohne ein weiteres Wort, und auch ohne ihm einen weiteren Blick zu schenken, stapfte Natascha aus dem Haus. Zornig schlug sie die Tür mit einem lauten *Rumms* hinter sich zu. Dieser Mann besaß eine unvorstellbare Dreistigkeit. Natascha konnte es nicht glauben. Die

Frau in seiner Geschichte hieß doch tatsächlich Natalia, da hätte er sie doch gleich direkt beim Namen nennen können. Und sowas war ein berühmter Autor, kaum zu glauben. Natascha schüttelte den Kopf und trottete zurück zu Saras Haus. Sie hatte kurz überlegt, ob sie nicht gerade lieber alleine wäre um in ihrem Selbstmitleid zu baden, doch sie entschied sich dann doch dagegen. Sara hatte schon recht damit, wenn sie meinte, Natascha könnte mit ihr über alles reden. Und sich alleine mit seinen Problemen, und seinem Kummer zu vergraben, war auch nicht immer eine Lösung. Bis jetzt hatte Natascha sich lieber zurückgezogen und wollte niemanden mit ihren Sorgen belasten, doch die Zeit in der sie sich stets im Hintergrund gehalten hatte und sich nur um das Wohl der Anderen bemüht hatte, sollte nun ein Ende haben. Diese Art von Selbstlosigkeit praktizierte sie einfach schon viel zu lange und durch dieses offene Gespräch mit Sara, wurde ihr bewusst, dass sie selbst darunter litt.

Mit zitternden Fingern pumperte sie gegen die Eingangstür des Blockhauses. Sara öffnete sofort und bat sie herein.

»Warst du bei ihm? Was hat er gesagt?«, fragte Sara ohne Umschweife.

»Nicht viel«, antwortete Natascha und schlurfte zurück in die Küche. »Jedenfalls nicht das, was ich gerne gehört hätte.« Schwerfällig ließ sie sich auf einen der Stühle fallen.

»Wenn du möchtest, kannst du den Tag gerne mit uns verbringen«, bot Sara ihr an.

»Ja, das ist wirklich kein Problem, wir wollten heute sowieso nur faulenzen«, ergänzte Andreas.

»Wenn es euch nicht stört, dann würde ich wirklich gerne hierbleiben.«

»Du musst nicht zurück ins Hotel, wenn du das nicht willst. Das Gästezimmer ist auch immer noch frei«, sagte Sara, mit einer Hand auf Nataschas Schulter, »aber nur, solange ihr beide lernt, dass man anklopft, bevor man ein Zimmer betritt.«

»Das ist doch selbstverständlich, Sara«, bestätigte Natascha die Anspielung von Sara, dankbar dafür, dass ihre Freundin ihr so schnell verziehen hat.

»Wenn du willst können wir später gemeinsam ins Hotel gehen und deine Sachen holen.«

»Vielleicht besser erst morgen, Sara. Aber danke. Ich glaube, ich möchte heute meine Zeit nirgends verbringen, wo ich an diesen hinterhältigen Mann erinnert werde.«

»Alles klar, dann morgen.« Kaum hatte Sara dieses Thema abgeschlossen, legte sich ein Strahlen über ihr Gesicht. »Dann können wir heute Abend in die neue Bar gehen und einen netten Mann für dich aufreißen!«

Andreas sah von seinen Pfannkuchen auf. »Und was ist mit mir?«

»Du kannst natürlich gern mitkommen, wenn du auch auf der Suche nach einem netten Mann für den Valentinstag bist«, neckte Sara ihn.

Andreas streckte ihr die Zunge entgegen und widmete sich wieder seinem Frühstück.

»Also, Nati? Was sagst du?«

»Von mir aus«, maulte Natascha, »Ich hätte zwar an einen gemütlichen Fernsehabend gedacht, mit einem romantischen Schinken, bei dem ich heulen und Schokolade in mich hineinstopfen kann ... aber in eine laute Bar mit vielen betrunkenen Singles zu gehen ist auch eine vielversprechende Option.«

»Ach, du und dein seltsamer Humor«, antwortete Sara und hüpfte von ihrem Stuhl. »Ich werde sofort meinen Schrank nach einem passenden Outfit für dich durchwühlen, das wird so lustig!«

»Welcher Humor?«, fragte Natascha, als Sara gerade aus dem Zimmer tanzte.

Andreas zuckte nur mit den Schultern. »Ich glaube, sie hat keine besonders gute Antenne für Sarkasmus.«

»Sieht ganz danach aus«, bestätigte Natascha. »Na dann werde ich mal nachsehen gehen, welches von ihren selbstentworfenen Kleidern sie mir aufzwängen will.«

»Viel Spaß«, sagte Andreas mit einem Augenzwinkern, »wenn du Glück hast, dann darfst du eines ihrer neuesten Verbrechen tragen.«

Natascha sah Andreas für einen Moment verwirrt an, dann ging ihr ein Licht auf. Sara hatte ihm nicht erzählt, dass sie keinen einzigen Entwurf zustande gebracht hatte, seit sie bei ihm wohnte. Sie würde mit Sara darüber sprechen, sobald sie am Abend einen bunten Cocktail mit Schirmchen und knallrosa Kirsche in der Hand hielten.

7. Der 13. Februar

Natascha erwachte mit einem brummenden Schädel. Die lustig aussehenden Cocktails hatten es doch mehr in sich gehabt, als erwartet. Und nachdem Sara angefangen hatte über ihren kreativen Engpass zu reden, verlor Natascha schnell die Übersicht ob es sich um Cocktail Nummer Zwei oder Nummer Vier handelte, an dem sie gerade nuckelte. Auch sie hatte ausführlich damit zu tun, Sara jede Kleinigkeit über Sepp und sein Buch zu erzählen. Nach Cocktail Nummer Fünf *(oder war es Nummer Sechs?)* Begann Natascha sogar damit, Josef Brunner in den sozialen Medien zu stalken, nachdem Sara ihr lallend versichert hatte, dass es sich dabei um eine gute Idee handelte.

Jeder einzelne Mann, der an ihren Tisch kam, wurde sofort abgewiesen und zum Teufel geschickt. Die Freundinnen hatten einfach viel zu viel zu besprechen und konnten keinen flirtenden Mann gebrauchen, der ihnen bei ihrem lebenswichtigen Gespräch dazwischenfunkte. Natürlich wurden sie von etlichen Kavalieren begafft, denn das Kleid, das Sara für Natascha ausgesucht hatte, war ein echter Hingucker und versprach einen Haufen Komplimente einzubringen. In dem Moment, als Sara ihr das Kleid in ihrem Schlafzimmer präsentiert hatte, wusste Natascha, dass sie mit großer Sicherheit nicht alleine nachhause gehen würde, wenn sie es darauf anlegen wollte. Das mitternachtsblaue Kleid war verboten kurz und bedeckte gerade noch so ihre

Pobacken. Es saß so eng, dass man jede Kurve ihres Körpers durch den leichten Stoff erkennen konnte. Das minimalistische Stück Stoff ließ kaum Spielraum für Fantasien. Der Ausschnitt saß so tief, dass Sara den Stoff mit Haarspray an Nataschas Brüsten fixieren musste. Kurz hatte sie sogar überlegt, doppelseitiges Klebeband zu benutzen, doch dann machte sie sich doch zu viel Sorgen, der empfindliche Stoff könnte dadurch in Mitleidenschaft gezogen werden. Der Fummel stammte aus Saras letzter Kollektion, die sie für ein namhaftes Modehaus entworfen hatte, die es dann jedoch kurzfristig aus dem Programm nehmen mussten, weil es zu viel Aufsehen erregt hatte und beinahe einen Shitstorm auf den sozialen Plattformen ausgelöst hätte.

Während Natascha ins Bad wankte, um sich die Zähne mit einem ihrer Finger zu putzen (ihre Zahnbürste lag ja noch im Hotel ...), versuchte sie, sich daran zu erinnern, was sie auf den sozialen Netzwerken über Sepp herausgefunden hatten. Doch dank ihres Brummschädels fiel ihr das Denken schwer. Sie warf einen Blick in den Spiegel, den sie jedoch sofort wieder bereute. Ihr Haar war eine einzige Katastrophe und überall in ihrem Gesicht klebte verwischte Schminke. Saras Kamm schaffte es kaum, ihre zerfledderte Mähne zu bändigen. Die Fingerzahnbürste versprach auch nicht den erwarteten Erfolg und so stellte sich bei Natascha keine Spur der Besserung ein. Sie fühlte sich immer noch wie ein halber Zombie.

Ein Klopfgeräusch ließ sie vom Spiegel wegsehen.

»Ist hier jemand drin?«, hörte sie Saras Stimme.

»Komm nur herein«, forderte Natascha sie auf und

hielt ihr den Kamm entgegen. »Hier, den wirst du brauchen, wenn du genauso unruhig geschlafen hast, wie ich.«

»Ich habe großartig geschlafen. Und zwar mit meinem Freund«, verkündete die gähnende Sara, die sich in alle Richtungen reckte und dehnte.

»Freut mich für dich«, murmelte Natascha, die gerade dabei war ihr Zombiegesicht von der verschmierten Mascara zu befreien.

»Freut mich auch für dich«, zwinkerte Saras Spiegelbild.

»Wie meinst du das?«

Kaum hatte Natascha die Frage gestellt, fiel es ihr auch schon wieder ein. Die Erinnerung traf sie wie eine Rakete die in ihrem Gehirn detoniert und mit einem riesigen Knall, das Bild an gestern Abend wachruft. Natascha sah sich mit Sara zum Ausgang der Bar wanken. Sie hielten sich in den Armen und kicherten vor sich hin. Ein relativ süßer Typ, der Natascha die letzten Stunden nicht mehr aus den Augen gelassen hatte, versperrte ihnen den Weg. »Bevor du gehst, muss ich dir noch unbedingt meine Nummer geben, denn wenn ich diese Chance verpasse, dann werde ich mich mein ganzes restliches Leben fragen müssen: Was wäre gewesen, wenn ...?« Sagte er, griff zeitgleich nach ihrem Arm und kritzelte ein paar Zahlen mit einem schwarzen Stift darauf. Jede Zahl kitzelte sie etwas mehr und Natascha musste kichern. Nach dieser Ansage schmolz ihr Cocktail-Ich natürlich dahin wie Frost in der aufkommenden Februarsonne. Sie löste sich von Sara und flüsterte ihr ins Ohr: »Vielleicht bleibe ich doch noch ein bisschen hier« und Sara nickte nur, reckte ihren Daumen nach oben und wankte alleine weiter, hinaus aus der Bar.

»Naaaa, du weischt schon«, begann Sara, nachdem sie sich ihre Zahnbürste in den Mund gesteckt hatte, »diescher schüsche Typ ... wie warsch denn noch, alsch ich weg war?«

»Ähm«, stammelte Natascha und schnappte sich ein Handtuch für ihr mittlerweile sauberes Gesicht, »es war ... nett?« Sie wollte Sara nicht erzählen, dass sie noch heftig mit diesem Kerl herumgemacht hatte und sich nicht einmal mehr an seinen Namen erinnern konnte. *(Tom oder Tod, oder so ähnlich ...)* Wenn sie sich ehrlich war, dann *wollte* sie sich auch gar nicht an den Namen erinnern. Dieser wirklich süße Typ diente alleine dazu, um sich von Josef und seiner Schandtat abzulenken. Genervt blickte sie auf ihren Unterarm. Mit einem Stück Seife versuchte sie die Zahlen einzureiben und wegzuwaschen, doch es misslang.

»Mit Edding? Dasch ischt aber fiesch«, sagte Sara mit einer gehörigen Portion Zahnpasta-Schaum vor dem Mund.

»Es ist sowieso kalt, dann trage ich heute eben nur langärmelig.«

Beim Verlassen des Bads klopfte sie Sara dankend auf die Schulter. Der Abend mit ihrer Freundin war wirklich nötig gewesen und es hatte ihnen beiden sichtlich gutgetan. Auch Sara wirkte -trotz ein bis zwei Cocktails zu viel-, wesentlich entspannter und ausgelassener als noch am vorigen Tag. Sie hatte sich auch wirklich die Seele bei Natascha über ihr Berufsleben ausgekotzt. Es war spannend, mehr über die Modewelt zu erfahren, für die Natascha sich zwar sonst nicht besonders interessierte, doch aus dem Mund ihrer Freundin war das etwas ganz anderes. Sara erzählte ihr, dass sie diese Blockade sogar schon aus dem gemeinsamen Winterurlaub mitgebracht hatte, noch bevor sie den endgültigen Entschluss gefasst hatte und nach Freedom Falls gezogen war. Immer wenn sie sich vor ein weißes Blatt setzte, schaffte sie es nicht, den Stift auf das Papier zu setzen und auch nur einen einzigen Strich zu malen. Dieser Zustand lastete auf ihr wie ein Fluch. Natascha konnte sich nicht so recht vorstellen, was es für einen Menschen mit einem kreativen Beruf bedeutete, wenn er solch einer inneren Blockade ausgeliefert war. Es musste schrecklich sein, wenn man jeden Tag aufs Neue nicht wusste, ob man seine Arbeit machen kann. Sara berichtete weiter, dass sie manchmal in der Nacht aufstand und sich an ihr Zeichenbrett setzte. Dann zeichnete sie zwar wie eine Verrückte, wie ein wild gewordener Dalí oder Monét, doch das Ergebnis erinnerte sie stets an eine Kinderzeichnung. Ihre Entwürfe waren allesamt matt, ohne Glanz. Das gewisse Etwas fehlte einfach und auch ihr Zeichentalent ließ sie teilweise komplett im Stich. Natascha fühlte mit Sara, obwohl sie nicht recht verstand, wie es sein musste unter einem künstlerischen Blackout zu leiden. Jedenfalls hoffte sie, dass ihr Gespräch Sara doch auch ein wenig geholfen hatte.

Kurze Zeit später klopfte es an Nataschas Tür und eine grinsende Sara stand vor ihr. Sie streckte ihr ein Blatt Papier entgegen.

»Schau mal, was ich gestern noch gezeichnet habe, nachdem ich nachhause gekommen war.«

Natascha nahm die Zeichnung neugierig entgegen und betrachtete sie aufmerksam.

»Wow, Sara! Ich glaube, so ein tolles Kleid habe ich noch nie gesehen.«

»Ich habe mich von dir inspirieren lassen«, verkündete sie mit geschwelter Brust. »Es ist eine Kombination aus deinen Alltagskleidern und deinen Vorlieben, sowie aus deinen Wünschen, die du aber nicht in die Tat umsetzt.«

»Aus meinen Wünschen?« Fragte Natascha, die dem Gedankengang ihrer Freundin nicht folgen konnte.

»Du trägst gerne gemütliche Klamotten, sie dürfen nicht zu grell sein und schon gar nicht schreien: *Hier bin ich! Seht mich an!* Aber du bist eine wunderschöne Frau und manchmal sehnst du dich genau nach dieser Aufmerksamkeit. Doch du traust dich einfach nicht, es in die Tat umzusetzen, weil die Kleider die du dafür zur Auswahl hast, allesamt viel zu extrem für dich sind. So wie dieses umwerfende Kleid, das du dir in der Boutique gekauft hast ...« Sara machte eine melodramatische Pause und deutete auf ihren Entwurf. »Deshalb habe ich dieses Kleid für dich und alle Frauen, die auch gerne einmal im Mittelpunkt stehen wollen, ohne dabei wie ein Flamingo in einem Schwarzweiß-Film aufzufallen, entworfen.«

»Es ist wirklich toll geworden.«

»Ja, nicht wahr? Ich habe sogar schon meine Nähmaschine aufgebaut. Jetzt werde ich noch ins Shoppingcenter fahren um den passenden Stoff für den Prototyp zu besorgen. Willst du mitkommen?«

Natascha schüttelte den Kopf. »Ich muss doch noch ins Hotel, mein Gepäck holen und das Zimmer abbestellen.«

»Das könnten wir doch am Rückweg erledigen, wenn du willst.«

»Danke, aber ich mache das lieber jetzt gleich. Meine Zahnbürste fehlt mir doch zu sehr, weißt du?«

Sara lachte und nickte eifrig. »Klar, das verstehe ich. Dann sehen wir uns später, in Ordnung?«

Natascha verließ gemeinsam mit Sara das Haus und konnte es kaum glauben, als sie bei ihrem Auto ankam. Die Fahrertür des Käfers war tatsächlich nicht zugeparkt. Der Tesla parkte mit einem gehörigen Abstand daneben. Als Natascha in ihr winziges Auto hüpfen wollte, entdeckte sie einen Notizzettel zwischen den Wischblättern.

Bitte lass und nochmal reden,

bevor du nachhause fährst.

Ich will dich nicht so gehen lassen.

Dein Josef

Jetzt nannte er sich ihr gegenüber auch schon Josef. Sehr förmlich, fand Natascha. Es war kaum zu glauben, aber dieser Mann schaffte es ständig, sich immer wieder in ihre Gedanken zu manövrieren. Gerade hatte sie nicht an ihn gedacht und das gefiel ihr. Doch er musste ja diese Nachricht schreiben und sie damit wieder dazu bringen, an ihn zu denken. Schrecklicher Mistkerl.

Wobei es auch irgendwie eine nette Geste war. Zumindest wollte er sich bei ihr entschuldigen ... aber darauf konnte Natascha getrost verzichten. Sie würde ihm aus dem Weg gehen und ein weiteres Gespräch vermeiden. Das hatte er einfach nicht verdient. Und übermorgen reiste sie sowieso wieder ab, dann konnte sie Josef Brunner für immer aus ihrem Leben und ihren Gedanken verbannen. Wenigstens konnte sie sich sicher sein, dass sie ihn jetzt nicht im Hotel antreffen würde, weil sein todschickes Auto hier parkte.

Hastig stieg sie auf das Gaspedal und preschte die kurze Strecke über den Berg hinauf, zum Hotel. Je schneller sie diese Angelegenheit hinter sich brachte, desto früher konnte sie sich den Anblick des Hotels, das sie an ihre gemeinsame Zeit mit Sepp erinnerte, hinter sich lassen.

Die Intensität der Sonne hatte drastisch zugenommen und Natascha beschloss, ihren Mantel deshalb im Auto zu lassen. Sie flitzte hinauf in den ersten Stock, schmiss ihr Zeug einfach in ihren platt gedrückten Koffer, krempelte sich die Ärmel hoch und trug ihn alleine die Treppen hinunter. In der Empfangshalle musste sie ihn kurz abstellen, um durchzuatmen. Ein wenig fehlte ihr nach dem gestrigen Abend doch noch die Energie.

»Natascha?«

Sie hob ihren Blick und blickte genau in diese karamellfarbenen Augen, in denen sie sich so gern verloren hatte.

»Ich will nicht mit dir reden«, sagte sie zu Sepp.

»Dann hör mir nur zu.«

Seltsamerweise blieb sie wie angewurzelt stehen, unfähig sich zu bewegen.

»Ich habe dieses Buch geschrieben, und du kommst darin vor, ja das stimmt«, begann Sepp zu erklären, nachdem sie ihn nur anstarrte. »Aber ich litt die letzten Monate, bevor ich dich kennengelernt habe, unter einer schrecklichen Schreibblockade. Deshalb habe ich überhaupt erst angefangen, diesen Schund zu verfassen. Irgendetwas musste ich doch schreiben. Doch jedes Wort, das ich zu Papier brachte, fühlte sich wertlos und leer an. Und dann kamst du.« Er machte ein paar Schritte auf sie zu und streckte seine Hand nach ihr aus. »Zuerst hast du mich zu einer neuen Figur für das Buch inspiriert, sie erfüllte den Roman mit Leben, nur durch sie wurde es von einem Schundroman zu einem halbwegs erträglichen Buch. Doch dann habe ich beschlossen, nicht weiter an diesem Buch zu arbeiten und habe stattdessen mit einem neuen begonnen, zu dem unsere gemeinsame Zeit mich inspiriert hat. Und glaube mir, das ist alles andere als ein Schundroman.« Seinen Blick hielt er immer noch fest auf sie gerichtet.

Natascha legte ihre Hand in seine und Sepp ließ seine Finger über ihren Oberarm gleiten.

»Was hast du denn da?«, fragte er, als er die schwarzen Eddingzahlen mit seinem Finger nachfuhr.

»Nichts Wichtiges«, wollte sie gerade antworten, doch die Zeit blieb ihr nicht. Der Eingang des Hotels öffnete sich und Tom oder Tod stolperte herein. Mit einem breiten Grinsen winkte er ihr zu. Sie hatte ganz vergessen, dass der süße Typ aus der Bar auch ein Tourist war und im Hotel wohnte.

»Hallo Zuckerpüppchen«, begrüßte er sie überschwänglich, schob Sepp gleichzeitig mit einer fließenden Bewegung beiseite und drückte ihr lautschmatzend einen Kuss auf die Wange.

»Schön dich zu sehen, du dachtest dir wohl, ein Anruf wäre nicht nötig und du überrascht mich gleich direkt in meinem Zimmer, hm?« Der Kerl produzierte unnötigen Text wie am laufenden Band und drängte sich ihr immer dichter auf. Sie schaffte es nicht einmal, an ihm vorbei zu sehen. Als sie es endlich zustande gebracht hatte, ihm über die Schulter zu sehen, konnte sie Sepp gerade noch beim Verlassen des Hotels beobachten. Sie betete, er möge sich noch einmal zu ihr umdrehen, doch er tat es nicht und war genauso schnell wieder verschwunden, wie er aufgetaucht war.

Es war kaum zu glauben, aber der Typ redete immer noch.

»Tom oder Tod, oder wie auch immer du heißt-«, stoppte sie seinen Redefluss.

»Mein Name ist-«

Natascha unterbrach ihn mit erhobenem Zeigefinger. »Das interessiert mich wirklich nicht.« Dann schüttelte sie den Kopf. »Hör zu, es tut mir leid, aber ... mein Herz schlägt schon für jemand anderen. Es war wirklich ein netter Abend mit dir, doch mehr wird aus uns beiden nicht.«

»Das habe ich auch gar nicht erwartet«, antwortete Tom/Tod, »aber ich dachte, dass zumindest ein Date zum Valentinstag drin wäre?« Er schenkte ihr einen auffordernden Blick.

Natascha sah noch einmal zum Ausgang und erblickte nochmals Sepp, der gerade durch diese Tür gegangen war, vor ihrem inneren Auge. Noch einmal sah sie ihm zu, wie er das Hotel verließ, ohne sich nach ihr umzusehen.

»Ja, das wäre wohl drin«, antwortete sie gedankenverloren, »wir können später noch die Details besprechen.«

»Einverstanden. Bei einem Drink?«, fragte er und hob ihren Koffer hoch. Ich helfe dir nur dabei, den in dein Zimmer zu tragen. Mit Glück liegen unsere Zimmer nebeneinander, dann hast du es morgen Nacht nicht so weit, wenn du wieder in dein eigenes Bett schlüpfen willst«, sagte er und untermalte seine Aussage mit einem neckischen Zwinkern.

Natascha deutete auf die breite Flügeltür. »Weißt du, eigentlich wollte ich gerade ...«, doch dann unterbrach sie sich selbst, warf einen weiteren Blick zum Ausgang, zuckte aber nur mit den Schultern und folgte ihm die Stufen hinauf.

8. Der 14. Februar

»Es ist wirklich alles in Ordnung, Sara«, wiederholte Natascha zum gefühlt hundertsten Mal, »und nein, es ist nichts zwischen uns passiert. Wir haben uns gestern nur einen netten Abend in der Empfangshalle gemacht und jeder von uns ist dann in sein eigenes Zimmer verschwunden.«

»Und du willst tatsächlich den heutigen Tag mit ihm verbringen? Ich dachte eigentlich, dass du ... naja ... du weißt schon.«

»Dass ich den Tag mit Sepp verbringe? Ach, Sara ... ich fürchte, diese Sache ist ein für alle Mal gelaufen. Ich habe dir ja schon gestern erzählt, was passiert ist, und bis jetzt hat sich daran nichts geändert. Er ist immer noch spurlos verschwunden.«

»Hast du denn schon versucht, ihn anzurufen?«, bohrte Sara nach.

»Natürlich nicht«, konterte Natascha, »*Er* ist doch einfach gegangen und hat mich alleine mit ... ach, ich habe schon wieder seinen Namen vergessen ...«

»Das könnte heute Abend echt peinlich werden, wenn du ihn immer nur mit *hey du* ansprechen kannst. Naja, zumindest ist er ein ganz süßer Typ. Also so gesehen hast du es gar nicht so schlecht erwischt. Hätte schlimmer kommen können.«

»Da ist bestimmt was dran. Ich könnte den heutigen Abend auch mit einem Möchtegernautor, der echt miese

Romane über mich schreibt, verbringen.«

»Sei doch nicht so streng mit ihm, er hat es dir doch erklärt.«

»Und dank dir verstehe ich auch, wie es für ihn sein muss, wenn er eine Blockade hat und nicht arbeiten kann ... aber trotzdem hat er sich einfach von mir abgewandt und ist ohne ein weiteres Wort verschwunden.«

»Wer weiß, was das für ein Bild auf ihn gemacht hat, dass dieser Typ dich auf einmal vor ihm abgeknutscht hat. Also, ich würde ihm das wirklich nicht so übel nehmen und ihn zumindest kurz anrufen.«

Natascha schüttelte den Kopf, doch dann fiel ihr ein, dass Sara diese Geste auf der anderen Seite der Leitung ja nicht sehen konnte.

»Nati? Was sagst du dazu?«

»Nein, Sara. Lass es bitte gut sein. Ich werde mich nicht bei ihm melden.«

»Seit wann bist du denn so extrem stur? Du hast doch sonst immer so ein weiches Herz.«

»Genau aus diesem Grund habe ich mich diesmal für einen anderen Weg entschieden. Ich gebe normalerweise immer nach und verzeihe schnell jeden Fehler. Doch diesmal ... Sara ... mein Herz hat einen Sprung gemacht. Wenn er Derjenigewelche ist ... dann ...«

»Ich verstehe schon. Dann erwartest du dir, dass er zu dir kommt. Aber ich weiß nicht, ob das im wahren Leben auch so funktioniert, Süße. Wir leben immerhin nicht in einem Märchen.«

»Wenn er dasselbe für mich empfindet, dann wird er

zu mir zurückkommen.«

»Und falls doch nicht, dann klopfe ich einfach an seine Tür und sage ihm, was er zu tun hat«, scherzte Sara.

»Das wirst du schön bleiben lassen.«

»Keine Sorge, ich mische mich schon nicht in dein Liebesleben ein. Das habe ich noch nie gemacht und ich werde sicher nicht ausgerechnet heute damit anfangen. Denn Andreas hat eine großartige Überraschung für mich geplant und laut seinem Zeitplan werde ich nicht dazu kommen, irgendetwas anderes zu unternehmen.«

»Solange ihr nicht baden geht, wird es sicher schön«, murmelte Natascha.

»Was hast du gesagt?«

»Nichts, nichts.«

»Jedenfalls werden wir uns heute nicht sehen, ist das okay für dich?«

»Sara, ich komme klar, es ist alles in Ordnung.«

»Dann wünsche ich dir einen schönen Valentinstag ... also, so gut es eben möglich ist.«

»Danke, den wünsche ich dir auch. Und genieß deine Überraschung.«

Natascha wusste, dass sie diesen Tag ohne Sara verbringen musste, doch mit Tom (oder Tod?) würde es bestimmt auch sehr nett werden. Sie hatten für heute Mittag einen Spaziergang durch die Stadt geplant. Freedom Falls war dafür bekannt, zu allen möglichen Feierlichkeiten, die Stadt dementsprechend zu schmücken und das wollte sie sich nicht entgehen lassen. Sie lief ins

Bad und machte sich für den Rundgang fertig. Nach dem Spaziergang würden sie essen gehen und abends wäre dann ein gemütliches Zusammensein in der Hotelbar geplant, damit sie es nicht weit in ihre Zimmer hatten. Ob sie sich auf ein Stelldichein mit dem süßen Typen einlassen würde, wusste sie zu diesem Zeitpunkt noch nicht. Momentan stand ihr den Sinn überhaupt nicht danach und irgendwie kam sie mit dem Gedanken, dass ein anderer Mann als Sepp sie berührte, nicht unbedingt klar. Innerlich verfluchte sie Sara für ihre *Herz, Kuss, Liebe* - Theorie. Ihr Herz hatte bereits einen Sprung gemacht und auch die Küsse mit Sepp waren ihr nicht egal gewesen. Jeder einzelne davon schmeckte nach süßen Träumen und der Hoffnung auf mehr.

Natascha kniff sich selbst in den Oberarm, um die Gedanken an Sepp zu vertreiben. Es sah ihr wieder ähnlich, dass sie sich für einen Mann interessierte, der nichts von ihr wissen wollte. So gesehen war es kein Wunder, dass sie nicht an die wahre Liebe glaubte. Bis jetzt hatte sie nur Beziehungen mit Männern geführt, die sie immer wieder zurückgewiesen hatten und nicht auf ihre Bedürfnisse eingegangen waren. Herr Josef Brunner machte da keine Ausnahme. Sein wirklich mieses Buch und sein halbherziger Erfolg waren ihm wichtiger als eine Beziehung mit ihr oder die Rücksichtnahme auf ihre Gefühle. Selbst wenn er sich tatsächlich bei ihr entschuldigt hätte -denn das hatte er nicht, er war vorher aus dem Hotel verschwunden und hatte sie einfach stehen gelassen- dann würde es nichts an der Tatsache ändern, dass er seine Karriere über ihr Recht auf Privatsphäre stellte. Dieses Buch würde erscheinen, egal was sie tat. Wahrscheinlich konnte sie sich auf den Kopf stellen und Rumba in den Himmel tanzen, würde das nichts an dieser brisanten Tatsache ändern.

Natascha schlurfte an der Hotelbar vorbei und warf einen verstohlenen Blick hinein. Sehr gut, Sepp war nicht da. Lediglich Lisi stand hinter der Bar und war gerade schwer damit beschäftigt, die Holzvertäfelung mit Öl einzulassen.

»Hallo Lisi«, begrüßte Natascha sie, »Ich hätte gerne zwei Kaffee zum Mitnehmen, ja?«

Lisi brach abrupt ihre Reinigungsaktion ab. »Kommt sofort!«, trällerte sie in verspieltem Ton, »Ist der Zweite sicher für den Josef, hm?«

Es war unverständlich, warum alle Welt sie immer wieder auf Sepp ansprechen musste. Gab es in dieser Stadt denn kein anderes Thema, als die Valentinstouristin und den Barmann mit geheimer Identität?

»Nein, der ist für ... ach, verdammt. Mir fällt sein dämlicher Name einfach nicht ein.«

»Aha, also ist der Kaffee für deine Verabredung?«

»Ja, er müsste jeden Moment hier sein und dann wollen wir los in die Stadt, die Deko bewundern.«

»Die werde ich heute leider nicht sehen, ich muss den ganzen Tag arbeiten. Der Sepp wollte die Vertretung nicht machen.«

Diese unschätzbar wertvolle Information speicherte Natascha sofort ab. Sepp würde heute nicht arbeiten. Sie konnte sich also getrost mit ... Tom? In der Hotelbar treffen, ohne ein peinliches Aufeinandertreffen befürchten zu müssen.

»Ich habe geglaubt, dass er nicht arbeiten will, weil er etwas mit dir unternimmt«, redete Lisi weiter, während sie die Pappbecher mit Kaffee füllte, »aber da habe ich mich anscheinend geirrt. Derweil seid´s ihr so ein hübsches Paar. Und der Josef hat so von dir geschwärmt.«

»Aha, hat er das?«, antwortete Natascha barsch. Sie konnte sich gar nicht vorstellen, dass er überhaupt von ihr gesprochen hatte.

»Ja, er hat sich so gefreut, dass du wieder da bist. Und vor allem weil er geglaubt hat, dass er der Grund dafür ist.«

»Da hat er sich aber ganz gewaltig geschnitten.«

Lisi reichte Natascha die beiden Becher. »Vorsicht, heiß. Na, dann wünsche ich dir einen schönen Valentinstag mit ... wie hast du gesagt, heißt er?«

»Danke, Lisi. Den wünsche ich dir auch. Wir sehen uns dann später, wir werden den Abend nämlich hier in der Bar verbringen.«

Lisi winkte ihr zum Abschied, schnappte sich ihren Lappen und begann erneut das Holz einzureiben.

Vielleicht hatte Sara doch recht, was Lisi betraf, überlegte Natascha, während sie in die Empfangshalle zurückging. Ihr heutiges Date wartete bereits auf sie. Ohne ihn zu begrüßen, drückte sie ihm seinen Becher in die Hand, die er für eine Umarmung ausgestreckt hatte. Er nahm den Becher entgegen, beugte sich zu ihr hinunter und wollte ihr einen Kuss geben, doch Natascha drehte sich unerwarteter Weise von ihm weg. Schnell korrigierte sie ihre Kopfhaltung und ließ einen unschuldigen Kuss auf die Wange zu.

»Lass uns gehen«, forderte sie ihn auf, bevor er etwas auf ihre spontane Reaktion erwidern konnte. Sie hatte nicht damit gerechnet, dass sie es absolut nicht wollte, dass seine Lippen ihre berührten. Kurz bevor es zu dem Kuss gekommen wäre, blitzte ein Bild von Sepp vor ihr auf und sie drehte sich automatisch von dem süßen Typen weg. Süß war er doch tatsächlich, also verstand sie nicht, warum sie sich nicht für einen Tag auf ihn einlassen konnte. Sie beschloss, den Spaziergang so gut es ging zu genießen und hakte sich bei ihm unter.

»Weißt du, die Stadt überlegt sich zu jedem besonderen Anlass eine wirklich hübsche Deko und dieses Jahr soll das Thema Liebesbriefe sein«, plauderte ihr Date drauflos, sobald sie den Weg hinunter in die Stadt angetreten waren. Natascha hatte beinahe vergessen, wie gerne er redete. Sie hörte ihm jedoch nur mit einem Ohr zu und ließ ihren Blick über die Landschaft schweifen. Ihren Mantel trug sie offen, das Wetter hatte tatsächlich noch eine Gratwanderung durchgemacht und nun wärmte die warme Februar-Sonne ihr Gesicht.

Kaum betraten sie die Stadt, ertönte ein klapperndes Geräusch und Natascha hob den Blick in die Richtung, aus dem sie die Geräuschquelle vermutete. Über den Straßen hingen abertausende von Briefen, die im Wind wehten und ihr Lied der Liebe sangen.

»Jeder dieser Briefe wurde von einem Einwohner verfasst«, erklärte Tom/Tod als er ihren aufmerksamen Blick bemerkte.

Also hatte auch Sepp einen dieser Briefe geschrieben, huschte ein flüchtiger Gedanke durch ihren Kopf. Diesen Brief würde sie nur allzu gerne lesen. Wahrscheinlich hatte er ihn für Natalia, seine heiße Affäre geschrieben. Ein Kopfschütteln ließ sie von dem Gedanken an Sepp abkommen. Es hatte doch keinen Sinn weiterhin über ihn nachzugrübeln. Sie warf ihrem Date einen flüchtigen Blick zu. Ab sofort wollte sie sich mehr Mühe geben. Zwar wusste sie immer noch nicht wie er hieß, aber er war ein netter Kerl und hatte es verdient, dass sie ihm zumindest ihre volle Aufmerksamkeit schenkte.

»Natascha, schau mal!«

Ihre Verabredung deutete auf eine Bühne, die direkt am Hauptplatz aufgestellt war. Geschmückt war sie mit rosa Herzballons und einem ganzen Haufen rotem Lametta, das sanft in dem lauen Wind hin und her schwenkte. In der Mitte des Podiums stand eine junge Frau mit einem Mikrofon in der Hand.

»Liebe Besucher unseres diesjährigen Valentinstags-Festes«, begann sie in ihr Mikro zu sprechen, »mein Name ist Rebecca S. George und ich heiße sie herzlich willkommen! Gerne möchte ich Ihnen unseren diesjährigen Star-Gast vorstellen. Er ist ein bekannter Autor und sein nächster Roman wird bestimmt auf unserer Bestsellerliste landen! Begrüßen Sie gemeinsam mit mir Josef Brunner!«

Lautes Klatschen erfüllte den Platz. Auch Nataschas Date schlug die Handflächen aneinander und wollte sie animieren mitzumachen, doch sie weigerte sich, indem sie ihre Arme vor der Brust verschränkte.

»Wegen diesem Möchtegern-Autor machen sie so einen Aufstand?«, fragte sie stattdessen genervt.

»Ich habe schon einige Bücher von ihm gelesen und

sie haben mir alle ganz gut gefallen. Er schreibt sehr tiefgründig, du solltest auf jeden Fall einmal eines seiner Bücher lesen.«

»Nein, danke«, seufzte sie, »ich habe in eines davon nur kurz hineingeschnuppert und das hat mir schon gereicht.«

»Also ich finde ihn großartig. Anscheinend will er etwas aus seinem neuen Buch vorlesen, vielleicht überzeugt er dich ja noch selbst von seinen Büchern.«

»Das glaube ich eher weniger.«

Natascha drehte sich von der Bühne weg, als Sepp seinen Blick durch die Menge schweifen ließ. Dann begann er zu lesen.

»Natalias Atem ging schnell. Sie sehnte sich so sehr nach ihm, doch versperrte sie sich selbst die Hoffnung auf Liebe.«

»Mir wird schlecht«, stammelte sie, »können wir bitte gehen?«

»Warte noch kurz, ich bin gespannt, worauf die Geschichte hinausläuft. Es klingt gar nicht nach einem seiner sonstigen Bücher.«

»Weil er es selbst als Schund bezeichnet, vielleicht liegt es daran.«

»Woher weißt du, dass er-«

»Ich weiß es eben, okay?«, zischte Natascha, jedoch eine Spur zu laut. Die restlichen Zuhörer wandten sich verärgert um. Auch der Autor stockte und unterbrach seinen Vortrag. Er sah hinunter in die Menge und seine Karamellaugen trafen direkt auf ihren eisigen Blick.

Er hielt noch eine weitere Minute inne, und die Menge begann langsam unruhig zu werden. Ein nervöses Murmeln zog sich über den Platz. Jeder fragte sich, was denn nicht mit dem Schriftsteller dort oben auf der Bühne stimmte.

Plötzlich kramte Sepp in seiner Tasche und zog ein Feuerzeug hervor. Er hielt es demonstrativ, gemeinsam mit dem Manuskript seines neuesten Romans, in die Höhe. Die Zuschauermenge stöhnte auf.

»Natalia ist nicht real. Aber du bist es sehr wohl«, sagte er und entzündete das Papier. Die Flammen loderten empor und verschlangen das gesamte Manuskript innerhalb weniger Sekunden. Die Asche segelte zu Boden und somit war das komplette Buch verschwunden.

Nataschas Augen weiteten sich. Sie konnte kaum glauben, was sie da gerade beobachtet hatte.

»Wen meint er denn damit?«, fragte ihre Verabredung.

»Natascha, willst du mein Valentinsschatz sein?«, dröhnte Sepps Stimme durch das Mikrofon, das er mittlerweile wieder aufgehoben hatte.

Natascha warf ihrem Date einen flüchtigen Blick zu. »Es tut mir leid, Tom ... ähm ... Tod. Ich muss zu ihm gehen. Er ist der Mann, von dem ich dir erzählt habe. Er ist derjenige, dem mein Herz gehört.«

»Ich heiße Torben«, hörte sie Toms/Tods/Torbens Stimme hinter sich nachhallen. Doch sie fand nicht die Zeit, sich nach ihm umzudrehen. In Windeseile suchte sie sich einen Weg zur Bühne. Als die Menschen rundherum bemerkten, dass sie die erwähnte Natascha sein musste, machten sie ihr den Weg frei und jubelten ihr zu. Ein Paar, das es sich am Bühnenrand bequem gemacht hatte, zog sie an den Armen hoch und half ihr dabei, die Bühne zu erklimmen.

Sie schloss Sepp in die Arme und er drückte seinen Kopf in ihre Halsbeuge.

»Es tut mir so leid, bitte verzeih mir«, murmelte er in ihr Haar. »Dieses Buch ist es nicht wert, dass ich dich dafür für immer verliere.«

»Und deshalb hast du es lieber verbrannt? Du hättest es doch einfach umschreiben können«, schmunzelte sie ihm zu.

»Ich bin nach Freedom Falls gekommen, um mir Inspiration für mein neues Buch zu suchen. Die Arbeit als Kellner hat mir sehr gutgetan, aber mehr auch schon wieder nicht. Ich habe schon seit einigen Monaten in diesem entzückenden Städtchen gelebt und musste meinem Verleger ein Ergebnis präsentieren. Deshalb habe ich dieses Buch geschrieben. Doch ich war nie wirklich zufrieden damit. Dann kamst du und hast mein Leben komplett auf den Kopf gestellt. Dank dir habe ich zu mir selbst zurückgefunden.«

Auch Natascha hatte dank diesem wunderbaren Mann zu sich selbst gefunden. Sie spürte wie ihr Herz schneller schlug und ihre Finger zitterten.

»Küssen! Küssen! Küssen!«, forderte das Publikum, das auf einen krönenden Abschluss dieser herzzerreißenden Szene wartete.

Sepp legte ihr Gesicht in seine warmen Hände und hauchte ihr einen Kuss zu. Natascha stellte sich auf ihre

Zehenspitzen und kam ihm entgegen. Ihre Lippen berührten seine mit sanftem Druck. Dieser Kuss entfachte ein Feuerwerk in ihrem Inneren und erfüllte sie mit tiefer Zuneigung. Noch nie zuvor hatte sie sich so sehr mit einem anderen Menschen verbunden gefühlt.

Die Menge jubelte und belohnte sie mit einem Klatschkonzert der Extraklasse.

Sepp schenkte ihr ein Grinsen und schlang einen seiner Arme unter ihre Kniegelenke, die andere Hand stützte ihren Rücken. Mit gekonntem Griff hob er sie von Ort und Stelle und ließ sie in seine Arme fallen. Als wäre sie seine Braut, trug er sie von der Bühne. Erleichtert schlang sie ihre Arme um seinen Hals und umfasste seine starken Schultern. Immer wieder bedeckte sie sein Gesicht mit kleinen Küssen und hauchte ihm zarte Worte ins Ohr.

»Wo willst du denn Valentinstag feiern?«, fragte er.

»Am liebsten an dem Ort, an dem wir uns zum ersten Mal begegnet sind«, schlug sie vor.

»Tatsächlich? Du willst den Abend im Hotel verbringen?«

»Und stell dir vor, ich habe auch genau dasselbe Zimmer wie damals.«

»Dann nichts wie hin«, sagte er und untermalte seine Aussage mit einem unanständigen Blick. Er trug sie zu seinem Auto und brachte sie direkt zum Hotel. Als sie das Zimmer betrat, musste sie grinsen. Auf ihrem Bett lag ein atemberaubend schönes Kleid, das perfekt zu Natascha passte. Daneben lag eine Nachricht von Sara:

Meine liebe Nati!

Ich konnte es kaum erwarten das Kleid fertig zu nähen.

Ich möchte, dass du es heute bei deinem Date

mit dem Mann deiner Träume trägst.

Und ja, natürlich weiß ich,

Mit wem du diesen Abend verbringen wirst.

Ich sage nur: Herz, Kuss, Liebe.

Deine Freundin, Sara

Ihre Freundin war einfach unglaublich. Sie hielt sich das Kleid vor den Körper und sah sich damit in den Spiegel.

»Willst du es für mich anprobieren?«, fragte Sepp, der bereits sein Hemd aufgeknöpft hatte. Natascha zwinkerte ihm zu und schälte sich langsam aus ihrer Kleidung.

»Also, bist du in Wahrheit gar kein Barmann?«, fragte sie ihn, während sie ihren BH öffnete.

Ohne sie aus den Augen zu lassen, griff er nach dem Kleid und zog es ihr langsam über.

»Ich war tatsächlich mal Kellner, lange bevor ich mit dem Schreiben begonnen habe. Doch wenn dir das besser an mir gefällt, dann hänge ich meine Autorenkarriere an den Nagel.«

»Nicht nötig«, erwiderte sie, »mir gefällt deine geheime Identität irgendwie. Sehr sexy.«

»Du aber auch«, sagte er und betrachtete sie ausgiebig in dem zarten Stoff. »Und jetzt werde ich dir dieses hinreißende Kleid wieder herunterreißen!«

Kichernd warf sie sich aufs Bett und schmiegte sich in seine muskulösen Arme. Sein Atem streichelte ihre

Haut und seine Lippen suchten gierig nach ihren. Einen schöneren Valentinstag hätte sie sich nicht vorstellen können.

»Ich liebe dich«, hauchte er ihr zu und zog den Verschluss ihres Kleides auf.

Ihr Herz machte einen Sprung, der Kuss entfachte erneut ein Feuerwerk in ihrem Innersten und genau in diesem Moment wusste sie, dass sie diesen Mann liebte.

ENDE

zweiter Band

Drei kleine Worte

Hochzeit in Freedom Falls

Band 3 – Leonie

Drei kleine Worte

Leonie

1. Warum will er ausgerechnet *sie* heiraten?

Leonie zog die Nase kraus und legte ihre Stirn in Falten. »Kaum zu glauben, dass Fiona unbedingt in Freedom Falls heiraten will.«

»Ich sagte doch, dass es hier traumhaft schöne Plätze für verliebte Paare gibt«, erwiderte Sara, während sie sich mit der Einladung Luft zufächelte.

Natascha pflückte Sara die goldverzierte Einladung aus der Hand und schmökerte darin.

»Also Mädels, die Hochzeit soll ja ein riesen Spektakel werden, da hat sich unsere liebe Freundin Fiona einiges überlegt.«

»Und das Wetter ist auch perfekt. Sonnenschein pur, beinahe wie im Hochsommer. Ted wird wieder einen Sonderbericht dazu machen, müsst ihr wissen«, ergänzte Melody mit geschwelter Brust. Seit sie mit dem Wettermann leiert war, lag ihr das aktuelle Wetter immer sehr am Herzen. Etwas zu sehr, fand Leonie. Jedenfalls war sie davon schon etwas genervt. Vielleicht lag es aber auch daran, dass sie wieder zurück nach Freedom Falls musste. Sie war nicht mehr hier gewesen, seit sie ihren Job und ihre Wohnung verloren hatte. Zum Glück ist Sara in das Städtchen zu ihrem Freund gezogen und Leonie durfte in Saras Stadtwohnung bleiben, bis der

Mietvertrag vor einer Woche nun endgültig ausgelaufen war. Nun saß sie mehr oder weniger auf der Straße. Mehr, weil sie kein eigenes Zuhause mehr besaß; Weniger, weil sie auf Melodys Couch schlafen durfte. Dafür musste sie beinahe täglich Melodys unprofessionelle Wettervorhersagen über sich ergehen lassen. Natürlich freute sie sich für ihre Freundin, dass sie endlich einen so tollen und liebevollen Partner gefunden hatte, aber ständig über ihn und seinen Job zu reden, spannte Leonies Geduldsfaden mittlerweile doch zu sehr. Wenn sie noch eine Geschichte über Ted, den Wetterfrosch, ertragen musste, dann würde der schon viel zu dünne Faden reißen.

»Ja, Mel! Wir wissen es! Dein Freund ist ein bekannter Meteorologe aus dem Fernsehen!«

Melody hielt sofort inne und schenkte Leonie einen erschrockenen Blick.

»Ähm ... bist du wegen irgendetwas angespannt, Leonie?«

Leonie schüttelte sofort entschieden den Kopf.

»Ich und angespannt? Ich bin die Ruhe selbst, das siehst du doch. Es war nur eine lange Fahrt«, versuchte sie, sich herauszureden.

»Liegt es eventuell daran, dass wir alle ein Date zur Hochzeit mitbringen, nur du nicht?«, bohrte Melody nach.

»Wie wäre es denn mit diesem Martin?«, warf Natascha ein, ohne Leonies Antwort abzuwarten.

»Welcher Martin?«, fragte Leonie nichtsahnend.

»Du weißt schon, dieser Hundetrainer und Stallbetreuer, mit dem du aus warst, letztes Mal, als du hier in Freedom Falls warst.«

Leonies Augen drückten sich zu Schlitzen zusammen. »Ich bin nicht auf ein Date angewiesen, ich kann auch sehr gut alleine zu der Hochzeit gehen.«

Melody wollte noch etwas erwidern, doch Sara schnitt ihr das Wort ab.

»Dann kommt, wir bringen euer Gepäck erst einmal ins Hotel«, sagte Sara hastig und schnappte sich einen der vielen Koffer. »Wahnsinn wie viel Zeug ihr mitschleppt. Man könnte glauben, ihr wollt auch alle nach Freedom Falls ziehen.«

»Wir sind doch nicht so verrückt wie du«, scherzte Natascha, die zwei Trolleys hinter sich herzog.

Die vier Freundinnen hatten bis jetzt vor den geschlossenen Türen des Hotels gewartet, doch Sepp, Nataschas Freund, öffnete nun endlich die Pforten. Das Hotel befand sich eigentlich schon in der Sommerpause, doch es wurde extra für Fionas Hochzeit geöffnet.

»Hallo die Damen! Folgen Sie mir unauffällig«, forderte Sepp die Frauen mit einer fordernden Handbewegung auf.

Melody, Natascha, Sara und Leonie kannten Fiona schon seit Ewigkeiten. Leonie war sogar mit Fiona gemeinsam zur Schule gegangen. Melody und Natascha lernten sie dann gemeinsam auf der Uni kennen. Sara stieß als letzte zu dem Gespann, wobei Fiona sich, kurz nachdem sie Sara kennengelernt hatten, abseilte und sich immer weiter von den Freundinnen distanzierte. Leonie glaubte immer noch, dass sie genau wusste, warum Fiona Abstand zu ihnen gesucht hatte. Natürlich weil sie Leonie damals ihren Freund ausgespannt hatte. Fiona hatte in frühen Jahren schon entschieden, dass sie lieber Hausfrau und Mutter werden wollte, und nun stand sie kurz davor diesen Traum endlich zu verwirklichen. Und zwar würde sie in wenigen Tagen ihre Jugendliebe Michael heiraten. Leonies Ex.

Bei diesem Gedanken ballten sich Leonies Hände zu Fäusten. Klar war es ewig her, dass Michael sich von ihr getrennt hatte. Doch wenn sie sich ehrlich war, störte es sie immer noch, dass er sich ausgerechnet für Fiona entschieden hatte. Eigentlich glaubte sie immer, dass er sich etwas Anderes vom Leben erwartete, als eine Familie zu gründen und sein restliches Leben lang einen Kredit für ein Haus in der Vorstadt mit weißem Gartenzaun, abzubezahlen. Doch so wie es aussah, würde Michael genau das in Kürze tun.

»Hier sind eure Zimmerschlüssel«, sagte Sepp und überreichte Natascha, Melody und Leonie je einen altmodischen Eisenschlüssel. Auch Sara drückte er einen in die Hand. Sie hatte sich entschieden spaßhalber im Hotel zu schlafen, um mehr Zeit mit ihren Freundinnen verbringen zu können. »Natürlich alles Doppelzimmer.«

»Außer das von Leonie«, stichelte Natascha und Leonie schenkte ihr sofort ihren düstersten Blick. »Hey, das war doch nur ein Scherz«, sagte Natascha schulterzuckend und rollte ihren Koffer über die Schwelle.

Leonie nahm Sepp ihren Schlüssel ab und machte sich ebenso auf die Suche nach ihrem Zimmer. Natascha und Melody blieben vor den Zimmern stehen, die sie bereits von ihrem letzten Aufenthalt kannten und trafen damit voll ins Schwarze. Klar hatten sie ihre alten Zimmer bekommen, in denen sie aufregende Zeiten mit ihren Freunden verbracht hatten. Leonie musste etwas länger suchen, um ihr Zimmer zu finden.

»Du kannst gern bei mir schlafen, wenn du willst«, hörte Leonie plötzlich Melodys Stimme hinter sich, kurz nachdem sie ihr Zimmer betreten hatte. »Ted wird erst morgen anreisen, er muss noch arbeiten. Bis dahin bin ich alleine hier.«

»Danke für das Angebot«, erwiderte Leonie, »aber ich komme schon zurecht. Wenn ich ehrlich sein soll, freue ich mich sogar darauf etwas für mich zu sein. Seit ich bei dir wohne, habe ich ja kaum noch eine ruhige Minute.«

»Und da ist sie wieder«, bestätigte Melody mit einem freudigen Kopfnicken, »die fiese Leonie, wie sie leibt und lebt.«

Leonie stemmte ihre Hände in die Taille und schüttelte gespielt beleidigt ihre Mähne.

»Ich bin nur ehrlich. Das ist doch die Eigenschaft, die du am meisten an mir schätzt.«

»Ehrlich und fies«, antwortete Melody mit einem Grinsen. »Wir sehen uns dann unten an der Bar?«

»Aber klar doch.«

»Heute sind wir eine reine Mädelsrunde. Also, wenn man Nataschas Freund hinter der Bar nicht mitzählt.«

Leonie wusste ja bereits, dass Ted noch in der Stadt war und von Sara hatte sie erfahren, dass ihr Freund Andreas auch erst morgen beim Probedinner dabei sein würde. Die Sommercamp-Saison hatte bereits begonnen und deshalb war er den Sommer über kaum zuhause. Sara verbrachte viel Zeit alleine in diesem Kaff und versuchte, ihre Zeit möglichst produktiv zu nutzen, indem sie die gemeinsame Blockhütte auf Hochglanz polierte, um den Marktpreis für die alte Hütte in die Höhe zu treiben. Wenn Sara nicht gerade mit putzen und zimmern beschäftigt war, dann suchte sie intensiv nach einem neuen Haus für sie und ihren Freund. Die beiden wollten jetzt so richtig zusammenziehen, in ihr erstes gemeinsames Zuhause, das sie zu zweit einrichten und nach ihren Vorstellungen gestalten konnten. Leonie musste dabei unweigerlich an ein frisch gestrichenes Haus mit weißem Gartenzaun denken, vor dem ein Labradoodlewelpe herumtollte. Und an Sara, die in einem Vintage-Kleid, passend zu den Fünfzigerjahren die Blumenpracht die sie zuvor selbst gepflanzt hatte, mit einer überdimensionalen Gießkanne goss. Pures Familienidyll, extra übertrieben, für alle die zusehen.

Leonie ließ sich auf einen Hocker an der Bar fallen. Sepp, Nataschas neuer Freund reichte ihr die Getränkekarte und wartete geduldig, bis sie sich für einen Cocktail entschieden hatte.

»Heute beginnt die Happy Hour aber reichlich früh, hm?«

Leonie warf ihm einen leicht verächtlichen Blick zu. Es ging ihn doch gar nichts an, wann sie mit dem Trinken begann. »Warte nur ab, bis deine Herzensdame hier ist, dann siehst du was es heißt, möglichst früh betrunken vor der Bar zu liegen«, scherzte Leonie, wobei sie eigentlich genau wusste, dass Natascha kaum noch einen Schluck Alkohol trank, seit sie mit Sepp zusammen war und gemeinsam mit ihm um die halbe Welt reiste. Natascha führte genau das Leben, das sie sich immer gewünscht hatte.

Ihre drei Freundinnen betraten gerade den Raum und kicherten dabei ausgelassen miteinander. Melody, Natascha und Sara ... alle drei hatten es geschafft. Das musste Leonie zugeben. Ihre Freundinnen bauten sich eine reale Zukunft auf und lebten nicht mehr in der Vergangenheit, oder verplemperten ihre Zeit damit, in den Tag hinein zu leben. So wie Leonie es gerade praktizierte. Kein Job, keine eigene Wohnung, kein Liebesleben, kein Geld. Genau das war ihre Devise. Und es sah auch nicht danach aus, als würde sich demnächst etwas an ihrer Situation ändern.

»Hey Mädels, wer hat Lust auf einen Cocktail?«, fragte Leonie mit erhobenem Glas.

Sara winkte gleich ab und auch Natascha schüttelte den Kopf. Nur Melody nickte zuerst eifrig, bis sie die Reaktion von Sara und Natascha mitbekam.

»Nein danke, Leonie. Lieber nicht. Lass und doch eine Runde Kaffee bestellen.«

»Uhhh, wie aufregend. Die volle Koffeindröhnung und das mitten unter Tags. Ihr seid der reinste Wahnsinn.« Wieder schwang unüberhörbar Sarkasmus in Leonies Stimme mit, auf den dieses Mal Sara leicht empört reagierte.

»Also, Leonie ... irgendeine Laus muss dir doch über die Leber gelaufen sein. Du bist zwar immer etwas zynisch, aber heute hast du ein Maß erreicht, das sogar für dich besonders hoch ist.«

»Und deshalb soll etwas nicht stimmen?«

»Leonie, wir kennen uns doch schon ewig«, hakte Natascha sich ein, »klar merken wir, wenn es dir nicht gut geht.«

Es faszinierte Leonie immer wieder aufs Neue, obwohl sie ihre Freundinnen schon so lange kannte. Niemand auf der Welt konnte sie so einfach durchschauen wie diese drei Frauen. Meist wussten sie, dass etwas nicht stimmte, noch lange, bevor Leonie selbst wusste, was gerade mit ihr los war. Genauso war es auch jetzt. Sie betrachtete das Cocktailglas in ihrer Hand und schwenkte den quietschorangenen Inhalt sachte hin und her. Das Schirmchen und die vereinsamte Maraschinokirsche, die in der viel zu bunten Flüssigkeit ertrank, kippten dabei von links nach rechts und untermalten Leonies Gedanken.

»Klar merkt ihr das«, brabbelte Leonie, mehr zu sich selbst, als zu ihren Freundinnen.

»Dann sag schon, was ist denn los mit dir?«, fragte Sara.

»Ich glaube, sie fühlt sich einsam«, ergänzte Melody.

»Ich denke eher, dass es daran liegt, dass sie keine Wohnung mehr hat. Sie muss wahnsinnige Existenzängste haben«, vermutete Natascha.

»Und dann nicht zu vergessen, dass sie noch immer keinen neuen Job gefunden hat«, antwortete Sara.

»Leute! Halloooo?«, schnauzte Leonie und wedelte mit der rechten Hand, »Ihr wisst schon, dass ich genau neben euch sitze? Und jedes Wort genau hören kann?«

Melody schlug eine Hand vor den Mund, Natascha

konnte sich ein Grinsen nicht verkneifen und Sara blickte leicht beschämt zu Boden. Egal wie unterschiedlich die Freundinnen auch waren, in schlechten Zeiten hielten sie stets zusammen und standen sich bei, so gut sie konnten. Auch wenn das bedeutete, sich durch und durch analysieren zu lassen, wenn man gerade diejenige mit dem Problem war.

Leonie kickte mit dem Strohhalm die schmelzenden Eiswürfel durch das bauchige Glas. Der Cocktail, der sie geradeeben noch glücklich gestimmt hatte, nahm einen fahlen Beigeschmack an und sie stellte ihn beiseite.

»Fiona heiratet Michael.« Das war alles, was sie sagte, doch die Freundinnen nickten sofort.

»Es ist unglaublich, aber trotzdem wahr«, antwortete Melody. »So viele Jahre sind sie jetzt schon zusammen, niemand von uns hat damit gerechnet, dass sie tatsächlich noch heiraten werden.«

»Vor allem, weil Fiona doch eigentlich so gar nicht Michaels Typ ist, wenn wir uns ehrlich sind«, warf Natascha flüsternd ein, so als würde sie Gefahr laufen, dass die Wände sie hören und ihre Mutmaßung ungewollt weitersagen konnten.

»Ich meine ... wie oft hat er gesagt, dass er sich von ihr trennen will? Ich finde das aber nur allzu verständlich, weil sich ihr Bruder schon seit Jahren bei den beiden eigenistet hat, wusstet ihr das?«, sprach Natascha weiter, nachdem niemand auf ihre Aussage reagierte.

»Ich habe auch davon gehört, dass sie mit ihrem nichtsnutzigen Bruder in einer WG leben, das kann auf Dauer für eine Beziehung nicht gut sein.«, murmelte Sara.

»Das mag schon sein, aber irgendetwas Tolles muss Fiona doch an sich haben, dass er so lange Zeit bei ihr geblieben ist und sie jetzt sogar heiratet.«

»Ich dachte immer, dass ihr beide füreinander bestimmt seid und Michael eines Tages zu dir zurückkommt, Leonie.«

Saras aufrichtige Worte versetzten Leonies Herz einen kurzen Stich. Jetzt wurde ihr erst bewusst, warum sie tatsächlich so sehr unter dieser Hochzeit litt. Die Beziehung von Fiona und Michael wurde richtig ernst. Bis jetzt waren die Jahre zwar vergangen, jedoch hatte Michael immer den Anschein erweckt, er würde sein Leben nicht mit Fiona verbringen wollen. Und insgeheim hatte Leonie gehofft, dass er tatsächlich eines Tages zu ihr zurückkommen würde. Vielleicht war diese verdrängte Liebe zu Michael sogar der Grund dafür gewesen, warum sie sich nie mit einem anderen Mann auf eine feste Beziehung eingelassen hatte.

Diese Erkenntnis ließ sie doch noch einmal nach ihrem Drink greifen. Sie nahm einen beherzten Schluck und sah ihre Freundinnen feierlich an.

»Ich habe nie mit Michael abgeschlossen. Entweder, ich kicke ihn innerhalb der nächsten Tage komplett aus meinem Leben und bin fähig meine Gefühle für ihn endlich loszulassen, oder«, sie machte eine theatralische Pause, »oder ich erobere ihn zurück.«

2. Hochzeits-crasher auf Probe

»Das ist doch wohl nicht dein Ernst?«, fragte Sara erstaunt. »Du willst ihn zurückerobern? So kurz vor seiner Hochzeit?«

Leonie sah zu Boden und rieb sich nervös das Kinn. »Einerseits habe ich mich nie richtig von Michael gelöst, aber andererseits habe ich auch nichts dafür getan, ihn wieder in meinem Leben zu haben.« Ihr war klar, wie verrückt sich das anhören musste.

»Aber ... also, ich meine ... das ist doch nicht richtig, Leonie.« Sara schluckte. »Aber andererseits total einleuchtend, muss ich zugeben.«

»Sie muss einfach einen Schlussstrich ziehen können.« Melody klopfte mit der Faust auf die Bar, um ihre Aussage zu untermalen. Sepp warf ihr einen mahnenden Blick zu, widmete sich aber gleich wieder dem Reinigen der Gläser. Dann wandte sie sich direkt an Leonie. »Wobei die Tatsache, dass er eine andere Frau heiratet, die so gar nichts mit dir gemeinsam hat, doch schon ein Schlussstrich an sich wäre, oder findest du nicht?«

Leonie grübelte kurz über Melodys Worte nach. »Ich könnte mir vorstellen, dass ich Michael für eine Beziehung mit einer mir ähnlichen Frau, für immer zerstört habe.«

»Eventuell hat er dadurch erkannt, dass er doch lieber mit einer bodenständigen Person wie Fiona zusammen sein will, anstatt mit so einem Wirbelwind wie du einer bist.«

Das war genau das, was Leonie nicht von ihren Freundinnen zu hören bekommen wollte.

»Nur weil ich genau weiß, was ich mir vom Leben erwarte?«

»So genau scheinst du das aber dann doch nicht zu wissen«, warf Sara fiepend und mit erhobenem Zeigenfinger ein. »Immerhin sprichst du davon, eine Hochzeit zu crashen, Leonie.«

»Ich will doch nicht die Hochzeit crashen. Aber vielleicht das Probedinner?«

»Wie genau hast du dir denn diese Rückeroberungsaktion vorgestellt?«, fragte Melody neugierig nach. Diese verrückte Nudel war nach einer kurzen Überredungsphase für beinahe jede Schandtat zu haben und Leonie wusste, dass sie sich auf Melody verlassen konnte.

Ebenso verstand ihre Freundin, was sie nach all der Zeit mit Michael verband. Ihre Beziehung war etwas Besonderes gewesen und war eigentlich nicht dazu bestimmt jemals zu enden. Und wenn dann mit Pauken und Trompeten, genauso wie sie dann im Endeffekt auch geendet hatte. Leonie sowie Michael waren heißblütige Menschen, die einen Anderen bis zur Ekstase lieben konnten, oder ihn mit Haut und Haaren auffraßen. In ihrem Fall hatten sie sich gegenseitig so lange verzehrt, bis nichts mehr von ihrer Liebe übrig blieb. Jedenfalls hatte sie das damals so gesehen, als Michael sich schlussendlich doch relativ abrupt von ihr getrennt hatte. Aber jetzt sah sie die Beziehung -und auch ihr bitteres Ende- mit anderen Augen. Michael gehörte zu ihr, sie waren wie zwei Magneten, die sich bei jedem Sichtkontakt unendlich stark anzogen und die aneinander klebten, bis die Reibung zu intensiv wurde und Schmerzen verursachte.

»Ich habe noch keine Ahnung, Mel. Vielleicht spreche ich ihn einfach auf unsere gemeinsame Zeit an und warte, wie er reagiert.«

»Das klingt aber gar nicht nach einem Plan, den du einer von uns empfehlen würdest«, beschwerte sich Melody.

»Ach so? Und was wäre dann ein Plan, zu dem ich euch raten würde, wenn ihr in meiner Situation wärt?«

Die drei Freundinnen sahen sich mit einem Funkeln in den Augen an und steckten ihre Köpfe zusammen. Nach einer kurzen Flüsterrunde sahen sie Leonie triumphierend an.

»Du musst ihn natürlich herausfordern und das machst du am besten, indem du seine Eifersucht schürst«, platzte es aus Sara heraus.

»Ja, genau. Dann wird er erkennen, dass er noch Gefühle für dich hat«, sprach Natascha weiter.

»Aber natürlich nur, falls da auch noch welche sind«, fügte Melody hinzu, »das ist klarerweise die Voraussetzung. Und wenn er nicht darauf anspringt, dann solltest du die Finger von ihm lassen.«

»Wow, Melody, das ist aber eine klare Ansage.«

Sara stemmte ihre Hände in die Hüften. »Man spannt nicht einfach einer anderen Frau absichtlich den Mann aus. Das geht gar nicht.«

»Das hört sich jetzt so an, als hättest du damit Erfahrung«, scherzte Leonie, doch mit dieser Aussage hatte sie anscheinend einen wunden Punkt getroffen. »Sag bloß, jemand versucht, dir deinen Freund auszuspannen?«

»Ach, ich weiß es nicht so genau. Mit Sicherheit kann ich es nicht sagen, aber ich habe da so einen Verdacht.«

»Erzähl!«, forderte Natascha ihre Freundin Melody auf.

»Vielleicht ist es doch schon Zeit für Cocktails«, warf Sara ein und lachte dabei.

»Die heben wir uns für das Probedinner morgen auf«, sagte Leonie und schenkte ihre volle Aufmerksamkeit nun Melody, die sich lautstark räusperte. Wie sich ihre Freundinnen vorgestellt haben, dass sie Michael eifersüchtig machen sollte, würde sie später erfragen.

»Also,« begann Melody, »ich habe den Verdacht, dass sich eine Kollegin von Ted an ihn heran schmeißt. Jedes Mal wenn er nach Freedom Falls kommt, dann arbeitet er doch mit dieser Rebecca zusammen, ihr wisst schon, wen ich meine.«

»Die hübsche Rothaarige«, warf Sara ein, die sich sofort auf die Lippe biss um ihre Worte herunterzuschlucken. »Aber die ist doch eine Liga zu groß für Ted.«

Melody schenkte Sara einen bösen Blick, durch den Sara um ein ganzes Stück auf ihrem Barhocker zusammenschrumpfte. Schon wieder war Sara ins Fettnäpfchen getreten.

»Jedenfalls«, sprach Melody weiter, ohne konkret auf Saras Kommentar einzugehen, »habe ich den Verdacht, dass sie ihn gerne für sich hätte. Jedes Mal wenn er hier ist, dann tätschelt sie ihm den Arm, lächelt ihn durchgehend an, während sie an einer Haarsträhne zupft, oder starrt ihm minutenlang Löcher in den Hinterkopf, wenn sie glaubt, dass es niemand mitbekommt.«

»Aber du hast es mitbekommen«, bestätigte Leonie.

»Und wie ich das mitbekommen habe. Diese Sirene versucht, ihn mit allen Tricks zu manipulieren.«

»Ich habe dich noch nie so eifersüchtig erlebt«, warf Sara ein.

»Ich hatte auch noch nie einen Grund dazu. Bis jetzt war mir auch noch kein Mann je so wichtig wie Ted. Ich glaube tatsächlich, er ist der Richtige, wisst ihr?«

Leonie ertappte Natascha dabei, wie sie ihrem Freund einen liebevollen Blick zuwarf. Zum Glück stand Sepp so weit abseits von ihrer kleinen Gruppe, dass er nichts von ihrem Gespräch mitbekam. Es war kaum zu glauben, doch all ihre Freundinnen waren glücklich verliebt und befanden sich in einer festen Beziehung. Noch letztes Jahr war jede von ihnen Single gewesen. Doch diese Zeiten waren definitiv vorbei, seit sie zum ersten Mal in Freedom Falls eingetrudelt waren.

Nur Leonie hinkte noch hinterher, was das Führen von reifen Beziehungen betraf.

»Ted würde dich nie betrügen, und schon gar nicht auf so eine Anmache hereinfallen. Er liebt dich doch, Mel«, versuchte Sara, Melody zu beruhigen.

»Ja, das ist wohl wahr«, sagte Melody mit einem Honigkuchenlächeln im Gesicht.

Leonie reichte es jetzt schön langsam und sie beschloss, das Thema zu wechseln.

»Und wie habt ihr euch vorgestellt, dass ich Michael eifersüchtig machen soll?«

Ihre Freundinnen sahen sie vorwurfsvoll an. Klar hatte sie das Thema »wahre Liebe« und »glücklich bis an ihr Lebensende« einfach unterbrochen, aber wenn sich ihre Mädels dasselbe für sie wünschten, dann mussten sie auch mit ihren nervigen Einwürfen und ihrem leicht feindseligem Herumgezicke zurechtkommen.

Erneut sahen sich die Freundinnen triumphierend an.

»Du wirst zum Dinner mit einem anderen Mann auftauchen«, platzte es aus Natascha heraus.

»Und an welchen Mann habt ihr da gedacht? Die wachsen nicht einfach so auf Bäumen, habe ich mir sagen lassen. Man kann sie auch nicht auf Abruf mieten, also jedenfalls mit Sicherheit nicht hier in diesem Kaff. Und eine von euch wird mir ihren Freund wohl auch nicht ausleihen wollen.«

Natascha und Sara tuschelten hinter vorgehaltenen Händen.

»Jetzt sagt schon«, verlangte Leonie.

»Wir hätten da schon jemanden im Auge«, sagte Melody, »aber du wirst darüber nicht gerade besonders glücklich sein.«

»Sagt jetzt bitte nicht ...«

»Wir werden Martin fragen, ob er dich begleitet«, plapperte Sara dazwischen.

»Martin? Diesen Pferdejungen? Ernsthaft? Seid ihr denn verrückt?«

Im Winter war sie einmal mit Martin aus gewesen, aber nur weil sie ihren Freundinnen beweisen wollte, dass sie nicht so oberflächlich sei, wie sie alle dachten. Und auch, dass Leonie ihre Vorurteile ablegen kann und es schaffen würde, über ihren eigenen Schatten zu springen. Doch das Date mit Martin war eine richtige Katastrophe gewesen. Er roch nach Stall und hatte es nicht einmal für nötig gehalten, sich für ihre Verabredung umzuziehen oder gar frisch zu rasieren. Der Geruch der Hunde und der Pferde, die er betreute, hafteten an ihm, genauso wie seine rüpelige Art sich nicht abstreiten oder schönreden ließ. Sie hatte sich tatsächlich nur mit ihm abgegeben, weil sie ihren Freundinnen etwas beweisen wollte. Und jetzt sollte sie sich wieder mit ihm verabreden? Und sich mit ihm nicht nur in der Öffentlichkeit sehen lassen, sondern auf einer Hochzeit, wo sie alle kannten?

Sie konnte sich nicht vorstellen, dass ein smarter und erfolgreicher Mann wie Michael eifersüchtig werden würde, wenn er sie in den Armen eines Landstreichers und Bauerntölpels sehen würde. Auslachen würde er sie. Sich fragen, ob sie ihren Verstand verloren hatte. Das war eher die Reaktion die sie sich von Michael erwartete, wenn sie mit diesem Martin beim Dinner antanzen würde.

»Also Mädels ... ich weiß nicht, ob das so eine gute Idee ist«, versuchte Leonie ihren Freundinnen diese Idee wieder auszureden.

»Zu spät«, trällerte Natascha und spitzte dabei genüsslich die Lippen. »Martin ist ein guter Freund von meinem Sepp und er hat schon vor Tagen mit ihm gesprochen. Und jetzt kommt das Beste! Martin ist tatsächlich nicht abgeneigt, dir diesen Gefallen zu tun!«

Leonie versuchte, ein Lächeln aufzusetzen, doch ihr Gesicht verzog sich nur zu einer fragenden Grimasse.

»Das ist ja großartig«, erwiderte Leonie, »doch ich lehne dieses total entzückende Angebot dankend ab. Kannst du deinem Freund sagen, dass er das Martin bitte ausrichten soll?«

»Das wäre ja total unhöflich«, mischte sich Sara ein.

»Unhöflich?«, erwiderte Leonie in gespielt geschocktem Ton. »Ihr habt ihn einfach gefragt, ohne das mit mir abzusprechen. *Das* nenne ich unhöflich. Also kann ich die Verabredung auch komplett ohne schlechtes Gewissen ausschlagen.«

»Und mit wem willst du dann zum Dinner gehen?«, warf Melody ein.

Damit hatte ihre Freundin natürlich auch wieder recht. Aber war es wirklich besser, mit einem unrasierten Bauerntölpel aufzutauchen, als alleine zu der Feier zu gehen?

»Michael wird sich sicher wundern, mit was für einem schrägen Typen ich auftauche.«

»Aber das ist doch gut. So bekommst du auf jeden Fall seine Aufmerksamkeit. Jede Art von Aufmerksamkeit hat ihre gute Seite.«

»Ach, meinst du wirklich, Mel?«

»Klar doch. Überlege doch mal, wie unfreundlich und gemein ich mich Ted gegenüber verhalten habe als wir uns kennengelernt haben. Und jetzt liebt er mich mehr als alles andere auf der Welt.« Melody konnte ihr strahlendes Lächeln nicht unterdrücken.

Leonie trommelte mit den Fingern auf den Tisch. Jetzt war es an der Zeit eine Entscheidung zu treffen.

»Okay. Ihr habt mich überredet. Ich werde mit Martin zu der Feier gehen. Aber wenn er mich auch nur einmal kurz antatscht, dann hacke ich diesem Stalljungen die Finger ab, alles klar?«

Natascha klatschte freudig in die Hände. »Das ist super, Leonie! Du wirst es nicht bereuen!« Wir haben für Martin einen pipifeinen Anzug besorgt und ihm auch beigebracht wie man mit Messer und Gabel isst.«

»Jetzt veralberst du mich aber.«

»Natürlich«, gab Natascha augenzwinkernd zurück. »Aber das mit dem Anzug stimmt. Sepp hat ihm einen seiner Anzüge geliehen, die er normalerweise bei seinem anderen Job trägt. Wirklich ein edles Teil.«

»Und habt ihr ihm auch gesagt, dass er sich gefälligst rasieren soll? Ein Frisörbesuch würde ihm vorher sicher auch nicht schaden.«

»Jetzt sei doch nicht immer so schnippisch, Leonie. Sei doch froh, dass dieser nette Kerl dir helfen will.«

Ja, warum wollte er ihr eigentlich helfen? Er tat das doch bestimmt nicht umsonst.

»Am besten, du setzt dich vor dem Dinner noch mit Martin zusammen und ihr gleicht eure Geschichten ab. Es gibt sicher nichts Peinlicheres, als wenn ihr nicht dieselbe Story über euer erstes Date oder den ersten Kuss erzählt.«

Bei dem Gedanken daran, Martin zu küssen, überfiel Leonie purer Ekel und sie verzog den Mund. Hastig stürzte sie den restlichen Cocktail hinunter. Leicht beschwipst wandte sie sich an ihre wartenden Freundinnen, die sie aufgeregt ansahen.

Leonie klatschte in die Hände und salutierte vor ihren Freundinnen. Mit einem Augenzwinkern sagte sie: »Ey, ey, Captain! Dann kann es ja morgen losgehen!«

3. Martins Plan

Mit einem Gähnen auf den Lippen streckte Leonie ihre Hand unter der Decke hervor und tastete mit geschlossenen Augen auf dem Nachttisch umher. Sie grapschte im Halbschlaf nach ihrem Handy. Nach wiederholtem Blinzeln setzte sie sich empört auf. Der Wecker hatte sie im Stich gelassen und sie hätte beinahe den ganzen Vormittag verschlafen. Es war wirklich kein Verlass auf diese hypermodernen Dinger, von denen die Menschen ihr Leben abhängig machten. Wenn Leonie noch Platz in ihrem Koffer gehabt hätte, dann hätte sie ihren alten analogen Wecker mitgenommen, bei dessen lautem *Ticktack* sie herrlich einschlafen konnte und der sie jeden Morgen verlässlich weckte. Verärgert erhob sie sich aus dem viel zu weichen Bett und stapfte ins Badezimmer. Währenddessen kontrollierte sie ihre E-Mails und Nachrichten. Ihr Finger wischte routiniert über die Smartphoneoberfläche und hielt plötzlich inne, als sie eine Nachricht von Martin entdeckte.

»Heute um Elf Uhr im Stall«, hatte er geschrieben. Das war alles. Sehr puristisch, fand Leonie. Aber ja, das passte wunderbar zu diesem nichtsnutzigen Hinterweltler. Er besaß keine Manieren, also warum sollte er etwas davon verstehen, wie man sich mit einer Frau verabredete.

Leonie schüttelte genervt den Kopf, in Gedanken bei ihren Freundinnen, die ihr diese Verabredung eingebrockt hatten, und klatschte eine Ladung Zahnpasta auf ihre Zahnbürste. Kurz überlegte sie, ob sie vor dem Treffen unter die Dusche hüpfen sollte, doch das konnte sie sich ohne schlechtes Gewissen sparen. Mit Sicherheit roch es im Stall so intensiv nach Pferd, dass sie sich danach sowieso nochmals unter die Dusche stellen musste. Oder besser gesagt, dass sie das Bedürfnis verspürte, sich eine Stunde in einem Schaumbad einzuweichen. Leonie trocknete sich das Gesicht, steckte sich die Haare ohne einen weiteren Blick in den Spiegel zu einem Dutt hoch und stakste zurück in ihr Zimmer. Sie fischte das erstbeste Paar Hosen aus dem Schrank und kombinierte es mit einem weiten Baumwollshirt. So würde sie im Stall unter den ganzen Bauern nicht besonders auffallen.

Die Uhr verriet ihr, dass es bereits zehn vor Elf war und sie sich auf den Weg machen sollte, um nicht zu spät zu kommen. Sie wollte Martin ungern Munition für Beleidigungen liefern, und unpünktlich zu ihrem Treffen zu erscheinen würde er bestimmt sofort gegen sie verwenden.

Leonie schlüpfte in ihre Sportschuhe und joggte hinüber zum Stall. Die Sonne brannte vom Himmel und etliche Haarsträhnen klebten auf ihrer Stirn, als sie ankam.

Mit suchendem Blick betrat sie den Stall. Sie unterdrückte das Bedürfnis, sich die Nase zuzuhalten, und atmete stattdessen durch den Mund. Langsam schritt sie in den Gang und drückte sich vorsichtig an den Pferdeboxen vorbei. Alle Pferde standen in ihren Boxen und schenkten ihr aufmerksame Blicke. Eine Box stand offen und Leonie lugte unsicher hinein. Martin stand darin und striegelte gerade den Rücken eines pechschwarzen Pferdes. Immer wieder führte er seinen Arm im selben Rhythmus über den mächtigen Pferdekörper. Seine Bewegungen wirkten so einfühlsam, als würde er genau erahnen, was das Vollblut gerade brauchte.

Das Tier blähte die Nüstern, als es Leonie bemerkte. Martin sah sich erschrocken um, lächelte aber sofort, als er sie entdeckte.

»Sorry, ich habe die Zeit vergessen«, sagte er, ohne ein weiteres Wort der Begrüßung.

»Kein Problem«, stammelte Leonie, die sich von Sekunde zu Sekunde unbehaglicher fühlte.

Martins Lächeln verwandelte sich schlagartig in ein Grinsen. »Du hast Angst vor Pferden, kann das sein?«

Leonie wich einen Schritt zurück, sodass sie sich in sicherem Abstand zu den Hufen des Pferdes befand. »Meine besten Freunde sind sie nicht gerade.«

»Das könnten sie aber noch werden, wenn du offen dafür bist.«

Leonie kniff die Augen zusammen. »Das glaube ich weniger.«

Martin hielt ihr auffordernd den Striegel entgegen. »Komm, ich zeige dir, wie es geht.«

Zuerst sträubte sie sich, doch diese Blöße wollte sie sich vor dem Stalljungen nicht geben. Leonie nahm die Bürste mit etwas Widerwillen entgegen, packte jedoch fest zu, als er ihr den Striegel zwischen die Finger legte. Martin zog sie zu sich und schob sie sanft zwischen ihn und das -zum Glück- tiefenentspannte Tier. Dann legte er seine Hand auf ihre und führte sie langsam über den schwarzen Pferderücken. »Außerdem wäre das doch gleich eine tolle Geschichte, wie wir uns zum ersten Mal geküsst haben.«

»Wie bitte?«, fragte Leonie verwirrt, die sich gerade voll und ganz auf das viel zu große Lebewesen vor ihr konzentrierte.

»Wir können heute beim Probedinner erzählen, dass ich dir die Angst vor Pferden genommen habe. Dabei sind wir uns nähergekommen.« Als er das sagte, berührte er beinahe unmerklich ihren Handrücken. »Und so haben wir uns ineinander verliebt.«

Es war seltsam, diese akribisch ausgearbeitete Geschichte aus Martins Mund zu hören.

Seine rechte Hand wanderte um ihre Taille. Leonie hielt den Atem an. Aus irgendeinem unerklärlichen Grund fand sie diese Situation gerade extrem aufregend. Ihr Herz schlug schneller, als Martin ihr sanft in den Nacken hauchte. »Ich habe dich an mich gezogen und du konntest meine Körperwärme spüren.«

Die Hitze des beginnenden Sommers tat ihr übriges, um Leonies Wangen gänzlich zum Glühen zu bringen.

»Dann bin ich dir durch dein Haar gefahren.« In diesem Moment packte er sie fest und drehte sie mit einer dominanten Bewegung zu sich herum. Mit dem Zeigefinger wischte er die feinen Haarsträhnen aus ihrem Gesicht und sah ihr direkt in die Augen.

»Und dann haben wir uns geküsst.«

Leonie hielt erneut den Atem an, bereit um das zu tun, wovon Martin gerade erzählt hatte. Doch plötzlich ließ er sie los und wandte sich dem Pferd zu. »Das ist doch eine gute Geschichte, oder?«

»Ähm...« Leonie wusste nicht so recht, wie ihr geschah. Doch sie fand ihre Fassung schnell wieder. »Ja, klingt gut. Das könnten sie uns tatsächlich abkaufen.«

»Perfekt«, antwortete Martin, noch immer mit dem Rücken zu ihr gewandt. Er machte keinerlei Anstalten sich erneut nach ihr umzusehen.

»Okay... dann ... sehen wir uns später beim Dinner?«

»Ich hole dich von deinem Zimmer ab. Es wird sonst noch seltsam aussehen, wenn wir getrennt dort auftauchen.«

»Das klingt einleuchtend«, antwortete Leonie Martins Rücken, »dann sehen wir uns demnächst vor meinem Hotelzimmer.«

Martin nickte nur kurz und striegelte weiterhin das Pferd. Leonie blieb noch für einen Moment stehen, kam sich dann aber dämlich vor, als Martin nicht weiter auf ihre Anwesenheit reagierte.

Sie wandte sich um und schlich erneut an den Pferdeboxen vorbei. Seltsamerweise hatte sie völlig vergessen, durch den Mund zu atmen, und erst jetzt fiel ihr auf, dass sie die volle Ladung Pferdemief abbekam. Eilig kniff sie sich mit den Fingern in die Nase und lief mit angehaltenem Atem aus dem Stall. Draußen angekommen sog sie die warme Luft gierig ein.

»Leonie?«, fragte eine unverkennbare Stimme hinter ihr. Erschrocken wischte sie sich über das Gesicht und versuchte ihre Haare zu richten, bevor sie sich umwandte. Michael stand jetzt direkt vor ihr und sah sie fragend an.

»Hallo Michael.«

»Du bist tatsächlich gekommen?« Michaels Ton machte Leonie ein wenig nervös.

»Aber natürlich, ihr habt mich doch eingeladen.«

Er zuckte mit den Schultern. »Fiona hat dich eher höflichkeitshalber eingeladen, sie dachte nicht, dass du die Frechheit besitzt tatsächlich hier aufzukreuzen.« Michael hob bei Hände. »Fionas Worte«, dann lächelte er, »Ich für meinen Teil freue mich, dass du hier bist.«

Leonie lächelte zurück und fuhr sich durch ihr unfrisiertes Haar. Was hatte sie sich nur dabei gedacht, so ungestylt auf die Straße zu gehen? Sie hätte doch eigentlich damit rechnen können auf Michael zu treffen. Immerhin wohnte er sogar im selben Hotel! Innerlich rügte sich Leonie für ihre Naivität. Sie hätte heute Morgen beim Anziehen nicht nur an den Stalljungen denken sollen, für den sie nicht zu viel Mühe hatte aufwenden wollen.

»Bist du auf dem Weg zurück zum Hotel?«, fragte Michael, nachdem sie nicht antwortete.

»Ja, ich wollte gerade zurückgehen, mich für das Dinner fertig machen.«

»Was wolltest du denn hier?«, fragte Michael, während sie nebeneinander her schlenderten.

»Ach...« Jetzt sollte sie eventuell anmerken, dass sie sich hier mit dem Stallburschen getroffen hatte, doch das fiel ihr wirklich enorm schwer. Sie biss sich auf die Lippe. Michael sah sie fragend an, er wartete immer noch auf eine Antwort.

»Eigentlich gar nichts. Ich wollte mir nur einmal die

Pferde ansehen, weißt du?«

»Wenn ich mich recht erinnere, dann magst du Pferde nicht besonders.«

»Meinem Freund gehört dieser Stall«, platzte es aus ihr heraus. Wie sie sich so spontan eine so fette Lüge ausdenken konnte, war ihr schleierhaft. Sie war zwar eine taffe Frau, sehr schlagfertig und redegewandt, aber Lügen zählte normalerweise nicht zu ihrem Repertoire. Ganz im Gegenteil. Eigentlich war Leonie sogar für ihre viel zu ehrliche und direkte Ader bekannt.

»Oh wow, da hast du dir aber einen besonders interessanten Mann geangelt, würde ich behaupten. Geschäftsmann und Pferdenarr. Das klingt nach einer spannenden Kombination.«

»Ja, so ist es auch. Martin ist ein sehr leidenschaftlicher Mann und macht deshalb nur Dinge, die er tatsächlich liebt und wirklich will.«

»Klingt so, als würde er ausgezeichnet zu dir passen.«

Leonie kniff die Augen zusammen. Diese Worte aus Michaels Mund zu hören, versetzte ihr einen Stich ins Herz. Eigentlich war es doch Michael, der ausgezeichnet zu ihr passte. Erkannte er das denn nicht?

»Das klingt nicht nur so, das ist so«, antwortete Leonie schnippisch.

»Ich nehme an, dann werde ich ihn heute beim Dinner kennenlernen?«

»Natürlich. Er freut sich schon sehr darauf.«

»Wunderbar. Dann kann ich mit ihm über einige Projekte reden, die für ihn interessant sein könnten. Ich bin immer auf der Suche nach potenziellen Investoren«

Natürlich wusste sie das. Michael hatte in ihrer gemeinsamen Zeit auf der Uni ebenso wie sie BWL studiert und war nach seinem Abschluss direkt ins Haifischbecken der Stockbroker gesprungen. Michael legte innerhalb kürzester Zeit eine rasante Karriere hin. Das hatte sie immer an ihm bewundert. Sein Verständnis für den Aktienhandel war unglaublich ausgeprägt und bald begann er damit seine Fühler in neue Gefilde auszustrecken. Er handelte mittlerweile mit allem Möglichen, das Wert besaß, und verdiente damit formidable Summen. Vielleicht hätte sie sich besser eine andere Lüge über Martin ausdenken sollen. Doch dafür war es jetzt zu spät.

»Ich kann dir nicht versprechen, ob Martin sich für weitere Investitionen erwärmen lässt, aber er wird sich bestimmt gerne mit dir darüber unterhalten.«

Was war bloß los mit ihr? Warum log sie denn immer weiter? Martin würde so einem Gespräch doch nie standhalten können. Er war doch nur ein einfacher Angestellter, der nicht einmal besonders gut verdiente. Er musste sich sogar einen Anzug von einem Freund leihen, weil er keinen eigenen besaß. Dieses Essen würde mit Sicherheit eine Katastrophe werden. So konnte sie Michael auf keinen Fall eifersüchtig machen.

»Ich muss zugeben, ich bin beinahe eifersüchtig auf deinen neuen Freund.«

»Wie bitte?« Michael hatte sie mit diesem Geständnis aus ihren verworrenen Gedanken gerissen.

»Er scheint alles zu haben, was ein Mann zum glücklich sein braucht. Einen Beruf, den er aus Leidenschaft macht und mit dem er genügend Geld verdient. Und die bezauberndste Frau, die man sich wünschen kann, steht dabei an seiner Seite und unterstützt ihn.«

»Aber das hast du doch auch alles, oder etwa nicht?«

Genau in diesem Moment erreichten sie das Hotel und Michael winkte seine Antwort ab. »Das Leben entwickelt sich nicht immer so, wie man es sich vorstellt, Leonie. Wir sehen uns beim Dinner.« Dann schlüpfte er durch die Eingangstür und ließ eine verdattert dreinblickende Leonie zurück.

4. Der Katzentisch

Melody, Natascha und Sara hielten Kriegsrat in der Hotelbar, als Leonie um die Ecke bog.

»Und was ist, wenn Martin es doch nicht schafft?«, hörte sie Natascha gerade noch sagen, die aber sofort innehielt, als sie Leonie bemerkte.

»Was soll Martin nicht schaffen?«, fragte Leonie neugierig.

»Nichts, nichts«, konterte Natascha und rührte mit einem Löffel in ihrem Kaffee. »Wir spielen nur alle möglichen Szenarien durch wie dieses Essen heute enden könnte.«

»Wie war es denn mit Martin?«, warf Sara schnell ein, bevor Leonie etwas erwidern konnte.

»Er hat fürchterlich gestunken. So viel kann ich euch schon mal verraten.« Leonie kaute auf ihrer Unterlippe. Sie überlegte, ob sie ihren Freundinnen davon erzählen sollte, dass sie Michael eben begegnet war, entschied sich dann aber dagegen. Sie würden nur akribisch wissen wollen, was er ganz genau gesagt hat und welche Betonung er dabei auf die einzelnen Wörter gelegt hat. Jeden Gesprächsfetzen in seine Einzelteile zerlegen zu lassen, darauf hatte sie gerade wirklich keine Lust. Vor allem weil sie selbst noch nicht genau wusste, wie sie Michaels Aussage bewertete.

Sie dachte nochmals über seine Worte nach. War Michael denn tatsächlich der Meinung, dass sein Leben anders verlaufen ist, als er es gerne gehabt hätte? Sie konnte sich das kaum vorstellen, denn Michael führte doch ein verhältnismäßig gutes Leben. Zwar ganz ohne Leonie, doch er schien alles zu haben, was er je gewollt hatte. Und Fiona war die Art von Frau, die Michael sich doch schon immer gewünscht hatte. Jedenfalls waren das damals seine Anforderungen an Leonie gewesen vermutete Leonie, die sie jedoch nicht bereit war zu erfüllen. Sie sah sich einfach nicht als Hausfrau und Mutter, die ihren Mann bekocht, das Geld ihres Mannes ausgibt und den ganzen langen Tag darauf wartet, bis er endlich von der Arbeit nachhause kommt, nur damit sie ihn danach fragen kann, wie sein Tag war. Seine Vorstellung von der perfekten Frau war damals so mittelalterlich gewesen, doch anscheinend hatte sich seine Ansicht geändert. Eventuell sogar rechtzeitig, bevor er einen riesigen Fehler beging und die falsche Person heiratete.

»Mädels, wir müssen uns dringend fertig machen! Schaut doch mal auf die Uhr.«

Melody hatte völlig recht. Die Zeit lief erbarmungslos weiter, während Leonie mit ihrem Gedankenkarussel eine Extrarunde im Kreis fuhr.

»Dann nichts wie los«, stimmte Natascha zu und hopste von ihrem Stuhl. Sara und Melody folgten Natascha nach oben und auch Leonie setzte sich langsam in Bewegung, immer noch an Michaels Worten knabbernd.

In ihrem Zimmer angekommen sprang sie unter die Dusche und erwischte sich dabei, wie ihre Gedanken kurz zu Martin abdrifteten. Sie hoffte inständig, dass er halbwegs gepflegt zu dem Dinner erschien. Denn er diente ihr heute als Aushängeschild für die Frau, die Michael für immer aufgab, wenn er Fiona am nächsten Tag heiratete. Martin sollte ihr dabei helfen, Michael von diesem riesigen Fehler abzuhalten und sie nicht zu einer ungewollten Witzfigur machen. Was aber durchaus geschehen konnte, falls Martin den ruppigen Bauern heraushängen ließ. Vielleicht war es doch eine ganz miese Idee gewesen, gerade ihn um Hilfe zu bitten. Was hatten sich ihre Freundinnen denn bloß dabei gedacht? Er würde sie mit Sicherheit lächerlich machen. Aber für einen Rückzieher war es nun zu spät. Leonie trug Kajal und Wimperntusche auf und schlüpfte in ihr überteuertes Kleid, das sie extra für diesen Anlass gekauft hatte. Momentan schwamm sie nicht gerade in Geld und war gezwungen gewesen, die nötigen Kleider, die sie für die Hochzeit brauchte, auf Kredit zu kaufen. Zum Glück war ihre Kreditkarte noch nicht gesperrt. Es wäre undenkbar gewesen in irgendwelchen alten Fummeln zu der Hochzeit zu erscheinen. Sie wollte auf jeden Fall den bestmöglichen Eindruck auf Michael machen. Wenn er zu feige war um sich für sie zu entscheiden, dann sollte er zumindest genau sehen dürfen, was ihm entging. Und heute war das Leonies durchtrainierter Körper in einem hautengen, smaragdgrünen Kleid mit Herzausschnitt, der ihr Dekolleté hervorragend in Szene setzte.

»Oh, wow«, hörte sie Martins Stimme hinter sich, der soeben in ihr Zimmer gestolpert kam. »Du siehst ... atemberaubend aus.«

Leonie warf einen letzten Kontrollblick in den Spiegel und wandte sich zu ihrem falschen Date um. Der Saum des Kleides hob sich sanft bei jeder Bewegung und legte ihre Fessel frei, die sie in weiße Sandaletten geschnürt hatte. Martin trug wie versprochen einen von Sepps Anzügen, der ihm jedoch leider nicht genau passte. Martin war ein schönes Stück größer als Sepp, weshalb der Anzug aussah, als wäre er beim Waschen eingelaufen.

Leonie schlug die Hände vors Gesicht. »Das kann ich von dir leider nicht behaupten. Du siehst aus, als wärst du in einem Geschäft für Zwerge einkaufen gewesen.«

»Ach, meinst du wegen des Anzugs?« Martin hob die Arme und streckte sie nach vorne durch. Die Ärmel wanderten dabei schlagartig weiter nach hinten und legten seine Unterarme frei.

»So kannst du unmöglich zu dem Dinner gehen«, äußerte Leonie schockiert.

»Warte, ich habe eine Idee.« Martin zog sich kurzerhand das Jackett aus, krempelte sich die Ärmel seines schneeweißen Hemdes hoch und klopfte sich auf die Brust, die von einer grauen Anzugweste bedeckt war. »Ich dachte mir schon, dass der Anzug nicht so gut passen würde, deshalb habe ich etwas improvisiert. Die Weste ist zwar schon etwas älter, aber ich habe sie nur ein einziges Mal getragen, also ist sie so gut wie neu. Und die passende Hose hätte ich auch dazu, wenn das für dich okay ist.«

»Martin, du bist ein Schatz!«, entfuhr es Leonie mit Begeisterung. »Wenn ich nicht Angst davor hätte, dass ich mich an dir schmutzig machen könnte, würde ich dich umarmen.«

»Hey! Du bist aber frech. Unglaublich, dass ich dir tatsächlich helfe. Und das auch noch unentgeltlich.«

»Du bekommst ein Gratisessen, ist das denn nichts?«, spöttelte sie weiter.

»Wehe das Essen schmeckt nicht, ansonsten schuldest du mir noch eines, verstanden?«

»Aber klar doch, versprochen«, sagte sie und stolzierte an Martin vorbei auf den Gang hinaus. Innerlich lächelte sie, während sie das Hotel auf den Weg zu der großen Terrasse hinter der Empfangshalle durchquerten. Es war kaum zu glauben, aber dieser Bauerntölpel sah tatsächlich vorzeigbar aus. Sein markantes Gesicht kam in diesem Licht besonders gut zur Geltung, normalerweise sah sie ihn immer nur im düsteren Stall. Er hatte sich sogar rasiert, bemerkte sie. Der Geruch eines hochwertigen Aftershaves stieg ihr in die Nase, als sie sich bei ihm unterhakte. Gleich würden sie die Terrasse, auf der das heutige Dinner stattfand betreten. Da musste es doch so aussehen, als wären sie tatsächlich ein Paar. Aus diesem Grund blieb ihr der Körperkontakt zu ihm leider nicht erspart. Doch während sie sich an ihn schmiegte, fühlte sie sich sogar beinahe wohl. Martins Muskeln spannten sich unter seinem blitzblanken Hemd. Man merkte, dass er im Stall körperlich schwer schuftete. Leonie verdankte ihre sportliche Figur lediglich dem Fitnesscenter, dessen Vertrag sie aufgrund ihrer Arbeitslosigkeit vor einem Monat auflösen musste. Ab sofort war sie dazu gezwungen, im Freien bei Wind und Wetter Laufen zu gehen und sich ohne hochwertige

Fitnessgeräte in Form zu halten. Martin hingegen hatte all das gar nicht nötig. Genau diese Haltung strahlte er auch aus. Er wirkte so selbstbewusst und als würde ihn die Meinung aller anderen Menschen auf der Welt überhaupt nicht interessieren. Leonie wusste nur noch nicht, ob diese Ausstrahlung für ihren Plan gut oder schlecht geeignet war.

Martin sondierte die anderen Gäste mit amüsiertem Blick und zwinkerte Leonie verschmitzt zu. »Und welcher dieser Prachtexemplare von hochnäsigen Wallstreet-Typen ist der, den du zurückerobern willst?«

Leonie deutete mit ihrem Kinn in Richtung Tafel. »Der Bräutigam«, murmelte sie.

»Nicht dein Ernst, oder?«

»Ich dachte, du wüsstest das.«

»Höre ich gerade zum ersten Mal.«

»Ändert das jetzt etwas daran, dass du mir helfen willst?«

»Nein, daran ändert es nichts. Aber an meiner Meinung die ich über dich habe.«

»Und zwar?«, murmelte Leonie weiter, während sie sich stetig durch die Gästemassen bewegten.

»Und zwar denke ich jetzt, dass du noch verrückter bist, als ich ursprünglich angenommen habe.«

Leonie schenkte ihm einen erzürnten Blick, doch Martin lächelte sie nur verwegen an.

»Ich bin nicht verrückt.«

»Bist du dir da ganz sicher?«

Sie legte den Kopf schief und beobachtete Michael

und Fiona. Sie hielten Händchen, während sie Melody und Ted begrüßten. Michael drückte Fiona einen kleinen Kuss auf die Wange.

»Okay, vielleicht bin ich doch nicht zu Hundert Prozent dicht.«

»Na, siehst du. Das war doch jetzt gar nicht so schwer. Selbsterkenntnis ist der erste Schritt zur Besserung.«

Anstatt Martin auf seine freche Meldung eine passende Retourkutsche zu geben, wandte sie sich von ihm ab und suchte nach ihren Freundinnen. Natascha und Sepp entdeckte sie an der Bar, beide waren mit einem riesigen Glas Sekt bewaffnet, stießen damit an und schienen sich über irgendetwas extrem zu freuen. Sara und Andreas, die beide nur ein Glas Orangensaft in der Hand hielten, standen nicht unweit entfernt und unterhielten sich mit einer jungen rothaarigen Frau, bei der es sich um Rebecca George, die bekannteste Fernsehmoderatorin von Freedom Falls, handelte. Man merkte, dass Sara sich in der winzigen Stadt gut eingelebt hatte. Sogar kleine Berühmtheiten zählte sie jetzt schon zu ihrem neuen Freundeskreis. Es war ein seltsames Gefühl all ihre Freundinnen zu beobachten. Irgendwie waren sie alle im Leben vorangekommen, hatten sich weiterentwickelt und einen neuen Lebensabschnitt begonnen. Nur Leonie hinkte drastisch hinterher. Sie fühlte sich sogar in ihrem Lebensplan zurückgestuft, denn ohne Arbeit und ohne eigenes Heim war sie nicht gerade ein Vorzeigebeispiel für jemanden, der mitten im Leben stand. Einstweilen waren sie jetzt doch alle schon in einem Alter, in dem es hieß, man wäre erwachsen. Sie kratzte sich auffällig lang an der Nase und warf Martin einen genervten Blick zu.

»Ich hole uns mal etwas zu trinken, als kleine Entschuldigung für meinen Seitenhieb«, reagierte Martin auf ihren Blick.

»Wird gut sein, wenn du das tust. Eine nette Geste ist zumindest ein Anfang«, erwiderte Leonie mit erhobenem Zeigefinger. »Ich suche einstweilen unsere Plätze.«

Martin nickte und machte sich auf den Weg zur Bar. Leonie setzte sich auch gleich in Bewegung und schritt die übermäßig verzierte Tafel ab. Auf den Tischen häuften sich riesige Blumenbuketts, die die Terrasse in ein duftendes Blütenmeer verwandelten. Vor jedem Stuhl stand ein kleines Namenskärtchen, das farblich passend zu den gelben Nelken und weißen Rosen gestaltet worden war. Fiona hatte mit Sicherheit alles selbst geplant und keinen professionellen Hochzeitsplaner auch nur in die Nähe ihrer Vorstellungen gelassen. Diese Frau war einfach faszinierend was das Planen und Organisieren betraf. Sie konnte ohne Probleme jede Party innerhalb kürzester Zeit durchkonstruieren und ihre Ideen spielerisch in die Tat umsetzen. Fiona hätte sich mit ihrem Talent und ihrer hervorragenden Ausbildung mit Sicherheit selbständig machen können und ihr Geschäft würde verdammt gut laufen. Doch sie hatte sich für eine altmodische Form der Ehe entschieden, weil da nun mal ihre Prioritäten lagen. Schon seit Jahren widmete sie ihr Leben einzig der Beziehung zu Michael, so als würde es gar keine anderen Dinge in ihrem Leben geben.

Leonie bewegte sich in Zeitlupe an den Kärtchen vorbei. Ihren Namen hatte sie bis jetzt aber noch nicht entdeckt.

»Suchst du deinen Platz?«, riss sie eine vertraute Stimme aus ihrer vertieften Suche.

Michael stand neben ihr und legte ihr eine Hand auf die unbedeckte Schulter. Innerlich durchzog sie ein sanftes Kribbeln und sie war heilfroh, dass sie sich für ein schulterfreies Kleid entschieden hatte.

»Weißt du zufällig, wo mich Fiona hingesetzt hat?«

»Du sitzt an dem Tisch dort drüben.« Michael deutete mit der anderen Hand nach vorne zum Eingang. »Es ist der kleine Tisch neben dem Klo.«

»Wie bitte?«, entfuhr es Leonie, wobei Michaels Hand von ihrer Schulter fiel. »Sie hat mich auf den Katzentisch gesetzt?«

»Sie war sich sicher, dass du ohne Begleitung auftauchst, falls du überhaupt kommst, und deshalb hat sie dich zu unseren anderen Single-Freunden gesetzt.«

»Und wo sitzen meine Freundinnen?«

Michael wiederholte seine Geste, drehte sich jedoch zuvor um Hundertachtzig Grad und deutete auf den oberen Teil der Terrasse.

»Deine Freundinnen haben allesamt feste Partner und deshalb sitzen sie bei uns am Tisch.«

»Das kann doch nicht ihr ernst sein, oder?« Leonie war außer sich und diese Wut ließ sie Michael leider spüren. Diese aufbrausende Art war mit Sicherheit einer der Gründe gewesen, warum er sie damals verlassen hatte. Leonie zügelte ruckartig ihre Zunge und biss sich auf die Unterlippe. »Wobei Fiona mir doch eigentlich nur einen Gefallen tun wollte, denn am Singletisch hätte ich gut die Möglichkeit jemanden kennenzulernen«, ergänzte sie hastig, »aber das wäre doch wirklich nicht nötig gewesen, weil ich doch meinen Freund mitgebracht habe.«

»Wo ist er denn?«

»Wer?«

»Dein Freund?«

»Ach ja, genau. Martin. Der holt uns gerade etwas zu Trinken. Er wird richtig entsetzt sein, dass er, als ein anerkanntes Mitglied dieser Stadt und Inhaber des Hotels, auf dem Tisch neben dem Klo sein Essen zu sich nehmen muss. Dort wird es ihm bestimmt nicht schmecken.«

Was erzählte sie denn da bloß? Während sie sprach, fragte sie sich, wo die ganzen Lügereien über Martin nur hinführen sollten. Sie hatte sich doch eigentlich vorgenommen, damit aufzuhören, doch stattdessen log sie immer weiter, bis sich die Balken bogen. Jetzt hatte sie Martin sogar schon zum Eigentümer des Hotels ernannt!

»Oh, dass er der Besitzer dieses wunderschönen Hotels ist, wusste ich gar nicht. Ich dachte, ihm gehört nur der kleine Stall?«

»Er geht nicht gerne mit dieser Information hausieren«, antwortete Leonie bissig, »am besten du sprichst ihn gar nicht erst darauf an.«

»Meinst du, er könnte wütend auf dich werden, weil du einem potenziellen Geschäftspartner verraten hast, dass er seriöser Eigentümer eines gutlaufenden Hotels ist? Das wird er dir bestimmt nicht übelnehmen, im Gegenteil. Er wird dir noch dankbar dafür sein, wenn er hört, was ich ihm vorzuschlagen habe.«

Kaum hatte Michael seinen Satz beendet, stand Martin auch schon neben ihnen und streckte Leonie ein Glas Sekt entgegen.

»Worüber redet ihr Zwei denn gerade? Störe ich? Ich kann auch noch eine Runde um die Terrasse laufen, wenn ihr beiden noch Zeit für euch braucht«, scherzte Martin und zwinkerte Leonie verschwörerisch zu.

Michael wandte sich sofort zu Martin um und hielt ihm die Hand zur Begrüßung entgegen. Martin griff danach und schüttelte sie.

»Ein fester Händedruck«, erwiderte Michael, »genauso sollte es auch bei einem Mann ihres Kalibers sein.«

»Was meinen Sie denn damit?«, fragte Martin, sichtlich irritiert.

Leonie wollte gerade nach Michaels Schulter fassen und ihn so dazu zu bringen, sich zu ihr umzudrehen, doch ihre Reaktion kam zu spät. Michael plapperte bereits drauf los und Martins Blick verfinsterte sich von Wort zu Wort, als er hörte, was der Bräutigam von ihm dachte. Doch das Schlimmste kam erst noch.

»Sie brauchen sich jedoch keine Sorgen zu machen, ich werde Ihr kleines Geheimnis nicht verraten.«

»Welches Geheimnis meinen Sie denn?«, fragte Martin neugierig nach.

»Dass Sie der Eigentümer dieses prächtigen Hotels hier sind.«

5. Hier kommt Brautzilla

»Wie kommen Sie denn bitte auf die Idee, ich wäre der Eigentümer dieses Ladens?«

Leonie hörte Martin diese Frage stellen, war jedoch unfähig sich zu bewegen oder gar an dem Gespräch zu beteiligen. Sie öffnete zwar den Mund, doch sie war wie paralysiert. Sie schaffte es einfach nicht, auf die kurz bevorstehende Katastrophe zu reagieren. Gleich würde Michael erfahren, dass sie ihn völlig dreist angelogen hatte. Und das nur, um ihren Möchtegern-Freund gut dastehen zu lassen. Durch diese Aktion würde sie in seiner Anerkennung mit Sicherheit bis in den tiefstmöglichen Abgrund sinken. Sie konnte sich auch genauso gut selbst ein Loch graben, sich hineinsetzen und dann zuschaufeln. Gleich hier vor der Terrasse wäre doch ein recht guter Platz dafür.

»Sie brauchen es nicht zu leugnen, Leonie hat es mir verraten, aber seien Sie ihr nicht böse. Sie wollte bestimmt nicht mit Ihnen angeben. Dazu ist sie zu stolz und zu unabhängig.«

Leonie schlug die Hände vor die Augen. Sie hatte keine Lust mit anzusehen, was gleich geschehen würde. Michaels Gesichtsausdruck, wenn er erfuhr, dass sie ihn belogen hatte, wollte sie sich definitiv ersparen.

»Okay, ich gebe es zu«, Martin hob die Hände hoch, so als würde ihn jemand mit einer Waffe bedrohen, »sie haben mich erwischt. Dieses Hotel gehört tatsächlich mir.« Dann wandte er sich an Leonie. »Du kleines Plappermaul, dafür schuldest du mir aber mindestens einen Tanz, hast du gehört, mein Schatz?«

Leonie kicherte nervös. »Es tut mir leid, dass ich dein Geheimnis verraten habe, Liebling. Doch du wirst verstehen, warum ich es getan habe, wenn du siehst, wohin uns die Braut setzen wollte. Und klar schulde ich dir dafür einen Tanz, aber den hättest du natürlich auch so bekommen«, flunkerte sie, als würde sie Geld mit frechen Lügen verdienen.

»Mindestens einen Tanz, mal sehen wie viele es heute werden«, sagte Martin mit einem fetten Grinsen im Gesicht. »Und wohin wollte sie uns denn setzen?«

»Ach, das ist doch nebensächlich!«, übernahm Michael das Gespräch, »jetzt sitzt ihr auf jeden Fall bei uns am Tisch!«

Martin klatschte in die Hände. »Das ist ja wunderbar, da wird sich Leonie bestimmt freuen!«

Natürlich erkannte sie den sarkastischen Unterton, der in Martins Stimme mitschwang. Er machte sich sichtlich einen Spaß aus der, für Leonie unangenehmen Situation.

»Ich werde mich sofort um eure Plätze kümmern«, verkündete Michael und nahm Martin die Gläser ab. »Ihr könnt euch solange noch beschäftigen?«

»Aber mit Sicherheit mein Freund«, antwortete Martin und knuffte Leonie in die Seite, »mein heißgeliebtes Weib und ich werden einstweilen eine Runde im beginnenden Mondschein tanzen.«

Michael nickte ihnen zu und machte sich mit schnellem Schritt auf den Weg zurück zu seinem Tisch. Fiona fuchtelte wild mit den Händen und stampfte sogar mit dem Fuß auf. Leonie nahm an, dass sie gerade von der Neuigkeit erfahren hatte, dass sie demnächst bei ihnen an der Tafel sitzen würde. Sie konnte ein Lächeln nicht unterdrücken.

»Na, da hast du einen Grund zur Freude, hm?«

Sie erschrak beinahe, als sie Martins Reaktion auf ihre Mine hörte, so beschäftigt war sie damit gewesen Michael und Fiona zu beobachten.

»Danke, dass du das für mich gemacht hast.«

»Lügen meinst du? Das ist überhaupt kein Problem, weißt du? Es ist nämlich nicht meine Lüge, sondern deine.«

Leonie sah ihn verdutzt an. »Meine?«

»Mit der Lügerei hast du doch angefangen. Ich steige lediglich darauf ein. Aber die Verantwortung dafür liegt voll und ganz bei dir.«

Martin hatte recht. Es handelte sich tatsächlich um ihre höchstpersönliche Lüge, sie hatte Martin schlicht und ergreifend zu einem Teil davon gemacht. Als Mitverschwörer konnte sie ihn kaum bezeichnen. Immerhin hatte Martin nichts von der Lüge. Außer einem Tanz.

Leonie hielt ihm die Hand entgegen und wartete, dass er danach griff. Doch Martin sah sie nur fragend an.

»Komm, lass uns tanzen«, erklärte sie ihm, »das war doch der vereinbarte Lohn für deine Hilfe, oder?«

Martin umschloss ihre Hand mit seiner. »Das brauchst nicht zu tun, wenn du nicht willst.«

»Ich weiß«, antwortete sie kess und zog ihn auf die Tanzfläche.

Die Musik erklang und der DJ rief »Alles Walzer!«

Kaum berührten ihre Füße den Untergrund der Tanzfläche, umfasste Martin ihre Taille mit sicherem Griff. Er wirbelte sie umher, übernahm sofort die Führung und jede seiner Bewegungen führte er bestimmt und mit aufrechter Körperhaltung aus.

»Aber ich kann doch gar nicht Walzer tanzen«, säuselte Leonie in den Wind, der durch die schnellen Drehungen ihrer Körper entstand, die sich völlig im Gleichtakt bewegten.

»Aber du tanzt doch bereits. Und zwar fehlerfrei«, antwortete Martin und zog sie noch ein Stück näher an sich heran. Seine Hand lag fest auf ihrem nackten Rücken, den ihr hauchdünnes Kleid nicht verdeckte. Es war seltsam, doch irgendwie fühlte sich Martins Berührung nicht schlecht an. Sie hatte eigentlich mit einem unangenehmen Gefühl gerechnet, das seine rauen Hände auf ihrer Haut erzeugen würden, wenn er sie berührte. Doch dieses Gefühl blieb völlig aus. Martins Hände waren zwar stark und natürlich waren sie die Hände eines Arbeiters, doch trotzdem wirkte seine Berührung beinahe zart, fast schon einfühlsam, denn sie spürte rein gar nichts von seinen kratzigen Fingerkuppen, die durch seine Arbeit im Laufe der Jahre entstanden waren. Der silberne Mond tanzte mit ihnen und umspielte jede ihrer geschmeidigen Bewegungen. Die Musik schenkte Leonie eine Beschwingtheit, die sie schon seit Monaten nicht mehr gefühlt hatte. All ihre Sorgen und Ängste über die Zukunft fielen wie niederprasselnder Regen von ihr ab.

»Du lächelst ja«, erkannte Martin und lächelte zärtlich zurück.

»Warum soll ich denn nicht lächeln?«, fragte Leonie.

»Das ist das erste Mal, dass ich dich einfach nur entspannt lachen sehe. Ansonsten bist du dabei immer innerlich angespannt und dein Lächeln wirkt dadurch meistens aufgesetzt.«

»Tatsächlich?« Mit dieser enormen Beobachtungsgabe hatte sie bei einem Typen wie Martin nicht gerechnet. Eine sensible Ader hatte sie bei ihm als Letztes vermutet. »Das liegt wahrscheinlich daran, dass ich es gerade nicht so einfach habe in meinem Leben.« Wollte sie ihm jetzt wahrhaftig von ihren Schwierigkeiten erzählen?

Martin wirbelte sie ein weiteres Mal herum und legte seine Hand ein Stück tiefer auf ihren Rücken. »Meinst du wegen deinen Männerproblemen? Sich an einen demnächst verheirateten Mann ranschmeißen und das falsche Date als reichen Mann ausgeben, sind wirklich Schwierigkeiten der Sonderklasse.«

»Das meine ich doch gar nicht«, antwortete Leonie, während sich der Saum ihres Kleides bei der nächsten Drehung vom Boden hob und durch die laue Abendluft schwebte. »Ich habe meinen Job verloren. Und deshalb konnte ich mir meine Wohnung nicht mehr leisten.«

»Welchen Job hast du denn gehabt?«

»Ich war Buchhalterin.«

»Nicht dein ernst. Und konntest du deinen Job leiden?«

»Ganz ehrlich? Ich habe diese Arbeit gehasst.«

»Dann sei froh, dass du sie nie wieder machen musst.«

Mit so einer Reaktion hatte Leonie nicht gerechnet. Wenn sie ansonsten davon erzählte, dann reagierten die Leute meist mit Entsetzen und ob sie jetzt nicht unter wahnsinnigen Existenzängsten leide, jetzt da sie ohne festes Einkommen dastand.

»Such dir doch einfach eine neue Arbeit, vielleicht eine die dir Spaß macht.«

»Aber ich kann nichts Anderes.«

»Also so denkst du von dir? Das hätte ich jetzt nicht vermutet. Du bist doch so eine starke Persönlichkeit.«

War sie das denn tatsächlich? Oder war das nur das Bild, das alle von der bissigen und schlagfertigen Leonie hatten? Nur weil sie stets eine passende und freche Antwort parat hatte, hieß das doch noch lange nicht, dass sie eine gefestigte Persönlichkeit besaß. Manchmal hatte sie das Gefühl, als wolle sie sich hinter den flotten Sprüchen nur verstecken.

»Ich glaube, ich will mein wahres Ich bloß durch meine kesse Art tief in mir vergraben.« Hatte sie diesen Gedanken nur gedacht oder gerade ausgesprochen? Martin schob seinen Körper näher an ihren und verringerte ihren Abstand beim Tanzen. Ihre Drehungen wurden noch dynamischer und Leonie spürte einen leichten Schwindel in sich aufsteigen.

»Diese Sicht auf dich selbst verrät mir sogar noch

mehr darüber, wie stark du bist. Leonie, du bist so klug und witzig. Noch dazu extrem schlagfertig. Eine Frau wie du kann einfach alles schaffen, was sie sich in den Kopf setzt.«

»Nur habe ich mir noch nichts in den Kopf gesetzt.«

»Außer diesen Mann da drüben für dich zu gewinnen«, antwortete Martin und zog sie noch etwas fester an sich. Der Tanz wurde von Sekunde zu Sekunde schneller und der Schwindel, der sie bei jeder Umdrehung begleitete, nahm stetig an Intensität zu..

»Martin, ich glaube ...«

»Ja?«, hauchte er ihr ins Ohr.

»Ich glaube, ich ...«

»Leonie, ich habe so sehr gehofft, dass es dir genauso geht. Ich fühle es auch.«

»Martin, ich ...« Der Schwindel ließ sie in sich zusammensinken. Ein schwarzes Tuch schob sich zwischen ihre Sicht auf die Realität und ihre Gedanken. Was hatte Martin ihr gerade zugeflüstert? Das tiefe Schwarz hüllte sie ein und legte sich über Martins Stimme.

»Was fällt dir denn eigentlich ein?«, zischte Fiona, die sich direkt vor Leonie aufgebaut hatte.

Leonie rieb sich die Augen, um Brautzilla besser sehen zu können. Ihr Blickfeld war leicht verschwommen und ihre Gedanken komplett benebelt. Sie lag auf einer Couch im Eingangsbereich des Hotels. Jemand musste sie nach drinnen getragen haben.

»Was ist denn ... was ist denn passiert?«, fragte Leonie mit schwammiger Stimme und brummendem Kopf.

»Du bist mitten auf der Tanzfläche zusammengebrochen. So etwas kannst du nicht machen. Das ist mein großer Moment. Du hast kein Recht dich in den Mittelpunkt zu stellen. Verstanden?«

»Fiona?«, fragte Leonie ungläubig, die sich immer noch die Augen rieb und nicht ganz verstand, was mit ihr geschehen war. »Hatte ich einen Kreislaufzusammenbruch?« Kaum hatte sie ihre Frage zu Ende ausgesprochen, fielen ihr schon wieder die Augen zu. Sie bildete sich ein, Michaels Stimme zu hören.

»Geh mal zur Seite, Fi. Ich sehe nach ihr.«

»Es reicht doch völlig, dass du sie hierher getragen hast, Michi. Sie verdirbt uns noch das ganze Fest, mit ihrer egoistischen Art. Siehst du das denn nicht?«

»Du tust ja so, als wäre sie absichtlich bewusstlos geworden.«

»Das hat sie schon damals auf der Uni abgezogen.«

»In Ohnmacht fallen?«

»Sich in den Mittelpunkt drängen.«

»Fi, ich glaube, es ist besser, wenn du wieder hinaus auf die Terrasse zu unseren Gästen gehst. Ich sehe noch kurz nach ihr und dann gehöre ich sofort wieder nur ganz deiner großartigen Feier, einverstanden?«

»Ich lasse dich nicht mit ihr alleine. Sie ist eine falsche Schlange. Schon den ganzen Abend schmeißt sie sich an dich ran. Michi, das wird nicht gut enden.

Merkst du das denn nicht?«

»Ach so? Tut sie das? Also für mich hat es so ausgesehen, als hätte sie sich ganz prächtig mit ihrem Freund amüsiert. Sie hat mich doch kaum beachtet.«

»Wenn du das wirklich denkst Michi, dann bist du ganz schön blind. Und naiv.«

»Selbst wenn es so wäre, morgen werde ich dich heiraten, Fi. Da ist es doch völlig irrelevant, ob sie noch etwas für mich empfindet. Danach hat der ganze Spuk sowieso ein Ende.«

»Okay, du hast ja recht. Ich gehe wieder hinaus und du kommt gleich nach, ja? Ich unterhalte mich solange mit meinem Bruder, deinem Trauzeugen, damit du weißt, wo du uns findest.«

»Natürlich mein Schatz. Ich bin innerhalb einer Minute wieder bei euch.«

Leonie konnte Fionas klackernde Schritte hören, die ihre Pfennigabsätze auf dem Marmorboden der Vorhalle erzeugten. Das Klackern wurde immer leiser und bestätigte ihr, dass Fiona den Saal verlassen haben musste. Gerade als sie ihre Augen erneut öffnen wollte, fühlte sie Michaels Finger, die ihr sanft über die Wange strichen.

»Hast du denn wirklich noch Gefühle für mich, Leonie?«, murmelte er und küsste sie behutsam auf die Stirn. »Ich habe dich damals sehr geliebt, meine Schöne. Eigentlich wollte ich dich nie verlassen, doch dann habe ich erkannt, dass ich dir ein Leben mit mir nicht zumuten kann. Es wäre dir gegenüber nicht fair gewesen. Ich wollte dir doch nur Leid und viel Ärger ersparen.« Leonie fühlte, wie er nach ihrer Hand griff und sie drückte. »Ich liebe dich auch jetzt noch. Jetzt und für alle Zeit. Aber wir beide ... das geht einfach nicht. Es war die richtige Entscheidung den Kontakt komplett abzubrechen und unsere Beziehung zu beenden.«

Leonie zog sich ruckartig an seiner Hand nach oben, suchte gierig seinen Mund und schenkte ihm einen heißen Kuss. Ihre Lippen glühten und ihr Herz raste unaufhaltsam in Richtung der unendlichen Leidenschaft, die sie für diesen Mann empfand.

Michael ließ den innigen Kuss zu, drückte sie jedoch nach einem viel zu kurzen aber intensiven Moment von sich fort.

»Ich habe jedes Wort gehört, Michael. Du liebst mich immer noch. Lass uns wieder zusammen sein.« Leonie flüsterte den letzten Satz beinahe ehrfürchtig, doch Michael schüttelte nur den Kopf.

»Das geht nicht, Leonie. Ich heirate morgen Fiona. Das habe ich ihr versprochen.«

»Warum heiratest du eine Frau, die du offensichtlich nicht liebst?« Leonie verstand die Welt nicht mehr.

»Sie kommt mit den Umständen klar, es ist für sie kein Problem.«

»Das wäre aber echt nicht fair von dir, wenn du ihr das antust. Egal ob sie es weiß oder nicht. Wenn du jemand anderen liebst, dann solltest du auch mit dieser Person zusammen sein, findest du nicht?«

»So einfach ist es nicht, Leonie.« Michael, der neben ihr am Boden kniete, erhob sich und wandte sich von ihr ab. »Ich hole deinen Freund, er soll dich besser auf dein Zimmer bringen. In deinem Zustand solltest du ins Bett und nicht auf eine Party.«

Mit diesen Worten ließ er sie alleine zurück. Leonie fand nicht einmal die Zeit, ihm zu antworten.

6. Er liebt mich, er liebt mich nicht

»Morgen wird er zu Fiona diese drei kleinen Worte sagen und dann ist er für immer aus meinem Leben verschwunden«, beklagte Leonie sich bei ihren Freundinnen. Anstatt Martin zu ihr zu schicken, hatte Michael Melody, Sara und Natascha gebeten nach ihr zu sehen. »Ich muss wieder zurück und um ihn kämpfen.«

»Gar nichts musst du«, sagte Melody, die sie sachte an der Schulter zurück auf die Couch drückte, »einzig von deinem Kreislaufkollaps erholen musst du dich.«

»Aber er hat mir gesagt, dass er mich liebt.«

»Bist du dir da ganz sicher? Auf uns hat es eher den Eindruck gemacht, als wärst du geistig verwirrt gewesen und hättest ihn bedrängt.«

»Was hat er denn zu euch gesagt?«

Melody rieb sich über ihr Kinn und sah Natascha und Sara hilfesuchend an.

»Raus damit«, forderte Leonie, »so schlimm kann es ja wohl nicht sein.«

»In Ordnung«, ergriff Natascha das Wort, »wir erzählen es dir. Aber vielleicht gehen wir vorher auf dein Zimmer und du nimmst eine heiße Dusche?«

»Jetzt spannt mich doch nicht so auf die Folter. Sagt es mir einfach. Ohne Rücksicht auf Verluste.«

»Wir nehmen eher Rücksicht auf deine Gefühle«, erwiderte Sara, die sich neben Leonie auf die Couch gesetzt hatte.

Leonie setzte sich ruckartig auf, was sie aber sofort wieder bereute. Der Raum drehte sich und sie ließ sich zurück auf die Couch fallen. »Ich will es wissen. Und glaubt mir, ich verkrafte das schon.«

»Du wirkst auf uns aber etwas labil, Leonie. Wir glauben es ist besser, wenn du dich von Michael und Fiona fernhältst. Nicht böse sein.«

»Wie bitte? Was hast du eben gesagt, Sara?«

»Nicht böse sein?«

»Ihr meint, ich soll nicht bei der Hochzeit dabei sein?«, fragte Leonie entsetzt.

»Das haben wir damit nicht gemeint«, warf Melody ein, »nur, dass du eventuell einen kleinen Sicherheitsabstand wahrst. So wie ein Stalker der sich an eine Verfügung vom Gericht halten muss.«

»Vergleichst du mich jetzt ernsthaft mit einem Stalker?«

»Naja, immerhin hast du Michael bedrängt und bist über ihn hergefallen. Du wolltest ihn verführen.«

»Das hat euch Michael also gesagt?« Leonie spürte die Hitze der Wut in sich aufsteigen. Ihr reichte es. Ihre Freundinnen hielten sie für eine irre Stalkerin und nicht ganz dicht in der Birne, die Liebe ihres Lebens leugnete seine Gefühle für sie und ihr falsches Date hatte sie auch im Stich gelassen.

»Wo ist eigentlich Martin?«, zischte Leonie durch zusammengepresste Lippen.

»Er hat dich aufgefangen, als du umgekippt bist und dich hierher getragen. Er hat sich wirklich richtig großartig um dich gekümmert. Und dann ist er plötzlich verschwunden.«

»Einfach so?«

»Du hast in deiner Trance irgendetwas gemurmelt. Vielleicht hast du ihn beschimpft oder so?«, versuchte Sara, sein plötzliches Verschwinden zu erklären.

»Also, ich bin mir sicher, dass ich Martins Gefühle garantiert nicht verletzt habe.« Dieser Gedanke hörte sich in Leonies Kopf dermaßen lächerlich an. Martin war doch ihr Mitverschwörer und unterstützte sie bei ihrem Plan Michael zurückzugewinnen.

»Jedenfalls hast du wohl irgendetwas zu ihm gesagt, dass ihm nicht gefallen hat. Denn davor war er echt um dich besorgt gewesen und war die ganze Zeit über bei dir. Doch dann ist er wie vom Blitz getroffen aufgesprungen und gegangen. Ich wollte noch mit ihm reden, aber er hat mich einfach ignoriert und ist mit sturem Blick an mir vorbeigezogen.«

Egal was sie zu ihm gesagt hatte, damit hatte sie bestimmt nichts Tragisches angerichtet. Martin war ein ruppiger Kerl, dem egal war, was andere über ihn dachten, da konnte eine gemurmelte Beleidigung im Halbschlaf nicht so schlimm sein.

»Wie auch immer, er wird sich schon wieder beruhigen.« Dann setzte Leonie sich erneut auf, dieses Mal langsamer. Ihr Kopf brummte und der Raum drehte sich noch ein wenig. »Aber Mädels, ihr könnt doch nicht wirklich von mir verlangen, dass ich Michael aus dem Weg gehe? Ich meine, abgesehen davon, dass er mich, euch gegenüber, wie eine von ihm völlig Besessene darstellt. Eigentlich sollte mein Wort doch viel mehr für euch zählen als seines, oder nicht?«

»Da hat sie schon recht«, sagte Melody und schenkte den beiden anderen Frauen einen bedeutungsvollen Blick. Ihre Freundschaft sollte doch wesentlich gefestigter sein, und genau daran erinnerte sie Leonie gerade. »Wir sind schon so lange befreundet und haben immer zueinandergehalten.«

»Das stimmt schon, Leonie. Aber ...« Natascha blickte zu Boden.

»Was aber?«, fragte Leonie in genervtem Ton.

»Aber wenn eine von uns richtig dumme Dinge anstellt, dann intervenieren die anderen und erinnern sie daran, dass ihr Verhalten nicht ganz normal ist. Kannst du dich noch daran erinnern, als Melody etwas mit diesem Fotografenfritzen am Laufen hatte, der heimlich sexy Fotos von ihr verkauft hat?«

»Wie sollte ich das vergessen?«

»Siehst du, und wir haben sie damals beschützt, in dem wir ihr beigestanden und ihr geholfen haben, sich von diesem Schuft zu trennen.«

»Aber das ist doch eine ganz andere Situation gewesen!«, protestierte Leonie lautstark.

»Naja, also ich finde, dass du ebenso wie ich damals, einen Fehler machst, Leonie«, warf Melody ein.

»Denkst du das wirklich? Was ist, wenn Michael die Liebe meines Lebens ist und ich lasse zu, dass er eine andere heiratet? Wäre das dann ernsthaft ein Fehler, wenn ich ihn daran hindere? Vor allem, weil er mich doch auch noch liebt?«

»Es gibt viele Arten der Liebe. Er könnte dich immer noch lieben wie eine Schwester, oder wie seine beste Freundin. Diese drei kleinen Worte können viele Bedeutungen haben.«

»Ach, papperlapapp«, antwortete Leonie auf Nataschas Bemerkung und schnitt ihr damit das Wort ab. »Er hat mir gesagt, dass er mich liebt. Und ich habe mir das nicht eingebildet. So viel steht fest. Ich werde ihn einfach danach fragen. Ihr werdet schon sehen.«

Leonie stützte sich mit den Händen auf der Rückenlehne der Couch ab und stemmte sich nach oben. Ihre Knie gaben leicht nach und sie drohte zurück auf den viel zu weichen Untergrund zu fallen. Natascha hielt sie an der Schulter fest und stabilisierte sie.

»Du solltest besser auf dein Zimmer gehen, Leonie. Und in Ruhe über alles schlafen. Du bist doch sowieso noch ganz wackelig auf den Beinen. Erhol dich lieber und denke in Ruhe über alles nach. Bitte ... bevor du einen Fehler machst.«

»Na gut«, gab sich Leonie geschlagen. Sie würde sich von Michael fernhalten. Ihren Freundinnen zuliebe. Zumindest für die Feier. Was sie tat, nachdem das Dinner vorbei war, war wieder eine andere Sache.

»Na gut? Wirklich?«, wunderte sich Melody, »So schnell gibst du dich normalerweise doch nicht geschlagen.«

»Ich bin müde. Ich will gerade nur ins Bett und endlich meine Ruhe. Ich ertrage euer Geplapper nicht mehr. Ihr nervt mich ganz schön.«

»Das hört sich schon eher nach unserer Leonie an«,

bestätigte Sara und reichte Leonie ihre Hand. »Komm, ich begleite dich auf dein Zimmer.«

Leonie hakte sich bei Sara ein, winkte den anderen Mädels zu und ließ sich von Sara die Treppen hinaufführen. Sie war tatsächlich noch etwas schwach auf den Beinen, doch sie hatte noch gut zwei Stunden Zeit, bis das Dinner vorüber sein würde. Und dann wäre sie wieder fit genug, um mit Michael zu reden. Sie hatte sich vorgenommen, ihn direkt mit ihren Gefühlen und ihren Plänen für eine gemeinsame Zukunft zu konfrontieren.

Wie geplant wartete Leonie das Ende der Feier ab und schlich sich dann aus ihrem Zimmer. Sie wollte nicht riskieren von ihren Freundinnen erwischt zu werden. Ein peinliches Gespräch pro Tag reichte ihr völlig, auf noch eines konnte sie gut und gerne verzichten.

Die letzten beiden Stunden hatte sie auf und abschreitend in ihrem Zimmer verbracht. Sie wusste jetzt genau, dass es vom Bett bis zum Bad genau zwanzig Schritte waren. Leonie wieselte mindestens die Hälfte der Zeit in ihrem Zimmer hin und her und dachte nochmals über das Gespräch mit Michael nach.

»Hast du denn wirklich noch Gefühle für mich, Leonie?«, hatte er sie gefragt. Er hat sie sogar auf die Stirn geküsst. Diese Geste für sich musste doch schon einiges bedeuten. »Ich habe dich damals sehr geliebt«, hat er gesagt, das waren genau seine Worte gewesen. Und dann meinte er, dass er sie eigentlich nie hatte verlassen wollen. Doch warum hatte er es denn dann getan?

»...doch dann habe ich erkannt, dass ich dir ein Leben mit mir nicht zumuten kann. Es wäre dir gegenüber nicht fair gewesen. Ich wollte dir doch nur Leid und viel Ärger ersparen«, hörte Leonie Michaels Stimme durch ihren Kopf rauschen. Was hatte er denn bloß damit gemeint? Sie würde ihn gleich zur Rede stellen und dann sollte er ihr gefälligst alles erklären. Das war er ihr schuldig, nachdem er sie so hinterlistig bei ihren Freundinnen angeschwärzt hatte.

Während sie sich langsam durch den dunklen Flur schob, spürte sie nochmals Michaels Hand, die nach ihrer gegriffen hatte, als er ihr sagte, dass er sie auch jetzt noch und auch für alle Zeit, weiterhin liebte.

Leonie hatte sich bei ihrer Reise durch ihr Hotelzimmer, eine sportlich geschnittene Jeans und ein bequemes Top angezogen, dazu weiche Ballerinas aus Leder, auf denen sie jetzt flüsterleise durch das Hotel schlich. Sie fühlte sich ein wenig wie ein Einbrecher, besser gesagt in ihrem Fall ein Ausbrecher, während sie sich gegen die Wand drückte und hinter der nächstbesten Ecke Schutz suchte, als sie, sich nähernde Stimmen hörte.

»...sie tut mir so leid, weißt du? Ich würde gerne mehr für sie tun, aber ich weiß nicht wie.«

Diese Frauenstimme entpuppte sich als die Stimme ihrer Freundin Sara.

»Bei dem *Wie* kann ich dir behilflich sein«, antwortete eine ihr fremde weibliche Stimme in einem hellen Singsang. »Ich habe da so meine Tricks«, sagte die Frau und kicherte.

»Das wäre wirklich großartig, ich wäre dir echt auf ewig dankbar, wenn du Leonie ein bisschen unter die Arme greifen könntest, damit sie endlich einsieht ...«

Saras Stimme verlief sich, als sie sich zu weit von Leonie entfernte. Mit wem hatte ihre Freundin da bloß über sie gesprochen? Und was fiel ihr eigentlich ein, mit einer wildfremden über Leonies Liebesleben zu diskutieren und irgendwelche Hilfestellungen auszuarbeiten? Pures Entsetzen breitete sich in Leonie aus. Ganz kurz vergaß sie sogar, in ihrer Deckung zu bleiben, was ihr zum Verhängnis wurde. Denn vor ihr stand plötzlich Fiona, der Brautzilla.

»Ach, da bist du ja, du kleines Flittchen. Mit dir habe ich noch ein Hühnchen zu rupfen.«

Leonie wusste nicht genau, wie ihr geschah als Fiona sich weiter vor ihr aufbaute und ihr eine Beleidigung nach der anderen an den, noch immer brummenden Kopf warf.

»Du spielst uns allen eine Ohnmacht vor und stielst mir so die Show. Alle haben nur noch über diesen Vorfall gesprochen, das hast du wirklich super hinbekommen, du Möchtegern-Barbie. Wackelst einmal mit deinem winzigen Hintern und alle rennen dir hinterher. So hat das in deinem Leben immer problemlos funktioniert, oder?«

Diese Beleidigung tat weh. Als Plastikpüppchen hatte sich Leonie noch nie gerne bezeichnen lassen, auch wenn ihre Figur der von Barbie sehr glich (dank eines wirklich ausgezeichneten Stoffwechsels und Sport). Fiona besaß wesentlich ausladendere Hüften und war deshalb schon immer neidisch auf Leonie gewesen. Doch das musste sie ihr doch nicht so direkt entgegenspeien.

»Aber Michael kannst du dir endgültig abschminken, alles klar du hinterhältiges Luder? Er wird mich heiraten. Mich! Er hat sich nicht für dich entschieden. So ist das. Jetzt finde dich endlich damit ab, pack deine Sachen und verschwinde! Ich will dich auf meiner Hochzeit nicht sehen!«

Das war eine direkte Ansage. Leonie stand wie versteinert im Flur und starrte Fiona aus weit aufgerissenen Augen an. Aber nicht weil sie nicht wusste, wie sie auf das Geschrei reagieren sollte, ganz im Gegenteil, Leonie war eine Meisterin in Sachen Konfrontationen. Doch Fiona offerierte ihr gerade, dass sie verschwinden sollte. Am besten noch heute Nacht. Das ging jedoch nicht, solange sie nicht mit Michael gesprochen hatte.

»Du kannst mich nicht aus dem Hotel werfen, das meinem Freund gehört«, schmiss sie mit ihrer Lüge über Martin um sich. »Er kann es sich auch gut leisten, wenn ihr eure Hochzeit woanders feiert«, sagte sie mit gelassener Stimme. »Mal sehen, ob du so schnell ein neues Hotel mit den Vorzügen von diesem hier auftreiben kannst. Es wird deinen Gästen bestimmt Freude machen, wenn sie jetzt sofort ihre Sachen packen und ausziehen müssen, nur weil du so paranoid bist.«

»Das würdest du doch niemals ... du kannst nicht einfach ...« Fiona stockte der Atem, »aber das geht doch nicht so kinderleicht, dass du ...« Sie schnappte nach Luft.

»Und ob das geht«, sagte Leonie mit erhobener Hand, »ich muss nur einmal in die Finger schnippen und deine Hochzeit ist Geschichte.« In Zeitlupe führte sie ihren Mittelfinger zu der Fingerkuppe ihres Daumens. »Willst du, dass ich schnippe?«

Fiona schüttelte resigniert den Kopf. »Du bist so eine kleine Mistkröte. Wenn die Hochzeit nicht schon morgen wäre, dann würde ich die Feier sofort verlegen lassen. Aber weißt du was? Es ist sowieso egal was du noch tust, Michael bekommst du so oder so nicht wieder zurück. Darauf kannst du dich verlassen.«

»Ja, ja ...« Antwortete Leonie, die sich bereits von Fiona abgewandt hatte und federleicht durch den Gang hüpfte. Fiona blieb still zurück. Das gefiel Leonie, denn jetzt wusste sie, dass sie Michael mit Sicherheit alleine auffinden würde und auch das leidige Versteckspiel hatte dank der Konfrontation mit Fiona ein Ende. Auch ihre Freundinnen würden jetzt verstehen, dass es kein Zurück mehr gab.

Leonie kam vor der Hochzeitssuite zum Stehen und klopfte lautstark an die Tür.

»Michael? Bist du da?«, fragte sie die Tür, nachdem sie mehrmals geklopft hatte.

»Geh weg«, hörte sie die Tür dann doch mit Michaels Stimme antworten.

»Ich muss mit dir reden«, sagte sie nun etwas ruhiger, gegen das Türblatt gelehnt. »Ich liebe dich«, hauchte sie weiter.

»Glaubst du, dass diese drei kleinen Worte alles verändern können?«, antwortete Michael durch die fest verschlossene, hölzerne Barriere.

»Welche drei Worte sollen das denn sonst können, wenn nicht diese?«

Ein klacken ließ Leonie erkennen, dass Michael das Schloss entriegelt hatte. Die Klinke drückte sich langsam nach unten.

Leonie machte einen Schritt zurück.

Michael lugte aus dem entstandenen Spalt hindurch.

Sie sah ihn erwartungsvoll an.

Er musterte sie auffällig lange.

»Ich bin schwul.«

Diese drei Worte änderten tatsächlich einiges, wenn es stimmte, was er da behauptete.

»Du bist ... schwul?«

»Ja.«

»Homosexuell? Nur damit ich das jetzt richtig verstehe.«

»Ja, bin ich.«

»Also ... du stehst auf Männer?«

»Ja, Leonie. Verdammt nochmal.«

Ihre Stimme wurde von Frage zu Frage schriller. »So richtig mit allem drum und dran und so?«

Michael blickte nervös nach links und rechts, dann zog er Leonie am Arm. »Komm rein, bitte. Hier draußen kann dich sonst noch jemand hören.«

7. Die Wahrheit und nichts als die Wahrheit

In Leonie arbeitete es wie verrückt. Dieses Geständnis hatte sie beinahe nochmals von den Füßen gefegt. Eine Ohnmacht am Tag war definitiv genug, deshalb schnappte sie sich ein alkoholisches kleines Fläschchen aus der Minibar und ließ sich damit in den Ohrensessel, der beim Fenster stand, plumpsen.

»Also ... schwul hast du gesagt, ja?«

»Ja, das habe ich dir doch jetzt schon öfter als einmal bestätigt.«

»Seit wann?«, fragte sie und setzte sich die Öffnung der klitzekleinen Flasche an den Mund.

»Immer schon.«

»Ja, ja. Das ist mir schon klar. Aber seit wann weißt du es?« Sie beobachtete Michael mit Argusaugen. Falls er sie anlügen sollte, dann würde sie das mit Sicherheit sofort bemerken.

»Als wir beide, du und ich ... als wir damals deine Familie zu Weihnachten besucht hatten.«

»Was hat denn meine Familie damit ... oh nein, sag jetzt nicht ...«

»Dein Bruder.«

»Nicht dein ernst.«

»Okay, also oute ich heute nicht nur mich, so wie es aussieht.«

»Mein Bruder ist schwul?«

»Stockschwul sogar.«

»Und du auch?«

»Noch einmal. Ja.«

Leonie konnte nicht glauben, was sie da hörte. »Und bei der Familienfeier ist *was* genau geschehen? Moment, sag's mir nicht. Oder doch? Will ich es wissen?«

»Es ist nichts Schlimmes, Leonie«, erwiderte Michael, jetzt in erheitertem Ton. »Wir haben uns nur geküsst. Dadurch hat er mir gezeigt, dass ich auf Männer stehe. Das war mir damals nur noch nicht richtig bewusst. Ich habe dich wirklich geliebt und ich war gern mit dir zusammen.«

»Deshalb hast du mich also so kurz nach Silvester verlassen.«

»Das musste ich doch. Ich habe wirklich intensiv darüber nachgedacht, ob sich dein Bruder irren könnte und ich doch Hetero oder bisexuell sein könnte. Aber er hatte leider völlig recht mit seiner Vermutung. Meine Gedanken wanderten immer wieder zu diesem Kuss und ich war erregt wie nie zuvor in meinem Leben.«

»Warum hast du mir das damals denn nicht einfach gesagt, Michael?«

»Hättest du mir denn geglaubt?«

»Ich weiß nicht genau«, gestand Leonie, »wahrscheinlich nicht.«

»Und dann hättest du es all deinen Freunden erzählt und die hätten es auch weitergesagt. Und am Ende hätte es der gesamte Unicampus gewusst.«

»Das wäre gut möglich, aber da du es mir nicht erzählt hast, werden wir es nie erfahren.«

»Sei mir nicht böse, aber ich wollte das einfach nicht riskieren. Du erinnerst dich noch daran, wie konservativ meine Eltern sind?«

Leonie nickte. Der Mann in den sie so vernarrt war, hatte ein verdammt schweres Los zu tragen. Eines das wesentlich schwieriger zu bewältigen war als die Tatsache, dass sie jahrelang in einen schwulen Mann verliebt gewesen war.

»Ich muss meinen Bruder anrufen und ihm sagen wie sehr ich ihn liebe und wie stolz ich auf ihn bin«, murmelte sie. Dann konzentrierte sie sich wieder auf Michael. »Du hast es verheimlicht, weil deine Eltern es nicht erfahren sollten. Und deshalb heiratest du jetzt auch Fiona?«

»Es klingt wirklich dämlich, ich weiß. Vor allem in der heutigen Zeit sollte man denken, dass eine Scheinehe nicht mehr nötig ist.«

»Okay, ich verstehe schon, mir wolltest du das Schicksal mit einem schwulen Mann verheiratet zu sein ersparen. Aber warum tust du das dann Fiona an?«

»Weil sie es weiß.«

»Und sie hat damit kein Problem?«

»Wie soll ich sagen ... Fiona hat auch einen Bruder ...«

»Aha. Ich glaube, ich verstehe. Aber vielleicht erklärst du es sicherheitshalber.«

»Er und Fiona wohnen schon seit vier Jahren bei mir. Und immer wenn meine Eltern zu Besuch kommen, spielt sie meine Freundin. Dann kam sie auf die Idee, dass wir heiraten könnten und meine Eltern dann endlich Ruhe gaben, weil sie dachten ihr Erbe wäre gesichert. Du kannst dir gar nicht vorstellen, wie oft sie uns besuchen. Es ist der reinste Horror. Martin musste sich immer so zurückhalten, das hat ihm gar nicht gepasst.«

»Dein Freund heißt Martin? Das ist ja witzig, genauso wie meiner«, hörte Leonie sich sagen und hielt sofort inne. Martin war doch nie ihr richtiger Freund gewesen. Warum erzählte sie Michael denn so dumme Sachen? Sie musste doch jetzt gar nicht mehr lügen.

»Man hat richtig gesehen, wie verliebt er in dich ist, als ihr getanzt habt. Ich bin froh, dass du so einen tollen Mann an deiner Seite hast, Leonie.«

»Wirklich? Meinst du, dass er mit mir zusammen sein will?«

»Aber ja, sonst wärt ihr wohl kaum ein Paar.«

»Ja, stimmt«, brabbelte Leonie und sog die Luft zwischen ihren Zähnen ein. »Ich glaube, ich habe seine Gefühle verletzt.«

»Doch wohl nicht etwa meinetwegen?«

»Natürlich deinetwegen. Ich dachte doch, dass wir beide zusammen gehören, Michael. Und Martin wusste das.«

»Deine Aufrichtigkeit kostet dich irgendwann noch Kopf und Kragen.«

Leonie fühlte, wie ihr Gesicht rot wurde. Ihre Aufrichtigkeit hatte sie in letzter Zeit in ein Verlies ohne Brot und Wasser gesperrt. Es war an der Zeit sie wieder freizulassen und mit dieser unnötigen Lügerei aufzuhören, die sie nur immer wieder in Schwierigkeiten brachte.

»Martin ist gar nicht mein Freund. Und ihm gehört auch nicht das Hotel. Ich wollte dich nur eifersüchtig machen.«

»Das hat gut funktioniert. Dein Martin ist nämlich ein echter Hingucker«, grinste Michael.

Leonie verzog das Gesicht. Es war einfach so seltsam und ungewohnt, ihren Exfreund solche Dinge sagen zu hören. Immerhin hatte er sich gerade erst vor gefühlt fünf Sekunden geoutet.

»Schau nicht so. Er ist wirklich ein fescher Kerl«, sprach Michael weiter, der ihren Blick bemerkt hatte. »Und ich finde ihn auch äußerst nett.«

»Ich glaube, ich mag ihn auch ganz gern, muss ich zugeben.«

»Dann geh und hol ihn dir.« Michael legte ihr eine Hand auf die Schulter und blickte ihr tief in die Augen. »Leonie, du hast Glück verdient. Bestraf dich nicht selbst aus irgendeinem idiotischen Grund und lege deinen penetranten Stolz ab. Der steht dir nicht besonders.«

Leonie erkannte die Aufrichtigkeit in Michaels Augen und nickte. »Ich schulde ihm eine unverstellte Entschuldigung.«

»Und sag ihm, was du für ihn empfindest.«

Leonie bedankte sich nochmals bei Michael, dass er ihr die Wahrheit anvertraut hatte, und stürmte aus dem Zimmer. In Gedanken machte sie sich eine geistige Notiz, dass sie dringend ihren Bruder anrufen musste.

Gerade als sie die Treppen hinunterlaufen wollte, stieß sie mit Fiona zusammen. Die baldige Ehefrau eines Homosexuellen rügte sie mit einem bösen Blick.

»Keine Sorge Fi, ich boykottiere eure Hochzeit nicht länger. Du bist ein guter Mensch, ich weiß gar nicht, wie ich das vergessen konnte. Entschuldige bitte, dass ich so fies zu dir war.«

»Was ist denn jetzt los«, wunderte sich Fiona.

»Du brauchst dir keine Sorgen mehr zu machen,« Leonie zwinkerte Fiona zu, »ich spanne Michael deinem Bruder nicht aus.« Noch bevor die verdatterte Fiona ihre Stimme wiederfinden konnte, eilte Leonie an ihr vorbei und wirbelte wie ein Sturm über die Stufen hinunter, zum Ausgang des Hotels.

Als Leonie vor dem kleinen Stall ankam, hielt sie kurz inne. Sie atmete tief ein. Dieses Mal nicht um dem Geruch der Pferde aus dem Weg zu gehen, sondern um sich mental auf die Begegnung mit Martin vorzubereiten. Sie versetzte sich selbst einen kleinen Schubs und tapste in die muffige Stallatmosphäre hinein. Leonie schob sich langsam vorwärts, ganz behutsam glitt sie an den Pferdeboxen vorbei. Ihre Angst vor den Tieren war so stark wie eh und je, das merkte sie gerade besonders, weil einer der großen schwarzen Hengste sie direkt anstarrte. Leonie blieb abrupt stehen und traute sich nicht mehr vorwärts.

»So eine starke Frau und doch besitzt sie eine empfindsame Seite.«

Leonie erkannte Martins Stimme hinter sich sofort.

Freudig wandte sie sich zu ihm um. Doch sein Blick war keineswegs so gütig, wie seine Tonlage vermuten ließ.

»Was machst du denn hier?«, fragte er direkt, »Ich dachte, du wärst schwer damit beschäftigt deinen Ex wieder zurückzuerobern.«

»Das will ich jetzt nicht mehr.«

»Ach, tatsächlich? Warum das denn?«

»Er ist schwul.«

»Dachte ich mir schon.«

Martin war wirklich immer für eine Überraschung gut und um keine Antwort verlegen. Seine Feinfühligkeit gegenüber anderen Menschen schien ins Unendliche zu reichen.

»Und eigentlich interessiere ich mich für einen anderen Mann, aber das war mir bis vor kurzem noch nicht bewusst.«

»Tja, noch vor ein paar Sekunden dachtest du, du wärst immer noch in deinen Ex verliebt. Der andere Kerl wäre wirklich dämlich, wenn er dir das abkaufen würde.«

»Da kann ich dir leider nicht widersprechen. Aber vielleicht lässt mich der andere Kerl erklären, wie ich zu dieser Erkenntnis gekommen bin?«

»Nur zu«, sagte Martin und wandte sich dem Hengst hinter Leonie zu. Er öffnete die Box und trat ein. »Dann musst du aber zu mir und Lexus hereinkommen, ich muss seine Hufe säubern.«

Leonie nahm wieder ihre Salzsäulenhaltung ein.

»Wenn du achtungsvoll mit ihnen umgehst, dann

werden sie dir nichts tun«, sprach er weiter, »und ich weiß, dass du dazu fähig bist. Du tust immer nur so, als hättest du vor nichts und niemandem Respekt.«

Leonie kniff die Pobacken zusammen und machte einen Schritt nach vorne. Dabei schloss sie die Augen.

»Wenn du nicht siehst, wo du hintrittst, dann kann ich dir nicht garantieren, dass deine teuren Schuhe sauber bleiben.«

Leonie schlug die Augen auf und machte einen ausladenden Schritt auf Martin zu. Sie stolperte über die Schwelle der Box und fiel ihm direkt in die Arme. Er fing sie mit seinen kraftvollen Armen auf und hielt sie für eine Sekunde lang eng umschlungen an sich gedrückt. Er ließ sie jedoch sofort los, als er bemerkte, dass sie festen Stand unter den Füßen gefunden hatte.

Leonie wollte nach seinen Armen greifen und ihn wieder zu sich heranziehen, ließ es aber dann doch lieber bleiben.

»Das mit Michael und mir ist ewig her. Ich habe nur geglaubt, dass ich noch etwas für ihn empfinde. Aber das stimmt nicht. Ich habe ihn idealisiert und aus ihm einen Mann gemacht, der er nie war. Verstehst du, was ich meine?«

»Du hast dich an einem Traumbild von der perfekten Beziehung festgehalten.«

»Und das, obwohl die Beziehung in der Realität gar nie so perfekt gewesen war.« Leonie räusperte sich. »Ich wusste zwar bis jetzt nicht, dass Michael mich nur mehr auf platonische Weise liebt, aber eigentlich war mir vorher schon klar, dass ich ihn gar nicht mehr zurückwill.

Vor allem weil er doch nie eine Frau wie mich gesucht hatte. Ich glaube, da könnte man noch so viele Gefühle füreinander haben, es würde nichts daran ändern, dass man immer etwas an seinem Partner ändern möchte und ihn nie hundertprozentig so akzeptieren kann, wie er ist.«

»Akzeptierst du mich denn so, wie ich bin?«

Mit dieser Frage hatte Leonie nicht gerechnet. »Aber natürlich.«

»Die Antwort kam aber verflucht schnell.«

Leonie schluckte schwer. Wenn sie genau darüber nachdachte, dann hätte ihr früheres Ich Martin niemals so akzeptiert wie er war. Aber ihr jetziges, weitaus weitsichtigeres Ich war dazu bereit, alle Nuancen eines Menschen kennenzulernen und zu versuchen sie zu akzeptieren, ganz ohne von Vorurteilen belastet zu sein. »Doch, ich meine es ernst. Ich will versuchen dich so zu akzeptieren, wie du bist.«

Martin hielt in seiner Tätigkeit inne und sah Leonie an. »Beweise es.«

Leonie musste einen Blick aufgesetzt haben wie ein großes Fragezeichen, denn Martin wiederholte seine Forderung.

»Beweise, dass du mich so akzeptierst, wie ich bin.«

»Wie soll ich denn das beweisen?«

Martin richtete seinen Blick wieder auf den Huf des Pferdes. »Dein Problem.«

»Aber ich habe wirklich keine Ahnung, wie ich das anstellen soll.«

Martin reagierte nicht mehr auf ihre Fragen, egal wie oft sie versuchte eine weitere Information bezüglich seinem Ansinnen aus ihm herauszubekommen. Resigniert verließ sie den Stall und wankte zurück zum Hotel. Sie musste sich dringend überlegen, wie sie ihm beweisen konnte, dass sie sich weiterentwickelt hatte. Sie war nicht mehr der bockige Sturschädel, der Menschen über den Daumen peilte und allesamt in eine Schublade verfrachtete, wo sie gemeinsam verrotten konnten, wenn ihr ihre vorschnell gebildete Meinung über sie nicht zusagte.

Die Gesprächsfetzen, die sie im Hotelflur aufgeschnappt hatte, als Sara mit einer fremden Frau geredet hatte, kamen ihr wieder in den Sinn. Vielleicht hatte ihre Freundin die Lösung für ihr Problem parat. Sie musste schleunigst mit Sara sprechen und sie fragen worum es in dem Gespräch ging. Anstatt in ihr eigenes Zimmer zu gehen, klopfte sie also an Saras Tür.

»Herein!«, hörte sie ihre Freundin rufen.

Leonie hastete in das kleine Zimmer und Sara hielt sofort inne, ihr Kleid für den morgigen Tag zu bügeln.

»Na, du hast es aber eilig. Was kann ich für dich tun, Leonie?«

»Ich brauche deine Hilfe. Ich muss Martin beweisen, dass ich ihn genauso will, wie er ist.«

»Wie kommst du denn jetzt auf Martin? Ich dachte, du willst Michael um jeden Preis zurückgewinnen.«

Leonie tat die Frage ihrer Freundin mit einer wegwerfenden Handbewegung ab. »Michael ist doch schon ein alter Hut.«

»Oh, das freut mich aber für dich!«, rief Sara und stellte das Bügeleisen ab, um Leonie umarmen zu können. »Wir hatten so sehr gehofft, dass du seine Qualitäten doch noch erkennst und merkst, wie gern du ihn in Wahrheit hast.«

»Ja, genau so ist es auch. Aber er will mich nicht. Jedenfalls nicht, solange ich ihm nicht bewiesen habe, dass ich ihn großartig finde.«

Sara grinste verschwörerisch. »Dabei kann ich dir helfen. Setz dich, ich erkläre dir wie.«

Leonie setzte sich auf die Bettkante. »Sara, irgendwie riecht es hier verbrannt.

Sara sah hastig zu ihrem Bügelbrett. »Oh mein Gott, ich habe das Bügeleisen auf dem Kleid abgestellt!«, rief sie aus und sprintete hinüber zum Bügeltisch und hob das Eisen von dem verbrannten Stoff. »Okay, also zuerst lösen wir dein Problem und dann lässt du mich in deinen Kleiderschrank schauen, ob du ein passendes Kleid für mich parat hast.«

8. Das ist der falsche Grund

Leonie schlich wie ein Tiger im Käfig durch den Speiseraum des Hotels. Ständig tigerte sie von der Tür hinüber zur Bar und wieder zurück. Schön langsam fiel ihr auf, dass das neuerdings ihr Verhalten in unliebsamen Situationen war, wenn sie unter Anspannung stand und nachdenken musste. Bis vor Kurzem reagierte sie auf nervenaufreibende Strapazen immer mit extremer Gelassenheit. Sie erinnerte sich daran, wie sie an ihrem Schreibtisch in ihrem Büro gesessen hatte und die Zahlen auf dem Monitor anstarrte. Diese Arbeit hat sie nie glücklich gemacht, das war ihr jetzt erst richtig klar geworden. Vielleicht lag ihre zynische Art auch an der Unterbeschäftigung, die ihr Job mit sich gebracht hatte. Seit Martin mit ihr über ihre Arbeit gesprochen hatte, ging es ihr irgendwie besser. Sie war lebendiger, beweglicher, ja sogar kreativer. Und Buchhaltung war definitiv kein sonderlich kreativer Beruf. Außerdem konnte sie Zahlen noch nie richtig leiden. Sie hatte bis gerade eben keine Ahnung mehr gehabt, warum sie sich damals überhaupt für das BWL Studium eingeschrieben hatte. Über die Jahre hatte sie ganz vergessen, was eigentlich ihr berufliches Ziel gewesen war. Doch das sollte sich ab dem heutigen Tag ändern.

»Wann kommt er denn endlich?«, fragte Leonie ihre Freundinnen, die ebenso nervös wirkten wie sie.

»Ich habe Sepp vor einer halben Stunde losgeschickt, um Martin zu holen«, erklärte Natascha mit einem

Schulterzucken.

»Wir müssen uns beeilen, die Hochzeit beginnt doch schon in zwei Stunden. Und ich will dort auf keinen Fall ohne Martin aufkreuzen. Michael soll sehen, dass ich mein Leben weiterlebe.«

»Keine Sorge, er wird schon auftauchen. Genauso wie unsere Gentlemen.«

Melody hatte vorgeschlagen, dass alle wichtigen Personen bei der Überraschung dabei sein sollten. Es war ihre Idee gewesen, ein besonderes Highlight für sie alle aus diesem Tag zu machen. Und Leonie war sich sicher, kein einziger von ihnen würde diesen Tag je wieder vergessen.

Ted und Andreas bogen genau in dem Moment um die Ecke, als Leonie den kleinen Fernseher zurechtrückte.

»Ich habe etwas viel Besseres aus der Redaktion mitgebracht«, sagte Ted triumphierend, der beim Fernsehen arbeitete. »Seht nur, das ist ein Beamer, den durfte ich mir leihen.« Er baute das Gerät in der Mitte des Raumes auf und aktivierte es auch gleich mit einem Handgriff. Das Bild zeichnete sich direkt an der gegenüberliegenden Wand ab.

»Die Übertragung startet gleich«, erklärte Ted weiter. »Es sind nur noch fünf Minuten und dann geht es los.«

»Verdammt«, murmelte Leonie und biss sich auf die Unterlippe, »Martin ist noch nicht hier.«

»Aber Rebecca wird es gleich sein.«

Das Gespräch, das Leonie zwischen Sara und der Unbekannten belauscht hatte, stellte sich als purer

Glückstreffer heraus. Denn es hatte sich um Saras neue Bekannte, Rebecca S. George gehandelt, der berühmtesten Fernsehmoderatorin aus Freedom Falls. Und sie hatte sich bereit erklärt, Leonie bei ihrem Plan zu helfen.

»Dann lasst uns nach draußen gehen«, beschloss Leonie kurzerhand. Wenn Martin nicht zu uns kommen will, dann kommen wir eben zu Martin.«

Sara klatschte in die Hände. »Das ist eine wunderbare Idee, ich sage gleich Rebecca Bescheid!«

Während Sara telefonierte, strebte die mittlerweile sechsköpfige Gruppe aus dem Hotel hinaus, hinüber zu dem kleinen Stall. Dort wartete Rebecca schon mit einem Kameramann. Sie begrüßte Ted, ihren Kollegen, mit einem kurzen Winken und einem vielsagendem Lächeln und begann dann sofort mit der Live-Übertragung.

»Mein liebes Publikum, heute möchte ich Ihnen eine ganz besondere Frau vorstellen«, sie deutete Leonie näher zu kommen. »Diese außergewöhnliche Dame hat sich dazu entschieden, dem Mister ihres Herzens etwas zu beweisen.«

Martin hatte anscheinen mitbekommen, dass vor seinem Arbeitsplatz ein Kamerateam stand, denn er kam in diesem Moment aus dem Stall und sah sich neugierig um. Als sein Blick auf Leonie fiel, hielt er sofort inne und blieb schlagartig stehen.

»So ist es, Rebecca. Damit die Zuseher die Umstände für meine Entscheidung verstehen können, muss ich mit meiner Geschichte etwas ausholen. Ich habe vor kurzer

Zeit meine Arbeit und mein Zuhause verloren, ich stand ohne weitere Perspektiven da, ohne Jobaussichten oder die Möglichkeit von irgendwoher eine neue Bleibe zu bekommen. Ich dachte, mein Leben wäre vorbei. Ich hätte versagt. Doch dann wurde ich nach Freedom Falls eingeladen und mein Leben bekam neuen Auftrieb.«

»Was genau war denn der Grund für diese abrupte Änderung?«, fragte Rebecca, den Blick in die Kamera gerichtet.

»Dieser Mann«, sagte Leonie und deutete auf Martin. »Er hat mir die Augen geöffnet und mir klar gemacht, dass ich zu so viel mehr fähig bin, als ich mir bis jetzt zugetraut habe. Und deshalb habe ich mich dazu entschieden hierher zu ziehen.«

Martins Blick veränderte sich unversehens. »Was hast du getan, Leonie?«

»Ich habe mein letztes Erspartes genommen und eine der alten Blockhütten am Stadtrand gemietet.«

»Das ist aber eine etwas riskante Entscheidung, so ganz ohne Job, findest du nicht?«

Leonie lächelte triumphierend. »Aber ich habe doch schon einen neuen Job.«

Martin hielt erneut inne und sah sie fragend an. »War mir doch völlig klar, dass du alles innerhalb kürzester Zeit wieder auf die Reihe bekommst. Aber ich hoffe, du hast nicht wieder einen Job als Buchhalterin angenommen?«

»Ich habe ursprünglich BWL studiert, weil ich gerne ins Marketing wollte. Zahlen haben mich nie interessiert. Den Job als Buchhalterin hatte ich eigentlich nur angenommen um für die erste Zeit nach dem Studium über die Runden zu kommen. Nur dann wurde ich befördert und verdiente immer besser ... deshalb habe ich mein eigentliches Ziel aus den Augen verloren. Doch dank dir kann ich den Verlust meines Arbeitsplatzes als Neuanfang betrachten. Und nun werde ich endlich in dem Bereich arbeiten, in dem ich immer tätig sein wollte. Ich bin ab sofort die Managerin eines berühmten Romanautors, der bei euch im Hotel arbeitet.« Sie winkte Sepp zu, der sich sofort nervös umsah. Er hing seinen eigentlichen Beruf nicht gern an die große Glocke. Das hatte jetzt Leonie, seine neue PR-Beraterin, für ihn übernommen.

»Du bist ja der reinste Wahnsinn«, sagte Martin.

»Und das alles habe ich für dich getan.«

»Das ist aber der falsche Beweggrund«, antwortete er knapp.

»Du wolltest doch einen Beweis dafür, dass ich dich so akzeptiere, wie du bist. Was könnte das denn besser beweisen, als ein Umzug in dieses Kaff und ein neuer Job, zu dem du mich motiviert hast?«

»Schön und gut, Leonie. Aber wie ich bereits sagte: Das ist der falsche Grund.«

9. Du bist *was*?

Leonie deutete Rebecca, die Übertragung abzubrechen. Die Moderatorin übernahm sofort die Führung und plapperte munter in die Kamera. Blöderweise hatte Leonie sich für eine Live-Sendung entschieden, weshalb nun ganz Freedom Falls diesem peinlichen Spektakel zusah.

Sie näherte sich Martin mit erhobenem Zeigefinger. »Was heißt da bitte, ich hätte das alles aus der falschen Motivation heraus gemacht?«

»Du musst solche Dinge doch allein um deinetwillen ändern, Leonie. Und nicht weil du einem Mann etwas beweisen willst.«

»Du glaubst doch wohl nicht wirklich, dass ich das alles nur deinetwillen getan habe?«

»Ich weiß nicht, was ich glauben soll.«

»Warum bist du denn jetzt so bockig?«, versuchte es Leonie.

»Du hast zu mir gesagt, dass du niemals mit so einem Typen wie ich einer bin, zusammen sein willst.«

»Das habe ich doch nie ... Moment. Habe ich das zu dir gesagt, als ich halb im Delirium auf der Couch im Foyer gelegen bin?«

»Siehst du, du erinnerst dich ja doch daran.«

»Ich weiß davon gar nichts mehr. Ich weiß nur noch, dass wir getanzt haben und dann warst du verschwunden.«

»Und dazwischen habe ich dir noch gesagt, was ich für dich empfinde. Du hast mich ausgelacht und gemeint, dass du nie mit mir zusammen sein kannst.«

»Falls ich das gesagt habe, dann tut es mir leid. Vor allem tut mir leid, dass du meine Aussage falsch verstanden hast. Denn eigentlich denke ich, dass du viel zu gut für mich bist und ich dich gar nicht verdient habe. Du bist so ein beeindruckender Mensch, Martin. Einer der einen immer wieder mit unbeschreiblichen Weisheiten überrascht und, einem dadurch sich selbst ein Stück näher bringt. Ich bewundere dich, Martin.«

»Aus diesem Grund hast du auch deine Freunde angelogen, was mich betrifft? Weil du mich bewunderst, für das, was ich bin?«

»Meinst du, weil ich erzählt habe, du wärst der Besitzer des Hotels?« Leonie kratzte sich verlegen an der Nasenspitze. »Ich hätte ihnen auch genauso gut sagen können, dass du nur der Stallbursche bist. Es ging dabei nicht direkt um dich ...«

»Jetzt werde ich dir einmal etwas verraten.«, warf Martin schnippisch ein, »Ich bin tatsächlich der Besitzer dieses Hotels.«

Der Groschen fiel langsam, aber er verfehlte sein Ziel keineswegs. Leonies rechte Augenbraue begann unkontrolliert zu zucken. »Was hast du gerade gesagt? Du bist was?«

»Ich bin Hotelbesitzer.«

Drei kleine Worte, und wieder veränderten sie Leonies Welt.

»Du hast mich also belogen?«

»Moment mal, du warst doch diejenige, die mit der Lügerei über meinen Beruf begonnen hat.«

»Das mag schon sein, aber du hättest meine Lüge auch gleich als Tatsache bestätigen können.«

»Warum hätte ich denn so etwas tun sollen?«

»Aus Wertschätzung? Du wolltest mir doch eine Stunde später sagen, dass du mich sehr magst und mit mir zusammen sein willst, nicht wahr? Und da bist du nicht bereit dazu gewesen, mir zu beichten, dass das Hotel dir gehört?« Leonie war außer sich. Auch ihr Auge zuckte jetzt im selben Takt wie ihre Augenbraue. Ihre Zähne presste sie immer fester aufeinander, sodass sie kaum noch ein Wort herausbrachte.

»Leonie, ich wollte dich nicht-«

»Papperlapapp«, fuhr sie ihm in gewohnter Leonie-Manier dazwischen, »Ich will nichts mehr von dir hören. Und eigentlich will ich dich auch gar nicht mehr sehen.« Sie wandte sich um und stapfte davon. Es entging ihr völlig, dass ein ganzer Rattenschwanz von Leuten hinter ihr her trabte. Das Sechsergespann hatte sich um eine Reporterin und einen Kameramann erweitert.

Leonie riss die Tür zum Speisesaal auf und glotzte an die riesige Leinwand. Dort konnte sie nämlich riesengroß ihren eigenen Rücken bewundern. »Was zum Teufel ...?«

Sie wandte sich um und ihre Wut verdreifachte sich. Rebecca stand direkt hinter ihr und hielt ihr ein Mikro unter die Nase. »Wie werden Sie weiter auf den Verrat des Mannes, für den Sie ihr Leben geändert haben, reagieren? Noch können Sie vom Mietvertrag für das

Blockhaus zurücktreten. Was werden Sie tun?«

»Zuallererst werde ich dieser Live-Übertragung ein Ende bereiten«, drohte Leonie, die immer noch ihr überdimensionales Ich im Augenwinkel betrachtete, und stürzte auf den Kameramann zu. Sie versuchte, nach der Kamera zu grapschen, doch der Kameramann hüpfte gekonnt leichtfüßig beiseite. Anscheinend war er nicht zum ersten Mal attackiert worden. Er schien Übung darin zu haben, wütenden Menschen spontan aus dem Weg zu hopsen.

»Sie sind ja ein kleiner Frosch«, blaffte sie und wandte sich wieder zu der Moderatorin um. »Wissen Sie, Rebecca, ich habe zwar überhaupt keine Lust mich vor ganz Freedom Falls über meine Beziehung und mein Leben auszulassen, aber da ihr mir anscheinend schon die ganze Zeit über folgt ... kann ich es euch genauso gut auch erzählen, nicht wahr?«

Rebecca nickte ihr auffordernd zu und reichte ihr das Mikrofon. Leonie schnappte danach und schritt während ihres Vortrags auf und ab. »Ich habe mich *für* diesen neuen Lebensabschnitt entschieden. Auch ohne einem Mann, der an meiner Seite steht. Und das tut er definitiv nicht, wenn er mich so dreist belügt und mir nicht einmal anvertrauen kann, dass er nicht nur ein einfacher Stallbursche ohne Zukunftsperspektive ist. Ich meine, selbst dann hätte ich ihn gewollt. Denn ich habe erkannt, dass hinter einem Menschen immer viel mehr steckt, als das was man im ersten Moment vermutet. Wir alle sind so facettenreich und unsere Persönlichkeiten bestehen nicht nur aus Schwarz und Weiß. Ganz im Gegenteil. All unsere Charaktere setzen sich aus den verschiedensten Grautönen und unendlich vielen Farbkombinationen zusammen. Sogar ungeahnte Farben entstehen, und manchmal reflektieren sie einem das eigene Spiegelbild zurück. Und hin und wieder geschieht etwas Wunderbares: Man erkennt sich in seinem Gegenüber selbst.« Leonie holte tief Luft. »Ich dachte, ich hätte mich in Martin wiedergefunden, einen vertrauenswürdigen Partner für mich entdeckt, doch seine Lüge hat dieses Bild wieder zerstört. Aber das beweist mir auch, wie vielschichtig wir sein können.«

»Sie meinen also, wir entsprechen keinen Stereotypen?«

»Genauso ist es, Rebecca. Wir sind alle Individuen, mit einem einzigartigen Charakter ausgestattet. Ich habe lange nach der Devise gelebt, dass Menschen eben so sind, wie sie sind, sich nicht ändern können und ich habe geglaubt, dass ich in ihnen lesen kann wie in einem offenen Buch. Doch eigentlich war ich sehr oberflächlich, gefangen in dieser Sichtweise, und habe jetzt erst verstanden, dass ich lediglich Vorurteile gegenüber meinen Mitmenschen hatte und mir nicht die Zeit genommen habe, hinter die Kulissen der Leute zu sehen und ihr wahres Ich zu entdecken.«

»Das haben Sie sehr schön gesagt, Leonie. Und ich freue mich aufrichtig, Sie hier in Freedom Falls begrüßen zu dürfen! Ich bin mir sicher, dass Sie ihren Weg finden werden und auch ein neuer Partner wird bestimmt nicht lange auf sich warten lassen. Es gibt einige Junggesellen in Freedom Falls, die auf so eine tolle Frau wie Sie es sind, gewartet haben.«

»Vielen Dank, Rebecca. Die Zeit wird es zeigen.

Aber zuallererst werde ich mich hier einleben und zu einem Alltag finden, bevor ich mich großartig in Verabredungen stürze. Fürs Erste habe ich genug von den Männern. Und heute werde ich hier im Hotel die Hochzeit eines langjährigen Freundes genießen, auch ohne einem Date an meiner Seite. Selbst ist die Frau.«

»Dem kann und möchte ich nichts weiter hinzufügen«, sagte die Moderatorin, »Mit diesen Worten verabschiede ich mich von unseren Zusehern. Mögen Sie Ihre Mitmenschen nicht weiterhin in Schubladen packen. Vielen Dank fürs Ihre Zeit! Ihre Rebecca George.«

10. Ja, ich will

Leonie betrat den Garten des Hotels, in dem die Zeremonie in Kürze stattfand, erhobenen Hauptes. Ja, sie kam ohne Begleitung. Und ja, sie hatte sich im Fernsehen vor allen lächerlich gemacht. Aber sie interessierte sich nicht für die Meinung der Anderen. Jedenfalls wollte sie versuchen, sich nicht dafür zu interessieren.

»Ich gratuliere dir zum neuen Job!«, rief ihr Peter, mit dem Leonie gemeinsam studiert hatte, im Vorbeigehen zu.

»Hallo Leonie! Tolle Ansprache war das vorhin im Fernsehen«, sagte Karoline, eine gemeinsame Freundin von Fiona und ihr, als sie Leonie sah.

Leonie war positiv überrascht. Es wirkte so, als wären die Leute begeistert von ihrem Vortrag gewesen und niemand schien ihr diesen Auftritt übel zu nehmen. Innerlich klopfte sie sich für ihren Mut auf die Schulter.

»Hallo Leonie«, begrüßte sie ein ihr fremder Mann, der sie freundlich anlächelte.

»Und Sie sind nochmal?«, entgegnete sie ihm frech.

Der wirklich attraktive Typ mit Dreitagebart und Hipsterfrisur zwinkerte ihr zu. »Mein Name ist Kilian. Ich wohne derzeit in Freedom Falls und habe gehört, dass du noch nach einem Date für die Hochzeit suchst.«

»Hey, dasselbe wollte ich ihr gerade vorschlagen«, meldete sich plötzlich ein anderer ihr unbekannter Mann, der neben Kilian Aufstellung genommen hatte.

»Wie kommt ihr denn darauf, dass ich noch nach einer Verabredung für die Hochzeit suche?«

»Wir haben dich im Fernsehen gesehen. Du bist doch auf der Suche nach Junggesellen aus Freedom Falls?«, fragte Kilian verwirrt.

»Sorry, Jungs. Da habt ihr etwas falsch verstanden.« Sie musterte Kilian von den Füßen bis hinauf zu seinem perfekt sitzenden Scheitel. »Aber wenn ihr schon mal hier seid, könnt ihr genauso gut bleiben«, beschloss sie kurzerhand. Irgendwie amüsierte sie die Tatsache, dass die Singlemänner die ihre Meldung im Fernsehen gehört hatten, sie komplett falsch interpretiert hatten und tatsächlich zum Hotel gepilgert waren.

»Ist noch einer der Gentlemen hier, um Leonie Gesellschaft zu leisten?«, fragte der junge Mann, der sich noch nicht namentlich bei Leonie vorgestellt hatte. Kaum hatte er seine Frage gestellt, hoben auch schon drei weitere Gesellen die Hände und näherten sich. Innerhalb kürzester Zeit hatte sich eine Traube, bestehend aus ansprechend aussehenden Männern, vor Leonie gebildet. Theoretisch brauchte sie nur ihre Arme auszustrecken und sich einen dieser Typen zu pflücken. Die Ansammlung erschien ihr jedoch eher grotesk als ansprechend, und Leonie war kurz davor, die wartenden Junggesellen wieder wegzuschicken.

Doch einer von ihnen kam ihr plötzlich mehr als bekannt vor. Martin stach unversehens hervor, wie ein bunter Hund in einer ansonsten grauen Welt. Im Vergleich zu den anderen Anwärtern besaß er Ecken und Kanten. Sein Gesicht war keineswegs fein säuberlich aufbereitet: Seine Augenbrauen waren nicht in Form gebracht und auch sein Bart war nicht frisch getrimmt. Er trug keinen Anzug, sondern seine Arbeitsklamotten. Und er verbreitete, im Gegensatz zu allen anderen, kein wohlriechendes Aroma irgendeines Duftwässerchens, sondern einen pikanten Geruch nach Mann, Stall und Pferden.

Die anderen Männer folgten Leonies entgeistertem Blick und drehten sich zu Martin herum. Dieser stand mit einer Mistgabel in der Hand da und seine Haltung wirkte genauso beklemmend wie die des Mannes auf dem Gemälde *American Gothic* von Grant Wood aus dem Jahr 1930.

»Was willst du hier?«, fragte Leonie entgeistert.

Doch Martin blieb stumm. Er verharrte in derselben Pose und gab ihr partout keine Antwort. Erst jetzt bemerkte Leonie, dass auch alle anderen Hochzeitsgäste wie Standbilder in ihren Positionen verharrten. Eine Frau hielt ihre Kaffeetasse auf halbem Weg zu ihrem Mund entfernt, ein junger Mann schien mitten in einem Schritt eingefroren zu sein- sein rechtes Bein hielt er leicht durchgestreckt und es berührte den Boden nicht.

Außerdem bemerkte sie, dass die Gäste vereinzelt keine Festtagskleidung mehr trugen, sondern Latzhosen, und Arbeitswerkzeug mit sich herum schleppten. Eine Frau in einer abgenutzten Jeanshose, die sie sehr an Martins Arbeitsgewand erinnerte, hielt einen Rechen fest umklammert. Ein Senior, der gut und gerne Michaels Vater sein könnte, hielt eine Laubsäge in der Hand. Leonie ließ ihren Blick über die bizarre Kulisse schweifen. Und tatsächlich. Sogar Braut und Bräutigam verharrten inmitten einer Geste. Michael schüttelte gerade einem Gast die Hand und Fiona roch an einem Strauß Blumen.

Leonie bewegte sich durch das Standbild und suchte nach ihren Freunden. Sara und Andreas, Melody und Ted, Natascha und Sepp ... sie alle trugen ebenfalls Latzhosen und waren mit einem Arbeitswerkzeug aus Martins Stall bewaffnet. Langsam schob sich Leonie durch die eingefrorene Szene, bis sie Martin erreichte.

»Was soll denn das werden?«, fragte sie den versteinerten Mann. Plötzlich richtete Martin seinen Blick auf sie, die Band begann zu spielen, Martin setzte sich in Bewegung und tanzte zur Musik. Auch die anderen Gäste erwachten aus ihrem Schlaf und bewegten sich wieder, wobei sie alle dieselben Bewegungen vollführten. All jene, die im selben Stil wie Martin gekleidet waren, versammelten sich direkt hinter ihm und begannen im Gleichtakt mit Martin zu tanzen. Neben der Band entdeckte sie Rebecca und ihren Kameramann, die das Spektakel filmten.

»Ein Flashmob?«, rief Leonie gegen die fröhliche Musik an, »du hast einen Flashmob für mich organisiert?« Sie konnte es kaum glauben. Dieser Mann war ein echtes Phänomen. »Und das nur, weil ich wütend auf dich war, weil du mir nicht gleich die Wahrheit gesagt hast? Ich hätte dir doch sowieso verziehen. Was für eine Show lieferst du mir dann erst, wenn wir uns richtig zanken?«

Anstatt ihr zu antworten, warf Martin die Mistgabel von sich, griff nach ihrer Hand, lief mit ihr die Treppen hinauf auf die Terrasse und zog sie auf die Tanzfläche. Dort angekommen riss er sich den Blaumann vom Körper und darunter kam ein feiner Anzug zum Vorschein. Kaum hatten ihre Füße das Parkett berührt, wechselte die Musik und der Sänger der Band verkündete »Alles Walzer!«

Genau wie am Abend zuvor, legte Martin seine Hand auf ihren Rücken und übernahm die Führung. Sie wirbelten herum, jedoch veränderte Martin die Abfolge der Schritte. »Damit du nicht wieder umkippst«, verkündete er und setzte zu einer weiteren Drehung an. Leonies Füße schwebten förmlich über den hölzernen Untergrund. »Da hast du dir aber echt Mühe gegeben.«

»Das war noch nicht alles«, sagte Martin, nahm sie erneut an der Hand und eilte mit ihr zurück in die Mitte des Gartens. Direkt unter dem kleinen Pavillon wartetet ein schneeweißes Pferd. »Ich werde dir jetzt tatsächlich deine Angst vor diesen wunderbaren Geschöpfen nehmen, dann können wir diese Geschichte eines Tages unseren Kindern erzählen, wenn du ihnen Reitunterricht gibst.«

Leonie zögerte kurz, nickte ihm aber dann zu. Martin positionierte sich direkt neben dem Schimmel und kreuzte seine Finger. Er baute ihr eine Räuberleiter, mit der sie den Rücken des mächtigen Tieres erreichen konnte. Leonie schlüpfte aus ihren hochhackigen Schuhen und ließ ihren bloßen Fuß auf Martins starke Handflächen sinken. »Du lässt mich aber nicht alleine, oder?«

»Natürlich nicht«, antwortete er und schwang sich ebenfalls auf den Rücken des Pferdes. Er nahm hinter Leonie Platz und sie konnte seinen warmen Körper ganz nah an ihrem fühlen. Es war eindeutig nicht nur die sommerliche Temperatur, die sie zum Erröten brachte. Martin gab dem mächtigen Tier die Sporen, seine Schenkel drückten sich nun fest gegen ihre, der Schimmel setzte sich in Bewegung und trabte sachte durch den Garten.

Vor dem Podest, auf dem die Band eine sanfte Begleitmelodie spielte, zog Martin die Zügel straffer und der strahlendweiße Pegasus hielt an. Martin stieg mit einer gekonnten Bewegung hinunter und reichte Leonie sofort die Hand, um ihr zurück auf festen Boden zu helfen. Die Band hielt inne und die Musik verklang.

Martin sah ihr tief in die Augen. »Wenn ich dich ansehe, dann habe ich das Gefühl, als würden tausend Schmetterlinge in meinem Bauch Walzer tanzen.«

Plötzlich stoben hunderte von farbenfrohen Schmetterlingen in die lauen Sommerlüfte und flatterten fidel umher. Leonie hielt ihren Atem an und beobachtete dieses wundersame Schauspiel. Es sah wirklich ein wenig so aus, als würden die edlen Insekten einen Tanz vollführen. Inmitten dieser Farbenpracht zog Martin sie dicht an sich, beugte sich zu ihr hinab und seine Lippen fanden kurz darauf die ihren. Ein heißer Kuss verband die beiden Individuen zu einer Einheit von Liebenden. Seine Lippen forderten immer mehr von ihrem süßen Geschmack und auch seine Hände suchten gierig nach mehr von ihrer unverhüllten Haut. Leonie genoss jede einzelne Berührung und versank immer tiefer in seiner kraftvollen Umarmung.

»Ich liebe dich«, hauchte Martin und küsste sie erneut.

Wieder drei kleine Worte. Und wieder war ihre Wirkung um ein Tausendfaches stärker als ihre Länge. Leonie schloss die Augen und hörte ein Echo in ihrem Kopf widerhallen, als Martin sie immer wieder küsste. *Ich liebe dich, Ich liebe dich, Ich liebe dich.*

Melody wedelte mit den Armen und riss Leonie aus den nicht enden wollenden Küssen. »Tut mir leid, dass ich euch stören muss, aber es ist wirklich dringend. Ich habe dir doch davon erzählt, dass sich diese Rebecca, Teds Arbeitskollegin, immer an ihn heranschmeißt?«

Leonie nickte.

»Dann sieh dir das an, es passiert gerade direkt vor unseren Augen!«, platzte es aus Melody heraus, die unumwunden auf Rebecca und Ted zeigte.

»Beruhig dich wieder, Mel«, bat Leonie ihre Freundin, »ich habe etwas Zeit mit Rebecca verbracht und ich kann dir versprechen, sie ist überhaupt nicht an deinem Ted interessiert.«

»Bist du dir da auch ganz sicher? Sieh sie dir nur an, wie sie ihn anlächelt. Ihr Blick ... als würde sie ihn am liebsten an sich drücken und ...«

»Nein, das bildest du dir nur ein. Ihr Interesse an ihm, ist nur beruflicher Natur. Sie bewundert ihn. Und zwar aufrichtig. Sie wünscht sich auch so eine großartige Karriere, wie er sie hingelegt hat.«

»Ach so?«

»Und davon abgesehen nannte sie ihn ihren Berufs-Vater. Er wäre ihr viel zu alt, hat sie gemeint.«

»Mein Ted? Zu alt? Er ist vielleicht Zehn, allerhöchstens Fünfzehn Jahre älter als Rebecca.«

Leonie lachte. »Weißt du, Mel, wir werden auch nicht

jünger. Und die Männer, die wir jetzt attraktiv finden, die sehen für so junge Dinger wie Rebecca aus wie ihre Väter.«

»Einerseits bin ich jetzt beruhigt, aber andererseits fühle ich mich schlagartig ganz schön gealtert.«

»Mach dir nichts draus, immerhin wird sie dir deinen Freund garantiert nicht ausspannen.«

Kaum hatten sie ihr Gespräch über Ted und seine potenzielle Affäre beendet, spielte sich im Garten des Hotels schon wieder eine kleine Sensation ab. Ted, Melodys Freund, kam auf sie zu, umgeben von Sara, Andreas, Natascha und Sepp. Er kniete sich direkt vor Melody in das saftige Gras. Die Band begann erneut zu spielen. Dieses Mal einen Song, der eher in eine andere Jahreszeit passte, aber perfekt die Beziehung von Melody und Ted zusammenfasste. *White Christmas* von Bing Cosby.

Ihre Freunde nahmen rund um Melody und Ted Aufstellung, griffen in ihr Arbeitsgewand und zauberten, aus Papier angefertigte Schneeflocken hervor, die sie auf das Paar herabschneien ließen.

»Meine geliebte Melody, ich möchte dich hier und heute, in Anwesenheit all deiner Freunde, und dem Schnee, der uns zusammengebracht hat, fragen: Willst du mich heiraten?«

Melody schlug die Hände vor den Mund. Eine Träne der Freude löste sich aus ihrem Augenwinkel und kullerte sanft über ihre Wange. »Aber natürlich, Ted!« Sie streckte ihm ihre Hand entgegen und sah zu, wie Ted ihr einen glänzenden Ring an den Finger steckte. »Ja, ich will!«, rief Melody währenddessen immer wieder vor Glück.

»Wenn wir schon bei den guten Neuigkeiten sind«, nutzte Natascha die Gelegenheit, »Dann möchte ich euch sagen, dass ich bald auch hier in Freedom Falls leben werde. Denn Sepp und ich ...« Sie machte eine theatralische Pause. »Wir ziehen zusammen!«

»Das ist ja ein Ding! Dann wohnen bald schon fast alle von uns hier«, freute sich Sara.

»Das wird mir auch meine neue Arbeit ungemein erleichtern, wenn der Autor den ich jetzt betreue, im selben Ort lebt wie ich.«, ergänzte Leonie.

»Und für mich bringt es auch viele Vorteile, wenn ihr alle hier wohnt«, erklärte Sara, »denn bei uns gibt es auch Neuigkeiten.«

Die Freundinnen sahen Sara gespannt an. Leonie konnte sich kaum vorstellen, was denn noch Aufregendes passiert sein konnte.

»Ich bin schwanger!«, posaunte Sara ihre Neuigkeiten lautstark heraus.

»Wirklich? Oh, das ist ja unfassbar! Wir gratulieren dir von ganzem Herzen!«, sagte Melody, die dabei ihren neuen Ring stolz in die Sonne hielt.

Natascha umarmte Sara, sah sie skeptisch an und sagte mit gespielt ernstem Ton »Aber nicht, dass du denkst, ich spiele jeden Tag Babysitter?«

Rebecca und ihr Kameramann hatten sich mittlerweile direkt vor das Podest gestellt und beobachteten den Ablauf der unerwarteten Ereignisse.

»Diese Hochzeit hat sich als wahrer Enthüllungssturm herausgestellt«, sagte Rebecca freudig in ihr Mikro. »Leonie, möchten Sie dazu noch etwas sagen?«

Leonie nahm das Mikrofon entgegen und sah nachdenklich in die kleine Runde, bestehend aus ihren Freundinnen und ihrem Liebsten. Es war unglaublich, doch tatsächlich hatte sich jede von ihnen weiterentwickelt und einen neuen Lebensabschnitt begonnen. Sie waren allesamt erwachsen geworden und lebten ihr Leben. Sara setzte sogar demnächst neues Leben in die Welt.

»*Ich liebe dich, Wir ziehen zusammen, Ja ich will, Ich bin schwanger*«, zählte Leonie alle Ereignisse auf, von denen sie soeben erfahren hatten, »dies alles sind Abschnitte in einer Beziehung, nicht wahr? Jeweils bestehend aus drei kleinen Worten, die eine ganz neue Ära einläuten und das eigene Leben, so wie man es bisher kannte, komplett verändern und auf den Kopf stellen.«

»Wie wahr«, antwortete die Moderatorin, »und wir durften Zeuge all dieser wunderbaren Nachrichten sein. Damit nicht genug, wir werden auch gleich an einer wunderschönen Hochzeit teilnehmen dürfen.«

Leonie sah hinüber zu Michael, der neben Fiona und ihrem Bruder stand, wobei er einen Meter Abstand zu Michael und seiner Schwester hielt. Ihr Herz schmerzte bei dem Gedanken, dass er zum Schein einen anderen Menschen heiraten *musste*, nur weil die Liebe zu der Person, mit der er wirklich sein Leben verbringen wollte, gesellschaftlich leider immer noch nicht akzeptiert wurde.

»Ich möchte auch etwas bekannt geben!«, rief Michael zu ihnen hinüber. Rebecca und ihr Kameramann setzten sich in Bewegung und auch die Gruppe bestehend aus Freunden und Liebespaaren, marschierte hinüber zu dem wartenden Brautpaar.

»Ich werde heute heiraten, jedoch nicht diese wunderbare Frau, die hier neben mir steht.«

Martin sah besorgt zu Leonie, die jedoch nur mit den Schultern zuckte.

»Sondern ihren wirklich großartigen Bruder, mit dem ich seit vielen Jahren schon, eine aufrichtige und liebevolle Beziehung führe.«

Leonie grinste über das ganze Gesicht. Sie war so irrsinnig stolz auf Michael, dass er diesen riesigen Schritt getan hatte. So würde er sich vielleicht die Missgunst seiner eigenen Familie einhandeln und eventuell auch einige Geschäftspartner verlieren, die mit seinem Outing nicht klarkamen (denn leider gab es solche Menschen immer noch). Aber er würde mit Sicherheit ein schöneres Leben führen können und es mit Leuten verbringen, die ihn genauso akzeptierten wie er war und nicht infrage stellten, wen er liebte.

»Dann lasst uns mit der Zeremonie beginnen«, sagte Leonie, die sich Martins Hand schnappte und mit ihm zu den Stühlen direkt vor dem Pavillon hinüber schlenderte.

»Weißt du«, begann Martin, während sie sich einen Sitzplatz aussuchten, »ich habe beschlossen, dass ich in Michaels Idee investieren werde.«

»Das sind ja großartige Neuigkeiten. Dieses Hochzeitsgeschenk wird ihm sicher gut gefallen. Und auch

Martin, seinem Mann.«

»Sieh an, noch ein Martin, der heute zum glücklichsten Mann auf der Welt gemacht wird.«

»Oh«, begann Leonie, die es aus Martins Mund hören wollte, »welcher Martin ist denn heute noch zum glücklichsten Mann auf der Welt geworden?«

»Der, der dir diese drei kleinen Worte zuflüstern darf«, er küsste sie innig und hauchte ihr besonders zart ins Ohr. »Ich liebe dich.«

Leonie schloss die Augen und erfreute sich an Martins liebevollen Berührungen, während sie murmelte »Diese drei kleinen Worte machen mich zur glücklichsten Frau auf der Welt« und sie versank zur Gänze in seinem Kuss, während Michael einige wenige Meter entfernt zu seinem Martin sagte: *Ja, ich will.*

ENDE

dritter Band

Alle guten Dinge sind Zwei

Kindersegen in Freedom Falls

Band 4 – Sara

Alle guten Dinge sind Zwei

Sara

1. Saras Ängste

Sara blickte von ihrer Illustrierten hoch, ließ ihre Beine von der Couch auf den Boden gleiten, und schenkte ihrem Freund Andreas einen liebevollen Blick. Andreas saß mit gesunkenem Kopf am Küchentisch, schlürfte seinen morgendlichen Kaffee aus seiner Lieblingstasse und war ganz und gar in die frisch gedruckte Ausgabe der Freedom Falls - Tageszeitung vertieft. Sara fand es herrlich, ihn bei diesem Ritual tagtäglich zu beobachten. Manchmal verzog er die Unterlippe, wenn er einem Beitrag nicht zustimmte, oder er rollte mit den Augen, wenn er der Meinung war, dass der Reporter nicht ausreichend genug recherchiert hatte. Und hin und wieder musste er während des Lesens schmunzeln, weil er von dem Bericht begeistert war.

Doch heute tat er nichts dergleichen.

»Was liest du denn gerade?«, fragte sie, neugierig auf seine Reaktion, weil sie bis jetzt nicht klar erkennen konnte, was in ihrem Freund vorging.

»Hm?«, kam von Andreas als Antwort, der sich nicht einmal die Mühe machte den Kopf zu heben.

»Ich habe dich gefragt, was du gerade liest, mein Schatz.« Wieder bekam Sara keine Antwort. Noch vor einigen Wochen sah das ganz anders aus. Sie erinnerte sich gut daran, wie sie Andreas vor vier Monaten offenbart hatte, dass sie Nachwuchs erwarteten. Er konnte dieses unvorstellbare Glück kaum fassen, umarmte Sara und drückte sie so fest an sich, dass sich ihre Füße vom Boden abhoben. Das ließ er aber dann sofort wieder bleiben, aus Angst er könnte das Baby zerquetschen. Sara musste über seine liebevollen Gedanken lachen und spürte in dieser Sekunde, dass Andreas einen ausgezeichneten Papa abgeben würde.

Auch Saras Freundinnen waren an diesem Tag dabei gewesen, denn sie ließ die Bombe auf einer Hochzeit platzen, zu der all ihre Freundinnen ebenfalls eingeladen gewesen waren. Es war der perfekte Moment gewesen, und Sara schwebte beinahe, vor überschäumenden Glücksgefühlen. Ihre besten Freundinnen Melody, Leonie und Natascha hatten sie direkt nach Andreas in den Arm genommen und sich mit ihr gefreut. Zwar meinte Natascha, das würde jetzt aber doch sehr überraschend kommen, aber das nahm sie ihrer Freundin nicht übel. Natascha konnte einfach nicht anders, als ihre Gedanken frei auszusprechen, was Sara eigentlich sehr an ihrer Freundin schätzte.

Die nächsten Tage, nachdem sie von ihrer Schwangerschaft erzählt hatte, vergingen wie im Flug. Aus Tagen wurden Wochen und nun lag der freudige Moment bereits vier Monate zurück. Sara war nun schon im siebten Monat schwanger und ihr Bauchvolumen wuchs stetig an. Es war unglaublich, dass so ein kleines Wesen so viel Platz brauchte.

Ihre Freundinnen Leonie und Natascha waren in der Zwischenzeit nach Freedom Falls gezogen, und ihre

Freundin Melody plante eifrig ihre Hochzeit, die ebenfalls in dem kleinen Städtchen gefeiert werden musste, weshalb Melody viel Zeit hier verbrachte. So war es den Freundinnen möglich, jede freie Minute miteinander zu verbringen und sich Namen für das Baby auszudenken.

Doch je mehr Zeit verging, desto mehr löste sich Andreas´ Enthusiasmus in Luft auf. Anfangs begleitete er sie zu jedem noch so kleinen Termin, der mit der Schwangerschaft zu tun hatte, und wollte ständig ihren Bauch berühren. Doch in letzter Zeit sah er sie kaum noch an. Sie fühlte sich wie ein (fetter) Windhauch, der wortlos an Andreas vorbeizog und zu wenig Kraft besaß, um sich in einen Sturm zu verwandeln.

Sara berührte nachdenklich ihren Bauch und strich mit den Fingern darüber. Mittlerweile war aus der kleinen Wölbung ein ansehnlicher Kugelbauch geworden. Der siebte Monat raste im Eiltempo auf die Zielgerade zu und Sara fühlte sich von Tag zu Tag mehr mit ihrem Kind verbunden. Sie fragte sich, warum es ihrem Freund nicht genauso ging. Er hatte nicht nur das Interesse an ihr verloren, sondern auch an seiner zukünftigen Tochter oder an seinem Sohn.

»Andreas?«, fragte sie erneut.

»Was ist denn?« Wieder hob er seinen Kopf nicht, um sie anzusehen.

Hastig, also so hastig wie es ihr mit dem Babybauch möglich war, erhob sich Sara von der Couch, schnappte ihre Tasche vom Küchenstuhl und wankte auf ihren geschwollenen Füßen zur Tür hinaus. Bevor sie das Türblatt zuzog, erklärte sie: »Ich treffe mich mit meinen

Freundinnen, du brauchst nicht auf mich zu warten. Ich weiß nicht, wann ich wieder komme.«

Ein kurzes »Aha«, war die einzige Antwort, die sie auf ihre Aussage erhielt. Wütend knallte Sara mit der Tür. Vielleicht hatte Andreas zumindest dieses kurze Donnerwetter wahrgenommen, wenn ihm doch sonst schon alles entging.

Wütend stapfte Sara zu ihrem Auto. Bald musste sie den Sitz zur Gänze nach hinten rücken, wenn ihr Bauchzwerg weiter so schnell wachsen sollte. Doch dann würde sie höchstwahrscheinlich die Pedale nicht mehr erreichen können und dann wäre sie völlig von Andreas abhängig, der sie dann herumfahren musste. Ob er das nun wollte, oder nicht.

Im Schneckentempo fuhr sie hinauf zum Hotel. Normalerweise würde sie diesen Weg gemütlich entlang spazieren, doch an einen Spaziergang mochte sie momentan nicht einmal denken. Ihre Füße taten schrecklich weh, ihre Beine waren geschwollen und ihr Rücken schmerzte abartig schlimm. Abgesehen davon, dass sie gefühlt alle fünf Minuten zur Toilette musste, was bei einem Spaziergang doch eher unpraktisch war, fehlte ihr jegliche Motivation, um ihren schmerzgeplagten Körper bei dieser andauernden Hitze auf einer Straße ohne Schatten zu befördern. Und wenn dann doch der Toilettennotfall eintreten würde, dann müsste Sara ihre Beine zusammenknoten, vor allem deshalb, weil es weit und breit keinen einzigen Busch gab hinter dem sie sich notfalls erleichtern konnte. Freedom Falls war zwar bekannt für seine bewaldeten Flächen, doch der Weg zum Hotel bestand nur aus einer Straße, umringt von saftig grünen Wiesen, auf der die schönsten Wildblumen wuchsen. An denen konnte sich Sara aber aktuell auch nicht erfreuen. Denn das Verhalten ihres Freundes ging ihr einfach nicht aus dem Kopf. Klar, sie war nicht mehr gerade die attraktivste Frau, aber sie sah sich trotzdem immer noch gerne im Spiegel an. Sie hatte bis jetzt nur ein paar Kilo zugelegt und fand ihre neuen Rundungen sogar sehr sexy. Andreas stimmte ihr zu und fiel dann meist über sie her. Also ... jedenfalls war das vor kurzem noch so gewesen. Seit ... Ja, seit wann eigentlich? Sara überlegte, ob es einen besonderen Moment oder einen Zwischenfall gab, der Andreas dazu bewegt haben könnte, ihr und dem Baby keine Aufmerksamkeit mehr zu schenken.

»Sara!«, riss Nataschas Stimme sie aus ihren Gedanken, »Hier drüben sind wir!«

Sara winkte ihren Freundinnen zu und parkte direkt vor dem Hotel, obwohl dort offiziell kein Parkplatz eingezeichnet war. Martin, der Besitzer des Hotels hatte jedoch nichts dagegen einzuwenden, weil Sara ihn zuvor gefragt hatte. Und er kam dadurch auf die Idee, demnächst einen extra Parkplatz für junge Familien direkt vor dem Eingangsbereich anzulegen. Sara freute sich schon auf den Tag, wenn Martin seinen Plan endlich in die Tat umsetzte. Dann würde sie sich auch nicht mehr so mies fühlen, wenn sie aus ihrem Auto ausstieg und die anderen Hotelgäste sie sahen. Zwar trug sie ja jetzt schon eine erkannbare Kugel mit sich herum, aber die Leute sahen sie trotzdem manchmal verständnislos an.

»Hallo Mädels, lasst uns nach hinten in den Gastgarten gehen. Das Wetter ist einfach zu herrlich.«

»Ach, stört dich die Sonne denn gar nicht mehr?«, fragte Leonie und nahm Sara ihre Tasche ab. Noch beim letzten Treffen hatte Sara ihre Freundinnen gebeten, nicht im Freien sitzen zu müssen, weil sie die Sommerhitze einfach nicht besonder gut ertrug.

»Heute geht es mir prima«, log Sara und legte ein breites Grinsen auf. Natascha rückte Saras Stuhl zurecht und sah ihre Freundinnen erwartungsvoll an. »Sagt mir, was ihr trinken wollt, ich gehe hinein und bestelle es direkt bei Lisi. So geht es schneller.«

Die Mädels brauchten nicht in der Karte zu schmökern. Sie waren Stammgäste in dem hoteleigenen Restaurant und kannten die Getränkeliste mittlerweile auswendig. Natascha überbrachte die Bestellung an die Kellnerin und kam mit einem vollen Tablett wieder. Seit sie mit einem Barmann zusammen war, hatte Natascha auch hin und wieder gekellnert und sie machte das wirklich toll. Bis jetzt hatte sie noch nie etwas verschüttet. Und auch dieses Mal kamen alle Getränke heil und randvoll am Tisch an.

»Danke, Nati«, sagte Sara und gönnte sich einen Schluck von ihrem Eistee. Dann seufzte sie.

»Was ist denn los?«, fragte Melody, die ein besonderes Radar für die Sorgen ihrer Freundinnen eingebaut haben musste. Sie erkannte innerhalb kürzester Zeit, wenn etwas nicht stimmte, und hatte zu Neunundneunzig Prozent recht damit. Auch heute sollte es nicht anders sein.

»Andreas interessiert sich nicht mehr für mich«, kam Sara gleich direkt auf den Punkt.

»Das kann doch nicht wahr sein«, sagte Leonie entsetzt, »dieser Mann war doch von der ersten Sekunde an verrückt nach dir.«

»Vielleicht sind wir schon zu lange ein Paar«, seufzte Sara schulterzuckend.

»Das glaubst du doch nicht im ernst, oder?«, warf Melody ein. »Noch vor zwei Wochen bei der Grillparty hat er den anderen Männern groß vorgeschwärmt, wie glücklich er mit dir ist, und dass er es kaum erwarten kann, Vater zu werden. Jedenfalls hat mir das Ted erzählt.«

Ted war Melodys Verlobter und war extra für das Grillfest nach Freedom Falls gereist. Er war ein vielbeschäftigter, erfolgreicher Moderator in der Stadt, weshalb Melody die meisten Hochzeitsvorbereitungen alleine, also ohne ihren Verlobten, machen musste. Ihre Freundinnen halfen ihr natürlich, so gut sie konnten, doch ihren baldigen Ehemann konnten sie logischerweise nicht ersetzen. Sara war bis jetzt so froh darüber gewesen, dass Andreas nicht zu den Karrieretypen gehörte und die Arbeit für das Wohl seiner Familie stets hintenanstellte. Sogar seinen Sommerjob, die Betreuung des Feriencamps, hatte er dieses Jahr ausfallen lassen, um bei Sara bleiben zu können. Das hatte er extra getan, um ihr so gut er konnte unter die Arme zu greifen. Doch nun spürte sie von seiner Fürsorge nichts mehr.

»Jetzt wo du die Party erwähnst ...« Sara ging ein Licht auf. »Es wäre gut möglich, dass Andreas sich seit diesem Tag so abweisend mir gegenüber verhält.«

»Bist du dir da ganz sicher?«

»Sicher bin ich mir nicht, es ist echt schwer, zu sagen, seit wann er nicht mehr so aufmerksam mir gegenüber ist. Aber mir kommt vor, seit diesem Fest ging es ziemlich abrupt.«

»Woran mag das wohl liegen?«, sinnierte Natascha. »Eventuell ist auf der Party irgendetwas geschehen, was ihn dazu gebracht hat? Es könnte doch gut sein, dass er-«

»Du und deine Mutmaßungen. Die haben uns schon des Öfteren richtigen Ärger eingebrockt«, stoppte Melody Nataschas wahnhafte Auswüchse. Ihre Freundin Natascha war dafür bekannt, mit ihren Annahmen meist in ein gewaltiges Fettnäpfchen zu treten. Andererseits hatte Natascha durch eben solch ein fettes Näpfchen ihren jetzigen Freund kennen und lieben gelernt. Also vielleicht war es gar nicht so schlecht, wenn Natascha ausgesprochen hätte, was sie bezüglich dem Andreas-Problem dachte.

»Mel, tu mir einen Gefallen, und lass Nati ausreden, ja?«, sagte Sara in standfestem Ton.

»Okay, okay. Ich meine ja nur ...«

Sara nickte ihr zu, wandte sich aber dann an Natascha. »Also, wie genau ist deine Theorie?«

Natascha ließ ihren Blick durch die kleine Runde schweifen und sog theatralisch Luft zwischen die Zähne. »Nun ja ... Es könnte doch gut sein, dass er auf der Party von einem unbekannten Fremden bedroht wurde. Wenn er sich nicht von dir fernhält, dann passiert etwas Schlimmes. Er tut es also bloß aus reiner Liebe.«

»Ein Unbekannter ist bereits ein Fremder«, sagte Leonie trocken.

»Bitte, was soll passiert sein? Andreas wird erpresst?«, fragte Sara verwirrt.

»Ich glaube, du liest zu viele Krimis, Nati«, warf Melody ein. »Seit du was mit dem kellnernden Schreiberling am Laufen hast, sind deine Ideen noch verrückter geworden als sonst.«

»Aber ... es könnte doch gut sein. Lasst es euch doch mal in Ruhe durch den Kopf gehen. Es ist einfach alles möglich«, sagte Natascha verschwörerisch.

»Ich gehe jetzt mal von etwas Banalerem aus«, sagte Leonie und wandte sich dann direkt an Sara. »Spiel den Nachmittag nochmal in Gedanken durch. Ist dir irgendein Moment besonders in Erinnerung geblieben? Könnte es ein Ereignis gegeben haben, dass ihn dazu veranlasst hat, dich aus genau diesem Grund in der Gegenwart zu ignorieren?« Da kam wieder Leonies analytische, aber leicht verrückte Ader durch.

Ihre Freundinnen waren schon ein lustiger Haufen. Natascha stand immer mit den unwahrscheinlichsten Verschwörungstheorien bereit, während Leonie jede noch so winzige Gegebenheit auf Spuren überprüfte, als würde es sich um das schlimmste Verbrechen der Welt handeln. Demnächst tauchte Leonie noch mit gelbem Absperrband für die Tatortsicherung bei Sara zuhause auf, um Nataschas wilde Verbrechensthesen zu überprüfen. In ihrem Kopf flackerten Bilder von ihren Freundinnen auf, die sich wie bei *CSI-den Tätern auf der Spur* auf Spurensuche begeben und sie musste unweigerlich grinsen. Melody wäre dann die leicht überdrehte Analytikerin im Labor, die das Beweismaterial auf Spuren und Fingerabdrücke überprüft und einfach zu jedem Fund eine Geschichte parat hat.

»Also ...«, überlegte Sara, »zum Beginn der Grillfeier hat Andreas mich noch umarmt und mich kaum aus den Augen gelassen. Das erste Mal ließ er mich allein, um Josef beim Grillen zu helfen und ihm ein Bier zu bringen. Danach ist er aber wieder zurück zu mir gekommen und hat mich angegrinst wie ein Honigkuchenpferd, weil er Sepp überredet hat, für mich Grillkäse zu organisieren.«

»Aha, aha«, sagte Leonie, mehr zu sich selbst, als in die Runde, »dann hat es also nichts mit Nataschas Freund zu tun. Hätte mich auch gewundert.«

»Wobei ... er hat mit mir seit diesem Moment nur noch über das Essen gesprochen. Das war schon irgendwie seltsam«, sagte Sara mit dem Zeigefinger auf dem Kinn ruhend.

»Dann fragen wir Josef doch einfach«, beschloss Melody kurzerhand.

2. Klebrige Fliplops und das Leid

»Nati, wo steckt dein Liebster denn gerade?«, fragte Leonie auffordernd.

»Er ist derzeit außer Landes unterwegs und stellt sein neuestes Buch vor. Ich glaube, es wird schwer, jetzt mit ihm zu sprechen. Aber wir könnten zumindest versuchen mit ihm zu skypen?«, schlug Natascha vor.

Sara freute sich sehr darüber, dass ihre Freundin ohne Umschweife auf die Idee, ihren Freund nach Andreas zu fragen, einging. Eine andere Frau hätte sicher herumgezickt, weil sie ihren Freund nicht mit solchen Fragen nerven wollte. Aber Natascha war da ganz anders. Sie verhielt sich meist konsequent und besaß eine sehr direkte Ader. Es war ihr egal, was andere über sie dachten und wenn sie etwas wissen wollte, dann fragte sie einfach nach. Genauso war Natascha.

Ganz anders als Sara, die lieber den Mund hielt, um niemandem mit ihren Fragen auf die Füße zu treten. Ihr war es wichtig, was andere über sie dachten und sie wollte diese Menschen auch nicht verletzen, in dem sie sich unpassend benahm oder etwas sagte, das eventuell als fehl am Platze interpretiert werden könnte. Sara bewunderte Natascha für ihre Direktheit und versprach sich selbst, sich demnächst eine Scheibe davon abzuschneiden. Doch momentan konnte sie ihren Freundinnen ohne schlechtes Gewissen die Führung überlassen. Ihre Mädels würden das Problem schon schaukeln und sie würden es sich nie verbieten lassen, Sara bei ihrer

Misere zur Seite zu stehen.

»Moment, es klingelt, ich schalte jetzt auf Videokonferenz«, sagte Natascha und starrte auf den Bildschirm ihres Smartphones.

»Dreh es doch etwas zu uns, wir können doch gar nichts sehen«, beschwerte sich Melody bei ihrer Freundin.

Leonie war bereits aufgestanden und hatte sich hinter Natascha gestellt. Melody und Sara folgten ihrem Beispiel und gesellten sich dazu. Der arme Josef bekam einen riesigen Schrecken, als er den Anruf von seiner Freundin entgegennahm. Kaum hatte die Videoübertragung begonnen, bombardierten ihn die vier Mädels mit Fragen. Sie warteten jedoch nicht, bis eine von ihnen fertig ausgeredet hatte, nein, sie sprachen alle gleichzeitig, in einem heftigen Durcheinander. Josef wusste gar nicht, welche der Frauen er zuerst ansehen sollte. Doch er entschied sich dann doch für seine Freundin Natascha.

»Könntest du dem Hühnerstall hinter dir sagen, sie sollen für eine Sekunde aufhören wie wild durcheinander zu gackern?«

Natascha wandte sich zu ihren Freundinnen um. »Ihr habt den Mann gehört. Schließt eure Sprechluken und lasst mich mit ihm reden, in Ordnung?«

Die drei Hühner, wie Josef sie nannte, hielten abrupt inne und nickten Natascha zu. Sara hielt sich sogar die Hand vor den Mund, damit ihr unter keinen Umständen auch nur der kleinste Pieps herausrutschen konnte.

Als alle Frauen verstummt waren, ergriff Josef wieder das Wort. »Also, ihr verrückter Haufen von wunderschönen Frauen; was wollt ihr von mir wissen?«

Natascha kicherte, so wie sie es nur bei ihrem Freund tat, und deutete hinter sich. »Unsere Sara hier wüsste gerne, was Andreas mit dir auf der Grillfeier besprochen hat.«

Josef kratzte sich nervös am Kopf und schüttelte ihn dann heftig. »Ach, nichts weiter. Wir haben uns nur übers Zubereiten des perfekten Steaks unterhalten.«

»Lüg mich nicht an«, antwortete Natascha barsch.

»Wie kommst du denn darauf, dass ich lüge?«, fragte er verwundert.

»Wir telefonieren über Videochat, mein Lieber. Ich habe gesehen, wie du dich am Kopf gekratzt hast. Das machst du immer, wenn du mir etwas verheimlichen willst.«

»Ist das so? War mir gar nicht bewusst, dass ich solche Marotten habe.«

»Lenk jetzt nicht vom Thema ab, Mister.«

»Schon gut, schon gut«, sagte Josef und hielt dabei abwehrend die Hände vor die Brust. »Andreas hat mich gebeten nichts zu sagen, aber ...«

»Aber?«, drang Saras nervöse Stimme nach vorne.

»Er hat mich gebeten ihn zu decken. Ich soll Sara einfach sagen, dass er bei mir ist, wenn sie mich danach fragen sollte. Egal wann.«

»Wie bitte?«, entfuhr es Sara, die an den anderen Mädels vorbei huschte und sich das Smartphone aus Nataschas Fingern angelte. »Das kann er doch nicht ernsthaft zu dir gesagt haben!«

Josef hob schützend die Arme, so als könnte ihn Sara durch den Bildschirm berühren. »Hey, richte nicht den Boten.«

Saras Augen formen sich zu schmalen Schlitzen. Sie reichte Natascha ohne ein weiteres Wort ihr Telefon und stapfte hinein zur Bar. Sie wollte es sich auf einem der viel zu hohen Barhocker bequem machen, doch dank ihrer Kugel scheiterte sie bei jedem Versuch den Hocker zu erklimmen. Lisi, die Kellnerin eilte ihr zu Hilfe. »Warte, ich kann dich stützen, dann schaffst du es.«

»Danke, nicht nötig«, sagte Sara abwehrend und wandte sich von dem Hocker ab. »Wenn ich Alkohol trinken dürfte, dann würde ich jetzt ein großes Glas Wein trinken. Nein, ein riesiges, ja genau, eher ein enorm riesiges Glas Wein.«

»Wie wäre es stattdessen mit einem leckeren Becher Erdbeertee?«, fragte Lisi mit einem für sie typisch freundlichen Grinsen.

Sara hob nur die Augenbrauen und sah Lisi entgeistert an.

»Dann gieße ich einfach einen Johannisbeersaft für dich ein. Der geht aufs Haus. Sieht auch ein bisschen aus wie Wein«, sagte Lisi und schnappte sich ein dickbauchiges Weinglas vom Regal.

»Danke«, sagte Sara mit trauriger Miene und nahm das Glas mit dem alkoholfreien Inhalt entgegen. Trotzdem schwenkte sie das Glas, als befände sich darin ein vollmundiger Rotwein.

»Was bedrückt dich denn?«, fragte Lisi, während sie die aus schwerem Holz bestehende Bar mit einem Wischtuch aufpolierte.

Sara kratzte sich am Kinn. »Weißt du, manchmal entpuppt sich ein Mensch, von dem du dachtest, er wäre dein bester Freund und immer ehrlich zu dir, als ein hinterlistiges kleines Wiesel, das deine Liebe nicht verdient hat.« Dann machte sie eine lange Pause und nippte an ihrem Saft. »Nur leider bist du schon von dem Wiesel schwanger und immer noch schwerstens verliebt.«

Lisi starrte auf Saras Bauch. »Ohje ... aber, was ist, wenn es sich doch als ein Versehen herausstellt? Ich meine, ich weiß ja nicht worum es genau geht, aber ich weiß, dass du mit Andreas glücklich bist, oder etwa nicht? Sonst würdet ihr doch kein Baby bekommen.«

»Ja, das stimmt schon, Lisi. Aber wie gesagt, manchmal kann es passieren, dass du glaubst, du kennst einen Menschen und dann-«

»Beweist er dir das Gegenteil«, beendete Lisi ihren Satz mit einem verständnisvollen Nicken. »Ich bin auch mal so von einem Menschen hinters Licht geführt worden. Es tut weh und man verliert dadurch auch irgendwie das Vertrauen in Beziehungen, nicht wahr?«

»Ja, so fühlt es sich zumindest momentan an«, bestätigte Sara, »aber es bricht mir das Herz, weil es gerade mein Andreas ist, der so ein Tatsachenverdreher sein soll.«

»Vielleicht ist es wirklich nur ein Missverständnis«, versuchte Lisi, der geknickten Sara Mut zu machen.

Plötzlich funkelten Saras Augen. »Du warst doch

auch auf der Grillparty, oder?«

»Ähm ... ja?«, antwortete Lisi, sichtlich verwirrt.

»Hat Andreas irgendetwas zu dir gesagt? Irgendetwas, das darauf hinweisen könnte, was er vor mir verbirgt? Ich bilde mir ein, mich zu erinnern, dass ihr euch unterhalten habt. Bitte Lisi, erzähl mir, worüber ihr gesprochen habt.«

»Mit mir? Ich kann mich gar nicht daran erinnern. Wird wohl nur Smalltalk gewesen sein.«

Sara startete einen weiteren Versuch, den Barhocker zu erklimmen um näher an Lisi herankommen zu können. Doch dann fiel ihr ein, dass sie sich sowieso nicht über die Bar lehnen konnte. Ihr kleiner Bauchbewohner machte es ihr unmöglich. Ebenso unmöglich machte er es ihr, auf diesen dummen Stuhl zu hüpfen. Stattdessen klopfte sie heftig mit der Faust gegen die Bar, um ihre Bitte zu untermalen. »Bitteeeee!!! Lisiiiii!!!!!«

Lisi senkte ihren Blick und schien ernsthaft nachzudenken. »Es wird mir schon einfallen, gib mir bitte noch eine Minute.«

Sara trommelte nervös mit den Fingern auf die frisch gewachste Holzoberfläche der altehrwürdigen Bar.

»Ich kann nicht nachdenken, wenn du so laut bist, Sara.«

»Entschuldige bitte«, murmelte sie und faltete ihre Hände, um ein weiteres Klopfen zu vermeiden.

»Ich glaube, wir haben uns darüber unterhalten, wie man das perfekte Steak zubereitet.«

Sara schluckte trocken und stieß unabsichtlich ihr

Glas um. Der klebrige Saft rann über ihre Füße, zwischen ihre Zehen und verteilte sich unter ihren Flipflops.

»Na toll, das war mein letztes Paar Schuhe, das mir passt«, sagte sie, während ihr eine Träne aus dem Augenwinkel tropfte.

»Hey, schon gut«, versuchte Lisi, die Situation zu retten, »du kannst meine haben.«

Lisi war einfach die allerfreundlichste Bewohnerin die es in ganz Freedom Falls gab, deshalb fiel es Sara so schwer, zu glauben, was Lisi gerade zu ihr gesagt hatte. Sie nahm sich nicht die Zeit, die Kellnerin auf diese Ungereimtheit anzusprechen, oder auf ihr nettes Angebot, ihr ihre Schuhe zu leihen, zu antworten und latschte wieder hinaus zu ihren Freundinnen. Bei jedem Schritt quietschte der Saft unter ihren Sohlen. Aus der einzelnen Träne war mittlerweile ein ganzer Bach geworden.

»Die Hormone«, sagte Sara hastig, als ihre Freundinnen sie mitfühlend ansahen. »Glaubt mir, es sind nur meine Hormone die verrückt spielen. Ich heule momentan einfach wegen allem. Aktuell deshalb, weil ich mein letztes Paar Schuhe das mir noch passt, ruiniert habe.« Sie versuchte aus ihren Strandsandalen zu schlüpfen, doch die klebten an ihren Fußsolen fest. »Eines kann ich euch sagen, wenn ihr ein Kind bekommt, dann geht ihr auf wie ein mit Wasser gefüllter Ballon. Das sagt euch keiner, wenn ihr vor habt eine Familie zu gründen.«

»Aber dafür profitieren wir drei von deinen Erfahrungen, Sara. Du kannst uns dein Wissen weitergeben, wenn die nächste von uns an der Reihe ist«, sagte Melody, die zu Sara hinübergegangen war und sie sanft in die

Arme schloss.

»Lisi hat gesagt, sie hat mit Andreas über die Zubereitung des perfekten Steaks gesprochen«, nuschelte Sara in Melodys Schulter.

»Was? Das kann doch jetzt nicht wahr sein. Genau dasselbe hat uns doch Nataschas vorlauter Freund vor einer Minute erzählt«, wunderte sich Leonie, deren Stimme dabei drastisch an Lautstärke zunahm. Das ungezügelte Temperament ihrer burschikosen Freundin schlug wieder voll durch, was Sara zum noch intensiveren Heulen animierte. Nicht nur ihre Hormone spielten verrückt. Auch ihre Gefühle drehten gerade voll durch, schlimmer als ein Hamster, der mit Vollgas durch sein Rädchen flitzt. Noch dazu verstand sie nicht, was gerade mit ihrem Leben geschah. Ihr ganzes Dasein fühlte sich mit einem Schlag zunichtegemacht an. Eben noch war sie verliebt, führte eine glückliche Beziehung und war dabei eine Familie zu gründen. Und plötzlich, alles wie weggefegt. Durch einen einzigen Satz.

Eines wusste Sara mit einer kosmischen alleserfüllenden Sicherheit, egal wie diese Misere endete. Sie würde nie wieder Steak essen.

Sie drehte sich plötzlich auf dem nicht vorhandenen Absatz ihrer pappigen Sommerlatschen um und durchquerte den Hof.

»Sara! Jetzt warte doch!«, rief Melody ihr hinterher. Doch Sara hatte keine Lust mehr auf weitere Gespräche mit ihren Freundinnen. Es war schon schlimm genug, dass Andreas angeblich mit zwei Leuten auf der Party über die Zubereitung des perfekten Steaks gesprochen haben soll. Das konnte doch kein Zufall sein. Da wollte sie sich die mitleidigen Blicke ihrer Freundinnen definitiv ersparen. Außerdem war ihr ganz und gar nicht nach reden zumute. Sie war verzweifelt, außer sich. Und nicht imstande einen klaren Gedanken zu fassen. Während sie durch die Empfangshalle des Hotels wackelte, streichelte sie ihren Bauch, wobei jeder Schritt von dem Geräusch klebriger Flipflops auf poliertem Marmorboden untermalt wurde.

Was war nur mit Andreas los? Er verkörperte ohne Zweifel die Liebe ihres Lebens. Schon vom ersten Augenblick an hatte sie sich unsterblich in ihn verliebt. Sie konnte sich noch so gut an ihr Kennenlernen erinnern, als wäre es erst gestern gewesen. Weitere Tränen rannen über ihre glühenden Wangen, während sie die Stufen hinunter zu ihrem Auto stieg. Ihre Freundinnen hielten zwar gebührenden Abstand (Sara einzuholen war alles andere als schwer), jedoch wichen sie ihr nicht von der Seite. Keine wagte es, etwas zu ihr zu sagen, doch sie ließen sie nicht für eine einzige Sekunde aus den Augen. Sara stakste zielstrebig voran, bis sie ihr Auto erreichte. Kurz bevor sie in ihren Wagen stieg, hielt sie inne und wandte sich zu ihren besorgt dreinblickenden Freundinnen um.

»Ich habe euch nie erzählt, wie ich Andreas kennengelernt habe, oder?«

Leonie sah fragend zu Natascha, die den Kopf schüttelte und Melody hob die Schultern. »Nein, das hast du uns nie so richtig erzählt.«

»Wenn ihr es wissen wollt, dann steigt ein«, sagte sie und schwang sich, so leichtfüßig sie konnte, auf den Fahrersitz ihres Kombis. Dann knallte sie mit der Tür und zählte innerlich bis drei. Wenn ihre Freundinnen bis dahin nicht in ihr Auto gestiegen wären, dann würde sie jetzt alleine losfahren und tun, was sie ihrer Meinung nach tun musste. Sie sah keinen anderen Ausweg als schnellstmöglich zu handeln, um ihre Beziehung noch retten zu können.

Als Sara bei Drei angekommen war, hörte sie die Hintertüren zufallen und drei Frauen auf der Rückbank schnaufen. »Dann erzähl uns jetzt, wie du ihn kennengelernt hast.«

3. Das erste Mal

Sara verbrachte seit langem wieder einmal einen Urlaub mit ihren Eltern. Sie hatten das Domizil für die Reise ausgesucht und Sara vor vollendete Tatsachen gestellt. Der Ausflug sollte sie zum ersten Mal in ihrem Leben in das winzige Örtchen Freedom Falls führen.

Sara ließ sich auf diesen Sport-Urlaub nur ein, weil ihre Eltern sie schon seit Jahren damit nervten, sie solle sich doch endlich sportlich betätigen, damit sie im Club ebenso amüsante Geschichten über ihre Freizeitaktivitäten zum Besten geben konnte. Und so würde sie vielleicht auch endlich einen gut betuchten Mann finden, der sich ihrer Tochter erbarmte und sie zur Frau nahm. Dann könnte sie gemeinsam mit ihm und ihren zukünftigen Kindern Schiurlaube in noblen Gegenden verbringen.

Ja genau, Sara sollte Schifahren lernen. Ausgerechnet eine Wintersportart hatten sich ihre Eltern für sie ausgesucht. Noch schrecklicher ging es kaum. Denn Sara war alles andere als ein Fan von Schnee und Kälte. Sie liebte den Sommer und hätte bestimmt nichts gegen einen Urlaub mit Volleyballkurs einzuwenden gehabt. Doch diese Art der körperlichen Betätigung war ihren Eltern nicht vornehm genug. Es sollte eine Sportart sein, die ihrer gesellschaftlichen Stellung würdig war. Also blieb nur noch Golf ... oder eben Wintersport. Da Sara Golf für einen Seniorensport hielt und sie keinen uralten Greis als ihren zukünftigen Mann in Erwägung ziehen wollte, fiel ihre Wahl auf Schifahren. Sie musste ihren Eltern ja nicht verraten, dass sie eigentlich vor hatte Snowboarden zu lernen. Den Kurs hatte sie schon vorab bei dem ortsansässigen Schilehrer gebucht. Andreas.

Dieser Mann mimte schon bei ihrem Telefonat ein echtes Zuckerstück. Von der ersten Sekunde an flirtete er mit ihr, was das Zeug hielt, doch Sara behielt ihre Contenance, die sie unter anderem ihrer extrem schüchternen und höflichen Art zu verdanken hatte. Vielleicht lag es auch an der Erziehung ihrer Eltern, die in gutem Hause eben üblich war. Jedenfalls ignorierte sie die bissigen Meldungen von Andreas. Zum Glück konnte er nicht sehen, wie ihr Kopf am anderen Ende der Leitung bereits hochrot wie eine Ampel leuchtete. Er nannte sie immer wieder Schnittchen, Zuckerstück und Süße. Einstweilen hatte er sie doch noch nicht einmal gesehen. Von woher wollte er also wissen, dass er mit seinen Bemerkungen überhaupt ins Schwarze traf? Dieser Mann musste ein ausgewachsener Frauenheld sein, dessen war sich Sara vom ersten Moment an sicher. Auch darüber, dass er ganz bestimmt jede seiner Schülerinnen mit allem möglichen Süßkram betitelte. Und ihre erste Begegnung gestaltete sich sogar noch pikanter als das Telefongespräch.

Denn kaum war Sara mit ihren Eltern in Freedom Falls angekommen, geschah das undenkbarste der Welt. Sara wollte vor dem Abendessen das Hotel erkunden und entschied sich, den Spa-bereich im Untergeschoß aufzusuchen. Draußen herrschte eine Eiseskälte und da würde ein entspannendes Bad im vorgeheizten Whirlpool bestimmt nicht schaden. Sara schlenderte im Bademantel durch die Schleuse zum Wellnessbereich und sah sich verstohlen um. Die Atmosphäre gefiel Sara ab dem ersten Moment. Die Liegen bestanden aus schwerer Eiche, den schneeweißen Handtüchern sah man schon von weitem an, dass sie knuffig weich sein mussten, und es duftete wunderbar nach einer Kombination aus Sandelholz und Lavendel. Niemand sonst hatte sich in diesen Abschnitt des Hotels verirrt. Sehr gut, sie war alleine und konnte die wunderschöne Spa-Landschaft völlig in Ruhe genießen, bevor sie beim Abendessen wieder von ihren Eltern mit unnötigem Palaver über ihr Singleleben traktiert wurde. Sie ließ den Bademantel von ihren Schultern gleiten und stieg, nur mit einem für ihre Verhältnisse viel zu winzigen Bikini bekleidet, der wirklich nur das allernötigste verhüllte, die Treppe zu dem wunderbar aufgeheizten Pool empor. Langsam sank sie in das wohlige Nass, bis nur noch ihr Kopf zu sehen war, und lehnte sich entspannt zurück. Der winzige Bikini schmiegte sich an Saras heikle Stellen und schenkte ihr ein verwegenes Gefühl. Denn bloß solch ein schmales Stück Stoff in der Öffentlichkeit zu tragen (auch wenn sie ganz alleine war), stellte für Sara schon eine enorme Herausforderung dar. Normalerweise trug sie nur Badeanzüge. Wenn möglich mit einer Short kombiniert.

Die Blubberblasen des Whirlpools kitzelten auf ihrer Haut und schenkten ihr ein angenehm prickelndes Gefühl. Es war kaum zu glauben, doch diese Ruheoase war seit langem das Erste in Saras Leben, das sie dazu brachte, vor lauter Seelenfrieden und Erholung beinahe einzuschlummern. Im Halbschlaf hing sie am Rand des

Beckens und ließ ihre verspannten Muskeln und Rundungen sanft vom aufwallenden Wasser, das gleichmäßig aus den Düsen drang, massieren. Ein leises Stöhnen entwich ihren Lippen. Der angenehme Druck der Massagedüsen ließ sie innerlich zusammensinken. Es war einfach herrlich und Sara reckte ihre Beine in die Mitte des Pools...

Und traf plötzlich auf einen harten Widerstand.

Sara riss vor lauter Schreck die Augen auf.

Direkt ihr gegenüber saß ein halbnackter Mann und schmunzelte sie verstohlen an. Wann hatte sich dieser blonde Schönling, mit dem breiten Grinsen in seinem symmetrisch markanten Gesicht, nur zu ihr in den Pool geschlichen? Sara mutierte innerhalb einer Millisekunde zu einem Eisblock.

»Würden sie freundlicherweise Ihren Fuß aus meinem Schritt nehmen?«, fragte der Fremde, immer noch mit einem viel zu entzückenden, von seinen dezenten Grübchen umspielten, und atemberaubend charmanten Grinsen, bewaffnet. Sara zuckte zusammen, als ihr bewusst wurde, wo sich ihre Zehen gerade befanden, und ließ ihr Bein anstatt zurück, nach vorne schnellen. Schlagartig änderte sich das Minenspiel des Unbekannten und nahm schmerzverzerrte Züge an.

»Oh, wie schrecklich. Das tut mir ja so leid. Verzeihen Sie bitte!«, rief Sara aus, zog ihren Fuß endlich aus dem Schoß des Mannes und erhob sich von ihrem Platz. Doch das tat sie viel zu hastig und kippte zur Seite. Unerwartet landete sie zielgenau auf dem Schoß des goldblonden Adonis. Ohne zu zögern umschloss er ihre Hüften mit festem Griff und zog sie näher an seinen, vom Wasser aufgeheizten Körper, heran. Unvermittelt fühlte sie ein angenehmes Ziehen zwischen ihren Beinen, das ihren gesamten Leib lähmte. Ohne ein weiteres Wort packte er etwas fester zu und drückte sie mit knisternder Leidenschaft an sich. Sein Gesicht kam erst direkt vor ihrem zum Stillstand. Er schenkte ihr einen tiefen Blick aus seinen vor Begierde lodernden Augen, legte eine Hand in ihren Nacken und forderte einen Kuss. Ihre Lippen berührten die seinen, genau in dem Moment als sie ihre Hände tiefer ins Wasser gleiten ließ und nach dem Bündchen seiner Shorts suchten. Sara vergaß sich zum ersten Mal in ihrem Leben selbst, als sie ihre Finger unter den Bund seiner immer enger werdenden Badehose schob. Ein feuriges Verlangen machte sich in ihrem Herzen breit und schenkte ihrem Verstand die erholsame Pause, die sie sich in dieser Oase gewünscht hatte. Doch auf ganz andere Weise als erwartet. Denn anstatt alleine im Whirlpool zur Ruhe zu kommen, verbrachte sie die nächsten Stunden gemeinsam mit dem personifizierten blonden Don Juan, der sie immer wieder in berauschende Ekstase versetzte. Niemals zuvor war sie so hoch geflogen und dabei dermaßen ungeniert gewesen. Sara ließ sich völlig gehen und ließ Dinge mit sich anstellen, von denen sie bis zu diesem Moment nicht wusste, dass es sie gab. Ihre Mauerblümchenzeiten waren schlagartig vorbei. Und das verdankte sie einem Fremden, von dem sie sich nicht einmal verabschiedete, als sie nach ihrem intensiven Zusammensein einfach den Wellnessbereich verließ.

Umso größer war der Schock, als sie am nächsten Tag ihrem Schilehrer gegenüber stand, der sie mit dem bereits bekannten Grinsen empfing und sich als Andreas vorstellte.

Die nächste Woche führte Sara ein Doppelleben. Gegenüber ihren Eltern mimte sie das wohlerzogene brave und (immer noch) sittsame Mädchen, das alles dafür tat, um einen galanten Ehemann für sich zu finden. Und bei Andreas zeigte sie sich als die saloppe sexbesessene Biene, die ihn mit kessen Sprüchen immer wieder zu neuen Höchstleistungen anstachelte.

Schifahren und Snowboarden lernte sie in dieser Zeit zwar kaum, aber dafür erkundete sie zum ersten Mal in ihrem Leben ihre intimsten Wünsche und lernte eine ganz neue Seite an sich selbst kennen ... und lieben. Und nicht nur das. Sie verliebte sich auch in diesen wunderbaren Mann, von dem sie dachte, dass er ein paar Nummern zu groß für sie sei. Doch ein Jahr später, in dem sie sich nicht gesehen hatten, bis Sara ihren nächsten Urlaub in Freedom Falls verbrachte, stellte sich heraus, dass er sich ebenso in sie verliebt hatte und davon träumte, sein Leben mit ihr zu verbringen.

Noch heute lachten Sara und Andreas darüber, wie sie sich stöhnend in dem Whirlpool streckte und ihm ihren Fuß dabei in den Schritt drückte. »Du hast sogar deine Zehen gekräuselt«, alberte Andreas dann meist und Sara konterte, indem sie behauptete: »Gib doch endlich zu, dass du dich absichtlich so hingesetzt hast, dass mein Fuß genau diese Stelle trifft!«

Sara verließ Freedom Falls nach ihrem Kennenlernen mit einem lachenden und einem weinenden Auge. Einerseits war sie froh darüber diesem besonderen Mann begegnet zu sein, aber andererseits sehnte sie sich so sehr nach ihm, dass sich ihre Gedanken gegenseitig verzehrten und sie ihre Freundinnen im darauffolgenden Jahr dazu überredete einen Mädelsurlaub in Freedom Falls zu buchen.

4. Der wandernde USB Stick

»Und wie unsere nächste Begegnung ablief, wisst ihr ja«, beendete Sara ihre Erzählung.

»Wow, das klingt ja nach einem sehr heißen Kennenlernen«, sagte Leonie und leckte sich dabei gespielt unanständig die Lippen.

»Es stimmt schon, ohne Andreas wärst du wahrscheinlich niemals so sehr aus dir herausgegangen«, grübelte Melody, »aber genau das macht doch eure Liebe aus, nicht wahr?«

»Ohne ihn wäre ich nicht die Sara, die ich jetzt bin. Ich liebe ihn wirklich sehr. Und ich dachte bis vor einer halben Stunde auch noch, dass er mich ebenso sehr liebt. Ich meine, unsere erste Begegnung klingt wie eine unanständige Szene aus einem Erotikroman.«

»Das kannst du laut sagen«, bestätigte Natascha Saras Kommentar.

»Wohin fahren wir eigentlich?«, stellte Melody als Zwischenfrage, die Sara aber überhörte.

»Und wenn ich euch sage, dass unser Intimleben sich nicht auch nur um eine Kleinigkeit geändert hat?«

»Ihr seid die beiden rammelnden Bunnys geblieben? Ach, hör doch auf, das glaube ich dir nicht«, reagierte Leonie auf diese Behauptung.

»Doch, doch. Wenn ich es euch doch sage. Die körperliche Anziehungskraft ist enorm. Wir können kaum länger als ein paar Tage die Finger voneinander lassen.«

Dann hielt Sara kurz inne. »Aber seit ich schwanger bin, scheint sie drastisch nachgelassen zu haben.« Ein Schluchzen untermalte ihre Worte. »Er sieht mich kaum noch an.«

»Ich habe gelesen, dass es ganz normal ist, wenn Männer ihre schwangeren Frauen anders wahrnehmen. Sie sind nicht mehr nur ihre Partnerinnen, sondern auch die Mütter ihrer Kinder. Das ist für einen Mann eine enorme Umstellung die seine natürlichen Triebe belastet«, bibberte Natascha und drehte die Klimaanlage im Auto etwas zurück. Kaum hatte sie den Schalter auch nur berührt, spürte Sara, wie sich neue Schweißperlen auf ihrer Stirn bildeten. Ihre körpereigene Wärmeregulierung funktionierte bereits seit dem vierten Monat nicht mehr richtig. »Also bis vor Kurzem hat ihn das aber nicht davon abgehalten seinen Trieben nachzugeben.«

Melody quetschte sich mit ihren Schultern zwischen den vorderen Sitzen hindurch, um sich Gehör zu verschaffen. »Ähm, das ist ja alles schön und gut, aber wohin fahren wir denn nun eigentlich?«, fragte sie erneut.

Sara räusperte sich. »Zu der einzigen Frau, die meiner Beziehung jetzt noch helfen kann. Ich habe einen Plan und den werde ich in die Tat umsetzen. Andreas muss sich entscheiden. Für unsere Familie, oder dagegen.«

»Das klingt aber schon etwas drastisch, Sara«, konterte Melody und tippte Sara dabei auf die Schulter. »Du solltest noch einmal mit Andreas sprechen, meinst du nicht? Er hat doch eine Chance verdient, sich dir gegenüber zu rechtfertigen.«

»Das hätte er bereits die letzten beiden Wochen tun können. Er hat neben mir her gelebt, als wäre ich gar nicht da, Mel.«

»Dann lass mich aussteigen. Ich werde mit ihm sprechen.«

Sara presste ihre Finger stärker um das Lenkrad. »Das hat doch keinen Sinn. Du kennst ihn doch, er ist ein kleiner Sturkopf«, dann hielt sie kurz inne und seufzte. »Das war noch einer der Gründe, warum ich mich so unsterblich in diesen wunderbaren Mann verliebt habe.« Dann richtete sie sich auf und trat das Bremspedal durch. »Spring schon raus.«

Melody verstand auf Anhieb, was Sara von ihr wollte. Gerade als sie sich an Leonie vorbeizudrücken versuchte, sagte Leonie: »Warte, ich komme mit dir, Mel. Wenn eine von uns etwas bei Andreas bewirken kann, dann bin eventuell ich das.«

Sara hasste den Gedanken daran, dass eine ihrer besten Freundinnen, vor ewigen Zeiten -nur für eine Sekunde- etwas mit ihrem Andreas am Laufen gehabt hatte, doch sie musste Leonie recht geben. Und dieses kurze Intermezzo gehörte zu einer ganz anderen Geschichte. »Okay, dann versucht ihr beiden, mit dem Sturkopf zu sprechen. Nati und ich planen einstweilen den Versuch, ihn für mich zurückzugewinnen.«

»Und wie genau wollen wir das anstellen?«, fragte Natascha, in der Hoffnung, Sara würde eine Information preisgeben.

»Das wirst du schon sehen. Ich lege nur einen kurzen Zwischenstopp zuhause ein und dann fahren wir weiter zu Rebecca.«

»Was willst du denn jetzt von der Fernsehmoderatorin?«, fragte Melody entgeistert.

»Du bist die Einzige von uns, die nicht in Freedom Falls wohnt«, begann Leonie, während sie ihren Gurt löste, »aber wir anderen sind mittlerweile gut mit Rebecca befreundet und wir können sie jederzeit um ihre professionelle Hilfe bitten, wenn wir sie brauchen.«

»Ach ... so ist das«, antwortete Melody und sah Leonie beim Aussteigen zu, »dann sollte ich mir vielleicht auch überlegen in dieses Kaff zu-«, hörte Sara noch, bevor Melody die Hintertür des Wagens zuschlug. Melody winkte im Vorbeigehen durch das Fenster und Leonie deutete mit ihrer rechten Hand ein Telefonat an, das so viel bedeutete wie, sie rufen sich zusammen, sobald eine von ihnen Neuigkeiten zum Stand der Dinge gesammelt hatte.

»Na dann, auf gehts«, unterstützte Natascha Saras Plan, wobei sie noch rein Garnichts davon preisgegeben hatte. Das war noch ein Pluspunkt an ihrer Freundin Natascha: Sie stellte nicht viele Fragen, sondern stand ihr mit völliger Hingabe zur Seite, egal welchen Plan sich Sara ausgedacht hatte.

»Perfekt, wir sind schon beim nächsten Zwischenstopp angekommen«, warf Sara ein.

Es war einfach herrlich, so tolle Freundinnen zu haben, dachte Sara, während sie (eher langsam als) schnell in das Blockhaus flitzte, in dem sie mit Andreas zusammenlebte. Es war seine Hütte gewesen und anfangs deutete nichts darauf hin, dass mittlerweile eine Frau eingezogen war. Doch sie hatten ihr Zuhause von Grund auf gemeinsam saniert und Sara hatte dabei sehr viel Freiraum von Andreas zugesprochen bekommen. Sie hatten jede ihrer Ideen zusammen in die Tat umgesetzt und sein ursprüngliches Zuhause zu ihr gemeinsames verwandelt. Sie waren wirklich ein großartiges Team gewesen und während der Renovierung hatten sie kaum gestritten.

Sara tapste am Schlafzimmer vorbei, in dem Andreas sich vorhin aufs Ohr gelegt hatte. Direkt gegenüber hatten sie das Kinderzimmer eingerichtet und Sara überkam ein melancholisches Gefühl, als sie sich vorsichtig an der offenen Tür vorbei bewegte und einen Blick der beinahe fertigen Einrichtung erhaschte. Das Gitterbett hatten sie noch nicht fertig zusammengebaut, die einzelnen Teile standen im gesamten Raum verteilt. Angelehnt an den bereits türkis gestrichenen Wänden, da sie nicht wussten ob sie einen Sohn oder eine Tochter bekommen würden. Von der Decke baumelte ein Mobile, das Andreas selbst geschnitzt hatte, nachdem Sara es auf ihrem Skizzenblock entworfen hatte. Sie spürte in ihrem Herzen einen Stich und ihr Blick wanderte hinüber zu ihrem Schlafzimmer. Kaum hatte sie an Andreas gedacht, der gerade sein Nickerchen hielt, während sie dabei war, ihre Beziehung zu retten, packte sie neuer Lebensmut. Sara schlich auf Zehenspitzen in ihr Atelier, um Andreas unter keinen Umständen zu wecken. Er würde so oder so bald von der Klingel geweckt, wenn Melody und Leonie vor der Haustür standen. Bis dahin sollte er weiter seinen unbekümmerten Mittagsschlaf halten. Sara vergönnte es ihm zwar nicht unbedingt, weil sie auch gut eine Runde Schlaf gebrauchen könnte, jedoch akzeptierte sie diesen Umstand, da ihr Freund es geschafft hatte, die Kinderzimmerlampe aufzuhängen und das geplante Regal zu montieren. So wie es aussah, war noch nicht alles verloren.

Er bastelte und werkte immer noch an dem Zimmer ihres gemeinsamen Kindes herum. Dieser Gedanke ließ Sara schneller durch den Gang huschen. Mit angespannten Fingern umklammerte sie den USB Stick, den sie aus der Lade ihres Schreibtisches geangelt hatte, während sie sachte die Eingangstür hinter sich zuzog. Dann eilte sie zurück zum Auto, in dem Natascha bereits voller Spannung auf sie wartete.

»Und was genau hast du jetzt unbedingt noch so dringend von Zuhause besorgen müssen? Und warum hast du die Mädels nicht gleich direkt bei dir abgesetzt?«

»Das hätte ich tun können, aber ich wollte nicht, dass Andreas mich mit ihnen gemeinsam sieht, sonst denkt er noch, ich hätte sie dazu angestachelt. Und diesen Eindruck will ich ihm in dieser Situation nicht vermitteln. Verstehst du meine Entscheidung?«

Natascha grübelte über Saras Worte nach. Nach einer Minute nickte sie. »Ja, mir ist klar, warum du das tust. Er soll nicht denken, dass du sofort zu deinen Freundinnen rennst, sobald ihr Probleme habt.«

Sara lachte und schüttelte ihren Pferdeschwanz. »Nein, nein. Er weiß doch ganz genau, dass ich sofort zu euch laufe, sobald ich irgendwelche Sorgen und Probleme habe. Dabei unterstützt er mich sogar. Andreas ist nicht nur mein Lebensgefährte, sondern auch mein allerbester Freund. Doch ihm ist bewusst, dass ich schlecht mit ihm persönlich über unsere Beziehung lästern kann. Und er weiß, dass das hin und wieder nötig ist. Meist schickt er mich sogar direkt nach einem Streit zu euch.«

Natascha kicherte. »Oh mein Gott, dieser Typ hört sich ja wirklich nach einem Traummann an.«

»Oh, ja. Das ist er auch«, sagte Sara. Sie spürte, wie sich eine Träne aus ihrem Augenwinkel löste. »Deshalb verstehe ich noch weniger, warum er sich plötzlich nicht mehr für mich interessiert. Wir konnten immer über alles sprechen, haben unsere sehnlichsten Wünsche und geheimsten Fantasien miteinander geteilt und waren immer füreinander da.« Sara wischte sich frische Tränen von den glühenden Wangen.

»Du wirst schon sehen«, sagte Natascha und legte ihr eine Hand auf die Schulter, »es wird alles wieder gut. Ihr beide gehört zusammen. Das sieht sogar ein Blinder.«

Sara schniefte und nickte leicht. Sie würde auf jeden Fall alles dafür tun, Andreas wieder für sich zu gewinnen. Es beruhigte sie nur ungemein, dass er immer noch bereit war, alles für ihr Baby zu tun.

»Und nach zweiwöchiger Abstinenz ist noch nichts verloren, das kannst du mir glauben.«

»Sag bloß, Josef und du haben auch gerade ein Tief?«, fragte Sara neugierig, und bereit, sich von ihrer eigenen Misere ablenken zu lassen.

»Naja, ein Tief würde ich das nicht nennen, Sara. Das, was du da mit Andreas hast, das ist einfach nicht normal. Das trifft es eher. Bei uns kommt es schon mal öfter vor, dass wir eine längere Pause einlegen. Aber stell dir vor, nach einem Monat ganz ohne ein Nümmerchen fühlt es sich viel intensiver und inniger an, als man es sich vorstellen kann. Also, hin und wieder eine Pause einzulegen schadet so gesehen nicht. Und wenn Josef Stress mit seiner Arbeit hat, dann kommt das schon mal vor. Und es gibt auch Tage, an denen ich überhaupt keine Lust habe. Zum Beispiel nachdem wir im AllYouCanEat – Restaurant waren.«

»Tatsächlich?«, fragte Sara verständnislos. »Also, das Problem habe ich nie.«

»Ist das jetzt Sarkasmus, den ich nicht verstehe?«

»Nein, nein. Ich meine das wirklich ernst. Ich kann einfach *immer.*«

Natascha lachte auf und Sara stimmte mit ein. Das war einer der Vorteile ihrer Schwangerschaft. Ihre Stimmung sprang so schnell um wie eine moralische Flipperkugel, die ständig gegen andere Gefühlshindernisse donnerte, die auf die Kugel abfärbten.

»Da fällt mir wieder Leonies Meldung von vorhin ein. Die rammelnden Bunnys«, prustete Natascha los. Sara liefen erneut Tränen über das gerötete Gesicht, doch diesmal wegen einem beginnenden Lachkrampf. »Siehst du auch gerade die viel zu niedlichen Karnickel bildlich vor dir?«, brüllte Sara los. Es war schon faszinierend, aber hin und wieder war es möglich die intensivsten Lachkrämpfe aufgrund der unlustigsten Gründe zu durchleben.

Natascha tätschelte Sara die Schulter. »Siehst du, zumindest unseren fragwürdigen Humor haben wir noch nicht verloren.«

Sara nahm ihren Fuß vom Gas und der Pkw büßte an Schwung ein. »Sieh nur, wir sind da. Dort drüben wohnt Rebecca.«

Direkt vor dem kleinen Bungalow erspähte Sara eine Parklücke. Natascha half Sara aus dem Wagen. Mittlerweile war sie schon lange auf den Beinen und ihre Füße sowie ihr Rücken machten sich bemerkbar. Eine Schwangerschaft brachte zwar viele nervige Leiden, wie Wasser in den Beinen, schmerzende Gelenke, ein Hohlkreuz und ständige Müdigkeit, mit sich. Jedoch wollte Sara diese Erfahrung für nichts auf der Welt eintauschen. Denn die vielen schönen Momente überlagerten definitiv all die Anstrengungen. Sie erinnerte sich nur allzugerne an den ersten Ultraschalltermin, den sie gemeinsam mit Andreas erlebt hatte. Der kleine Embryo strampelte wie wild mit seinen Armen und Beinen, die Freude über dieses Erlebnis reichte bis ins Unendliche und die Freude war riesig gewesen. Oder der Tag, an dem ihr kleines Würmchen zum ersten Mal gegen ihre Bauchdecke getreten hatte. Unvergessliche Momente, die sie alle mit Andreas geteilt hatte. Sie liebte ihn und ihr ungeborenes Baby so sehr. Bis vor knapp zwei Wochen war ihr Glück perfekt gewesen. Sie hatte einfach Alles. Nein sogar noch mehr. Niemals hatte sie sich träumen lassen solch einen tollen Partner zu finden und eine Familie zu gründen. Sara hatte eigentlich damit gerechnet, in irgendeine superreiche Familie einzuheiraten und ein kinderloses Leben zu führen, weil ihr Mann ständig auf irgendwelchen ultrawichtigen Konferenzen durch die Welt jettete und sie unterwegs höchstwahrscheinlich mit seiner verboten hübschen Sekretärin betrog, während sie alleine zuhause in ihrem viel zu großen Haus saß und auf ihn wartete.

Ihre Eltern waren nicht gerade begeistert davon als Sara ihnen offenbarte, dass sie sich in ihren Schilehrer verliebt hatte und mit ihm gemeinsam in einem kleinen Kaff leben wollte. Sara war in der Stadt eine durchaus bekannte Modedesignerin gewesen, die in der gehobenen Gesellschaft hoch angesehen war. Ihre Eltern hatten Angst, sie würde ihre Karriere durch die Beziehung mit Andreas gefährden. Doch es sollte anders kommen, was ihre Familie letztendlich total verblüffte. Sara schaffte es, Freedom Falls als Werbebotschafter für eine weltbekannte Modekette zu gewinnen und nun blühte das Örtchen zu einem beliebten Reiseziel für Fashionistas auf.

Während in Paris die Laufstege für den neuesten Modeschrei herhielten, wurde in Freedom Falls fleißig mitgeeifert und das Städtchen verwandelte sich für einige Tage in eine riesige Freiluft-Boutique. Sara war stolz auf ihre privaten Erfolge und ebenso auf ihre beruflichen, die sie trotz Umzug und Familiengründung bravourös gemeistert hatte.

Ihre Eltern platzten beinahe vor Stolz und auch ihren Schwiegersohn in spe hatten sie endlich akzeptiert. Zwar nicht völlig, aber das würde ihr vielleicht auch noch gelingen. Andreas war ihren Eltern immer noch etwas suspekt, vor allem, nachdem Sara ihnen gebeichtet hatte, dass Andreas eigentlich Jura studiert hatte, es aber vorzog, einen anderen Beruf auszuüben, und zwar einen, den er liebte. Das war ein weiterer Grund, warum Sara diesen Mann so sehr liebte. Und diese unendliche Liebe, die sie für ihn empfand, war ein guter Grund, um ihren Plan durchzuziehen. Sara klopfte an die hölzerne Tür von Rebeccas Haus, die ihr dabei helfen sollte, etwas wirklich Spektakuläres in die Tat umzusetzen.

5. Vegetarisches Steak

Rebecca öffnete nach dem dritten Klingeln die Tür. Die rothaarige Schönheit stand in einem knallroten, hautengen Bikini und mit einem Sektglas bewaffnet vor ihnen und schenkte ihnen ihr Millionen-Zuschauer-Lächeln. »Hey, Mädels! Kommt nur herein, ich hoffe, ihr habt eure Badesachen mitgebracht.«

»Was ist denn gerade bei dir los?«, fragte Natascha verwundert.

»Firmenfeier. Der ganze Sender ist hier und labt sich an meinem Sushi- und Früchtebuffet, draußen am Pool.«

»Danke«, lenkte Sara ab, »nicht für mich«, und deutete auf ihren Bauch. Wieder etwas worauf sie verzichten musste, doch Andreas hatte ihr versprochen, sobald ihre kleine Familie bereit für einen Ausflug war, mit ihr zum Japaner zu gehen. Und da er solidarisch sein wollte, verzichtete auch er für neun Monate auf alles, was Sara nicht essen durfte (und das, obwohl er wirklich verrückt nach Gorgonzola war).

Während Rebecca sie auf federleicht wippenden Füßen hinaus in den Garten geleitete, fragte Sara: »Sag mal, Rebecca, du warst doch auch auf der Grillfeier vor zwei Wochen, wenn ich mich richtig erinnere?«

»Ja, Süße«, trällerte die Moderatorin, »das war ich. Es war wirklich ein total reizendes kleines Fest. Ich mochte die Ananas-Lampions, die waren so schön tropisch.«

Anscheinend litt Rebecca bereits unter einem Schwips, was Sara nicht nur aufgrund des beinahe leeren Sektglases in ihrer Hand, vermutete.

»Na, die quatscht heute aber Unfug«, murmelte Natascha in Saras Ohr, die diese Bemerkung mit einer Handbewegung abtat und ihrer Freundin deutete, sich zurückzuhalten.

»Hast du dich auch zufällig mit Andreas unterhalten?«, fragte Sara in möglichst beiläufigem Ton.

»Andreas?«, fragte Rebecca schulterzuckend.

»Mein Freund?«, ergänzte Sara.

»Ja doch, Süße. Wir haben geplaudert«, bestätigte die beschwipste Rebecca, die direkt vor dem Büffet zum Stehen kam, »aber wir haben nur über Rezepte gesprochen, nichts Weltbewegendes. Höchst uninteressanter Gesprächsstoff für eine Journalistin.«

»Über welche Rezepte genau habt ihr euch denn ausgetauscht?«, warf Natascha, auf einer Melone kauend, ein.

»Was hat er nochmal gesagt, soll ich sagen? Ach ja, irgendwas von einem perfekten Steak, oder so.«

»Wie bitte?«, schoss es aus Saras Mund.

»Falls du oder eine deiner Freundinnen mich fragen sollten, dann dürfte ich euch unter keinen Umständen die Wahrheit sagen. Ich soll euch irgendeinen Unfug über ein gebratenes Stück Fleisch erzählen. Ich bin doch Vegetarierin«, lachte Rebecca. »Warum sollte ich mich über das Braten von Rind unterhalten? Ich meine, dein Freund ist echt mies im Verschleiern. Das kannst du ihm ruhig von mir ausrichten. Merkt doch jeder sofort, dass da was im Busch ist, oder? Er wäre echt kein guter Journalist. Er soll sich bloß nie bei uns bewerben.«

Sara verschlug es die Sprache. Was hatte Rebecca da gerade gesagt? Sie sollte ihr eine Lüge auftischen? Und noch dazu genau dieselbe, wie alle anderen Leute, mit denen Andreas auf der Feier gesprochen hatte? Er war tatsächlich nicht gut darin, Lügenkonstrukte zu entwerfen. Zum Glück war er doch kein Anwalt geworden, denn das war genau der Mangel an Talent, der ihn die Entscheidung treffen ließ, diesen Beruf doch besser nicht auszuüben. Denn wenn man als Jurist keine Tatsachen für den eigenen Nutzen verdrehen oder in ein besseres Licht rücken wollte, konnte einem das ohne weiteres den Hals brechen. Ein ehrlicher Anwalt war genauso selten anzutreffen, wie eine unattraktive Nachrichtenmoderatorin, dachte Sara, während sie die wirklich attraktive Reporterin mit Argusaugen musterte.

»Und was genau wollte er denn durch diesen erfundenen Rezeptaustausch verschleiern?«, ergriff Natascha erneut das Wort, die sich gerade eine Scheibe Ananas in den Mund schob.

Sara stand weiterhin wie erstarrt da und tastete Rebecca mit neidischen Blicken ab. Noch vor wenigen Monaten hatte Sara ebenso einen Luxuskörper wie die Reporterin zu bieten gehabt. Sara erinnerte sich zurück an das Grillfest und ihr fiel auf, dass Andreas sich sogar sehr lange mit Rebecca unterhalten haben musste. Denn er war gemeinsam mit ihr aus dem Garten verschwunden ... und auch gleichzeitig mit dieser verboten schönen Frau wieder auf der Party aufgetaucht.

»Ihr habt gemeinsam die Party verlassen«, sagte Sara mit einem Mal.

»Was sagst du, Süße? Wir haben doch die Party gar nicht verlassen. Wir stehen doch hier«, lächelte Rebecca sie an.

»Nicht diese Party. Von der Grillfeier spreche ich!« Sara konnte sich vor lauter aufflammender Wut kaum noch beherrschen. Erzürnt ballte sie ihre Hand zu einer Faust, in der sie den USB Stick hielt, den sie von zuhause mitgenommen hatte. »Du bist gemeinsam mit Andreas verschwunden. Nach einer halben Stunde seid ihr gleichzeitig wieder aufgetaucht. Und jetzt erzähl mir nicht, dass das bloß Zufall war.«

»Was genau deutest du an, Sara?«, fragte Rebecca verwirrt.

»Ich deute gar nichts an. Ich spreche nur über Tatsachen«, erwiderte Sara, die auf keinen Fall für eine eifersüchtige Zicke gehalten werden wollte. Sie vertraute Andreas. Und auch ihrer Freundin Rebecca wollte sie mit Sicherheit keine Affäre mit dem Vater ihres Kindes andichten. Doch irgendetwas stimmte definitiv nicht. Das spürte sie genau.

Sara nestelte an dem Band des Sticks. Andreas verheimlichte ihr etwas, das in Zusammenhang mit Rebecca stand. Sara war sich dessen zu Neunundneunzig Prozent sicher. Sie fühlte es förmlich in ihrem kleinen Zeh.

»Also, Rebecca? Warum hast du die Party verlassen und was hast du in dieser Zeit getrieben?«

Rebecca sah sich hektisch um. Ihr Atem ging schneller und sie begann nervös zu kichern. Genau das tat sie, wenn sie nicht weiter wusste. So gut kannte Sara ihre neue Freundin mittlerweile. Rebecca war ein guter Mensch, mit dem Herzen am rechten Fleck. Zwar wurde sie von Ehrgeiz und dem Streben nach Erfolg angetrieben, jedoch bestritt sie ihre Kämpfe immer nur mit fairen Mitteln. Niemals würde Rebecca jemanden hinterlistig austricksen oder hintergehen.

»Sara ... ich will dich nicht belügen«, sagte Rebecca resigniert. »Und beschwipst bin ich auch schon, weshalb die schlagfertigen Antworten nicht gerade aus mir heraussprudeln.« Dann seufzte sie. »Und deshalb sage ich einfach gar nichts mehr.«

»Du willst mich hier so stehen lassen, den Tränen nahe und verzweifelt? Ich bin schwanger und bange um meine Beziehung. Ich weiß nicht, ob das eine so tolle Kombination ist.« Sara vergaß manchmal, dass nicht jede Frau automatisch nachempfinden konnte, wie es sich anfühlt, schwanger zu sein. Auch sie konnte sich dieses Gefühl und den Zustand, der so viele Veränderungen mit sich brachte, vor ihrer eigenen Schwangerschaft nicht vorstellen. Es war ein unvorstellbarer Prozess, den man neun Monate lang täglich durchlebte. Die Hormone spielten nicht nur einfach verrückt, nein, das gesamte Konzept, das man bis dahin vom Leben hatte, wurde mühelos umgeworfen. Das Kartenhaus stürzte in sich zusammen und ließ am heutigen Tag eine todunglückliche Sara zurück.

»Weißt du«, sagte Rebecca, »eines kann ich dir sehr wohl sagen. Es ist wirklich nichts Schlimmes, worüber du dir Sorgen machen musst. Und ich verspreche dir, es wird bald vorbei sein. Danach gehts dir wieder besser. Versprochen. Alles klar, Süße?« Rebecca drückte ihr ein Küsschen auf die Wange. »Ich muss mich jetzt wieder um meine Gäste kümmern. Und momentan muss ich sie vor schlechter Musik bewahren.« Sie machte eine kurze Pause und deutete hinter sich. »Seht ihr den Typen, der da gerade beim DJ-Pult steht und die Platten durchsieht? Das ist mein peinlicher Chef Steve. Ich muss jetzt ganz dringend verhindern, dass er seine Idee in die Tat umsetzt und ein paar Platten auflegt. Das wäre katastrophal und der totale Stimmungskiller für die Party.« Dann hopste Rebecca davon.

»Was meinte sie damit, es wird bald vorbei sein?«, fragte Natascha, die sich ein paar Apfelspalten griff.

»Ich weiß es nicht«, antwortete Sara, die den USB-Stick frustriert zurück in die weite Hosentasche ihrer Umstandsjeans plumpsen ließ. Sie wusste es wirklich nicht. Nicht einmal den Hauch einer Ahnung hatte sie. Was dachte sich Rebecca denn nur dabei, sie ganz ohne ein paar Infos zurückzulassen? Es wollte sich nicht die Spur von Erleichterung bei ihr einstellen.

»Naja, so beschwipst wie sie schon war ...«, Natascha zuckte mit den Achseln. »Es war irgendwie klar, dass man sich momentan nicht allzugut mit ihr unterhalten kann.«

»Ja, mag sein«, sagte Sara die Rebecca dabei beobachtete, wie sie ihrem Chef gerade eine Platte aus den Händen riss. »Aber was tun wir denn jetzt?«

»Willst du noch das Buffet plündern?«, fragte Natascha, die ihren Blick nicht von den frisch aufgeschnittenen Melonen nehmen konnte.

»Nein, ich habe keinen Hunger.«

»Aber du bist schwanger.«

»Das ist aber kein Synonym für *immer hungrig.*«

»Bist du dir da ganz sicher?«, fragte Natascha und deutete auf die Melonen. »Ach, komm schon. Ein Bissen schadet doch nicht.«

Sara schenkte Natascha einen dankbaren Blick. Ihre Freundin meinte es nur gut und wollte sie für einen Augenblick von ihren Sorgen ablenken. Und es funktionierte. Natascha biss in ein Stück der Melonen, die eigentlich nur zu Dekozwecken aufgeschnitten und zwischen die anderen Leckereien gestellt worden waren. Das Stück war so groß, dass Natascha der wässrige Saft über die Wangen, das Kinn und den Hals rann. Sie legte die Schale beiseite, spuckte die schwarzen Kerne aus und schrie: »Jetzt oder nie! Achtung, ich komme!« Dann rannte sie los und sprang mit einem Satz in den Pool. Komplett bekleidet und ohne Rücksicht auf Verluste. So war Natascha.

Sara musste schmunzeln. Und dann wurde ihr schlagartig bewusst: Egal, ob sie Andreas eines Tages, aus welchem Grund auch immer, verlieren sollte, ihre Freundinnen waren immer für sie da. Sara wurde geliebt. Und zwar von drei wunderbaren Frauen, die ihr jederzeit zur Seite standen und ihre Hand hielten. Dieser Gedanke nahm Sara nicht die Angst vor dem, was gerade mit Andreas los war, jedoch ließ er ihr Herz wieder ruhiger schlagen.

6. Saras verrückter Plan

»Wenn Natascha zur Abwechslung einmal an die Konsequenzen gedacht hätte, dann hätte sie mit Sicherheit nicht so einen Quatsch angestellt«, lachte Melody.

Sara hatte zwar lauthals über Nataschas Kopfsprung in den Pool gelacht, jedoch hinderte sie das nicht daran, ihre Freundin nicht mehr in ihr Auto steigen zu lassen.

»Sie hätte mir doch nur den ganzen Sitz vollgetropft.«

»Und das gibt Wasserflecken, die sehen schrecklich aus. Ich bin ganz auf deiner Seite, Sara«, antwortete Melody nickend.

»Natascha hat meine Entscheidung verstanden und sich dafür entschieden, ihren, ich zitierte: Traumbody in der puren Sonne trocknen zu lassen, während sie vor Poolwasser triefend zurück zum Hotel spaziert. Ihre Worte.« Sara hob die Hände und Melody lachte.

»Also habt ihr von der leicht bedudelten Rebecca erfahren, dass Andreas einem ganzen Haufen Leute aufgetragen hat dieselbe Geschichte zu erzählen, wenn du sie danach fragen solltest, was er mit ihnen besprochen hat. Verstehe ich das richtig?«, fragte Leonie mit zusammengekniffenen Augen.

»Ja, leider«, bestätigte Sara.

»Das ist doch die Höhe!«

»Du sagst es. Aber wenn wir uns jetzt darüber aufregen, dann bringt uns das auch nicht weiter. Es würde doch an der Situation nichts ändern.« Sara streichelte ihren Bauch. »Erzählt, was konntet ihr bei Andreas bewirken oder herausfinden?«

Ihre Freundinnen Melody und Leonie waren in der Zwischenzeit bei Sara Zuhause gewesen, wo sie den immer noch schlafenden Andreas vermuteten. Doch als Leonie wie eine Irre gegen die Tür pumperte und sturmklingelte, bekam sie keine Antwort.

»Dann haben wir ihm gedroht, dass wir hereinkommen und Mel hat ohne Rücksicht auf Verluste die Tür mit dem Ersatzschlüssel für Notfälle geöffnet, den du uns gegeben hast. Doch dein Andreas war gar nicht da.«

»Seltsam«, murmelte Sara. »Ich bin mir sicher, dass er geschlafen hat, als ich vorhin gegangen bin.«

»Hast du ihn denn gesehen?«

»Die Schlafzimmertür war geschlossen, aber ich habe ihn gehört. Glaube ich ... jetzt bin ich mir nicht mehr so sicher.«

»Also könnte es auch gut sein, dass er dir nur erzählt hat, er würde gern ein Nickerchen machen. Und in Wahrheit hat er eigentlich etwas ganz Anderes getan«, vermutete Leonie, ganz in Detektivmanier verfallen.

Sara hielt den Atem an. Aus welchem Grund würde Andreas sie nur dermaßen belügen? Es musste schon etwas wirklich Schlimmes vorgefallen sein, doch egal wie lange sie darüber nachdachte, ihr wollte keine Situation einfallen, in der sie sich ihm gegenüber unpassend oder gar abwertend verhalten hätte. Im Gegenteil. Sie liebte ihn mehr denn je und das ließ sie ihn auch bei jeder Gelegenheit spüren. Neulich erst hatte sie sich für ihn in seine Lieblingsdessous gezwängt, die er so sehr an ihr mochte. Der Verschluss hatte sich gerade noch so einhaken lassen und sie wollte ihm noch einmal die Gelegenheit geben, sie in diesem verboten heißen Teil zu sehen, bevor sie den Verschluss gar nicht mehr zubekam. Sie überraschte ihn in der Küche, als er gerade Abendessen für sie zubereitete und in die Schneidarbeit vertieft war. Sein Blick ruhte voll konzentriert über den Karotten, die er in feine Streifen schnitt, um sie dann im kochenden Wasser weichzugaren.

Seine Freude über ihr knappes Outfit war spektakulär gewesen, als sie ihm keck auf den Po trommelte und er sich daraufhin zu ihr umwandte. Sofort ließ er das Messer auf das Schneidbrett sinken und widmete sich ganz ihrem in Seide verpackten Körper und dem unstillbaren Verlangen, das sie beide leidenschaftlich füreinander teilten. Sara genoss jeden einzelnen der kleinen Küsse, mit der er ihren verspannten Nacken bedeckte und sie jeden noch so winzigen Schmerz für die Dauer ihrer zärtlichen Liebesspiele vergessen ließ. Behutsam ließ er seine Hände über ihren müden Körper gleiten und weckte neue Lebensgeister in ihr, bis jede einzelne Pore ihrer vor Lust brennenden Haut nach seinen Berührungen schrie. Die Gier nach seinem Körper erreichte ihren Höhepunkt, als er ihr das Gefühl schenkte, trotz ihrer neuen Pfunde eine begehrenswerte Frau zu sein und seine Finger gefühlvoll zwischen ihre Beine gleiten ließ. An diesem Abend hatten sie sich zwei weitere Male genossen und er war von Mal zu Mal einfallsreicher geworden, wie er ihr das Gefühl vermitteln konnte, immer noch höchst anziehend auf ihn zu sein.

Klar hatten die Mädels recht, wenn sie sagten, dass dieses Verhalten nicht ganz normal war und sie mit wildgewordenen Karnickel verglichen. Sie liebten sich wirklich sehr häufig, was selten als normaler Standard in einer Beziehung galt. Doch so waren sie eben. Zwei rammelnde Bunnys die nicht genug voneinander bekommen konnten und sich für alle Zeit lieben würden. Jedenfalls hatte Sara das bis jetzt gedacht. Anscheinend belog Andreas sie jetzt sogar schon darüber, ob er zuhause ein Nickerchen hielt oder nicht. Sara verlor langsam alle Hoffnung.

»Hey, Kopf hoch. Wir werden deinem Andreas schon die Meinung geigen, wenn wir ihn finden«, sagte Leonie, als sie Saras beklemmende Stimmung bemerkte.

»Natürlich werdet ihr das«, bestätigte Sara, »aber vielleicht ist es besser, wenn ich mit ihm alleine spreche.«

»Wie du möchtest, Süße. Und falls du es dir doch anders überlegst ...Du weißt, wir sind immer für dich da, wenn du uns brauchst«, antwortete Melody.

»Was wirst du jetzt tun? Zuhause sitzen und warten bis er auftaucht?«, fragte Leonie schulterzuckend.

Sara dachte über diese Frage intensiv nach. Was genau sollte sie denn nun unternehmen? Nur zuhause herumsitzen und auf Andreas zu warten würde dem Charakter der alten Sara entsprechen, die sich ihr halbes Leben lang dem Willen ihrer Eltern gebeugt hat. Doch aus der Sara die im Jetzt und hier lebte, war eine Kämpfernatur geworden. Sie würde nicht einfach nur Däumchen drehen und darauf warten, bis ihr Mann zurück zu ihr nachhause kam. Und zulassen, dass er sie mit seiner Sekretärin betrog würde sie sowieso nicht. Abgesehen davon, dass Andreas keine Sekretärin im Camp hatte. Immerhin arbeitete er nicht einmal in einem Büro. Ihr Freund betreute Kinder im Sommercamp und im Winter schlug er sich als Schilehrer durch. Und das tat er deshalb, weil es ihm ganz einfach Freude bereitete. Als ihre Eltern von dem Umstand erfahren hatten, dass Andreas sehr wohl etwas Vernünftiges gelernt hatte, und zwar, dass er sogar Jura studiert hatte, verfielen sie in Haarspalterei. Sie ließen nichts unversucht, um Andreas zu überreden, sich die Kanzlei eines Geschäftsfreundes ihres Vaters einmal anzusehen. Sara war das Getue ihrer Eltern sichtlich unangenehm gewesen, denn sie konnte sich gut vorstellen, was sie damit bezwecken wollten. Doch Andreas reagierte einwandfrei und tappte nicht in das Fettnäpfchen, das ihre Eltern für ihn gelegt hatten. Er belächelte ihren Vater unauffällig und versprach ihm gleichzeitig, sich mit seinem Freund zu treffen. Und er hielt Wort. Gleich am nächsten Tag rief er in der Kanzlei an und vereinbarte einen Termin. Natürlich müssten Sara und Andreas wieder zurück in die Stadt ziehen, wenn ihr Freund sich auf das Angebot einließ, plänkelte ihre Mutter. Das war Sara völlig klar. Denn ihr war bewusst, dass ihr Vater sie gerne in seiner Nähe haben wollte. Vielleicht plante er sogar, Sara mit einem der Anwälte aus der Führungsebene zu verkuppeln. Traurig aber wahr, doch dieses Vorgehen traute sie diesem, keinen Widerspruch duldenden Mann, tatsächlich zu. Mit ihrer Schwester hatte ihr Vater ein ähnliches Spiel getrieben und die war jetzt mit dem Sohn seines Golfkollegen verheiratet: Einem Schönheitschirurgen, der mehr unterwegs war als Zuhause. Ihre Schwester Mindy führte genau das Leben, das Sara so tunlichst vermeiden wollte. Und ihr Andreas war eindeutig ein Herzensmensch. Er tat Dinge aus Hingabe und Ehrgefühl, nicht weil sie Geld brachten oder sein Ansehen in den Augen eines reichen Mannes (in dem Fall ihres Vaters) steigerten.

Andreas beäugte wie versprochen die Kanzlei und ließ sich ein Angebot unterbreiten, das jeder andere höchstwahrscheinlich mit einem strahlenden Lächeln angenommen hätte. Doch ihr Freund lehnte dankend ab und schaffte es auch noch, eine Spende für das Sommercamp, in dem er arbeitete, herauszuschlagen. Sein Charisma war einfach unschlagbar. Noch ein Grund warum sie diesem tollen Mann mit Haut und Haaren verfallen war. Sein gewinnbringendes Lächeln, das er wie selbstverständlich besaß und stets mit sich trug, wäre dem Chef der Kanzlei mit Sicherheit ein hohes Gehalt wert gewesen. Doch Andreas bevorzugte seinen Drang zur Ehrlichkeit und lehnte ein weiteres, wesentlich höheres Angebot, das ihm der Chef eine Woche später machte, erneut ab. Sara platzte beinahe vor Stolz und war sich in dem Moment sicher, dass sie den Rest ihres Lebens mit diesem grandiosen und atemberaubenden Mann verbringen wollte. So gesehen war es kein Wunder, wenn ihr der Sinn ständig danach stand ihn zu berühren und zu verführen. Er war ja auch ein wahrer Traum von einem Mannsbild. Wirklich gut gebaut und klug noch dazu. Eine bessere Mischung konnte es kaum geben. Sara schüttelte den Kopf. Auch wenn sie nicht verstand, warum Andreas sich in letzter Zeit dermaßen ignorant verhielt, was gar nicht zu ihm passen wollte, würde sie weiterhin um ihn und ihre Beziehung kämpfen. Selbst wenn das Thema Baby nicht brandaktuell wäre und in weiter Zukunft liegen würde ... auch dann würde sie dazu bereit sein die Liebe die er einst für sie empfunden hatte neu zu entfachen. Doch dazu musste sie ihm so richtig einheizen. Sara tastete nach dem USB-Stick in ihrer Jeans.

»Ich werde nicht warten, bis Andreas nachhause kommt. Ich werde dafür sorgen, dass er direkt zu mir kommt.«

»Was habe ich verpasst?«, fragte Natascha, die völlig durchgetrocknet auf die Hotelterrasse stürmte.

»Hey, du bist ja beinahe ganz trocken geworden«, alberte Leonie bei Nataschas Anblick.

»Haha, lass die gemeinen Anspielungen, Leonie. Die Sonne brennt vom Himmel, wir haben über Dreißig Grad im Schatten, wie hätte ich denn da bitte nicht staubtrocken werden sollen? Ich sehne mich nach diesem anstrengenden Fußmarsch in der brennenden Hitze wieder zurück ins kühle Nass. Wenn ich könnte, würde ich gleich noch einmal in Rebeccas Pool springen.«

»Vielleicht kannst du das auch«, antwortete Sara.

»Wie meinst du denn das? Sag jetzt nicht, du hast deine Schwangerschaftsvitamine bei Rebecca vergessen und ich soll sie für dich holen?«

»Scherzkeks«, winkte Sara ab. »Ich hätte da einen Auftrag für dich und zur Belohnung darfst du den Rest des Tages bei Rebecca verbringen.«

»Nur immer raus damit, ich sehne mich schon nach der Abkühlung.«

Sara zog den Stick aus ihrer Tasche und überreichte

ihn Natascha. »Den hier gibst du Rebecca, ich rufe sie dann von unterwegs an und gebe ihr Anweisungen was sie damit anstellen soll.«

»Ach, ich soll alleine zurück zu der Party? Das hast du aber nicht erwähnt.«

»Keine Sorge, Nati. Leonie und Melody begleiten dich sicher gerne«, warf Sara ein.

»Ja, klar, wenn du auf uns verzichten kannst, Sara? Dann kommen wir gerne mit. Hast du gehört, Nati? Du musst nicht alleine zurück.«

»Ihr wollt doch sicher nur was vom Buffet abhaben und euch die letzten guten Plätze im Pool sichern, damit ich nicht mehr hinein passe, gib es ruhig zu Mel.«

»Sie dürfte einen Sonnenstich haben«, witzelte Melody als Konter auf Nataschas sarkastische Meldung. Nataschas Humor war nicht für Jedermann geeignet, auch Sara musste erst lernen damit umzugehen. Doch mittlerweile empfand sie Nataschas Wortwitze als sehr erfrischend. Ebenso erfrischend wie Rebeccas Pool für die Freundinnen sein musste, falls sie überhaupt Zeit finden würden, darin zu baden. Doch diese Kleinigkeit verriet Sara ihren Mädels besser nicht. Sie würden schon noch früh genug merken, dass dank des USB-Sticks und Saras Instruktionen eine Menge Arbeit auf sie wartete.

7. Tosende Lagune

Sara biss sich vor lauter Aufregung auf die Unterlippe. »Hast du alles verstanden, Rebecca?«, fragte sie ihre Freundin nochmals, um sicher zu gehen, dass ihr Plan wie gewollt ausgeführt wurde. Aus dem Hintergrund drang das lautstarke Maulen ihrer Freundinnen. Melody, Leonie und Natascha waren davon ausgegangen, dass sie einen faulen Nachmittag auf Rebeccas Party verbringen durften, doch Saras Plan machte ihnen einen gewaltigen -und vor allem unerwarteten- Strich durch die Rechnung. Die Mädels sollten Rebecca unterstützen, indem sie ihr Informationen und Details über sie und ihre Beziehung zu Andreas zur Verfügung stellten, die Rebecca aufgrund ihrer kurzen Freundschaft mit Sara noch nicht kannte. Und außerdem sollten sie der beschwipsten Rebecca auf die Finger sehen, damit sie keinen, eventuell gravierenden Fehler machen konnte.

»Und du bist dir sicher, dass du mir nicht doch sagen willst, was Andreas auf der Grillfeier zu dir gesagt hat?«

»Es tut mir leid, Sara. Aber ich will mich nicht in eure Angelegenheiten einmischen, das verstehst du doch, ja? Ich dringe schon genügend in euch ein, indem ich dir jetzt diesen Gefallen tue.«Rebecca räusperte sich. »Habe ich gerade ernsthaft gesagt, dass ich in euch eindringe? Ich meinte natürlich, in eure *Privatsphäre*«, lachte Rebecca.

»Du solltest wirklich nichts mehr trinken, Rebecca. Ansonsten küsst du vielleicht noch deinen Chef.«

»Ha,« rief Rebecca durchs Telefon, »das wird nie und nimmer passieren. Meine Lippen werden nicht in Hundert Jahren die von meinem schmuddeligen Chef Steve berühren!« Die letzten Worte schrie sie beinahe und Sara musste ihr Smartphone ein Stück von ihrem Ohr weghalten.

»Gib mir bitte nochmal Melody, ja Liebes?«

»Aber Klärchen, mein Sara-Schätzchen! Ich wünsche dir alles Liebe für die bevorstehende-« Rebecca unterbrach sich selbst mit einem »uuuups, jetzt habe ich schon wieder zu viel gesagt« und dann brach die Verbindung ab. Rebecca hatte abrupt aufgelegt. Wahrscheinlich wollte sie Sara nur alles Gute für die bald bevorstehende Entbindung wünschen. Rebecca konnte schon eine ganz schöne Ulknudel sein, wenn sie zu viel getrunken hatte. Sara schüttelte den Kopf um ihre Freundin aus ihren Gedanken zu verbannen. Sie musste sich jetzt voll und ganz auf die Umsetzung ihres, hoffentlich mit Erfolg gekrönten Plans konzentrieren. Ihre Freundinnen würden schon dafür sorgen, dass Rebecca rechtzeitig umsetzte, worum Sara sie gebeten hatte.

Sara sah auf die Uhr, wenn sie mit ihrer Andreas-Zurückeroberungsaktion starten wollte, solange es noch hell war, durfte sie keine Zeit mehr verschwenden. Ihre schmerzenden Füße ignorierte sie einfach noch für ein paar Stunden. Hinsetzen konnte sie sich später immer noch, wenn Andreas sich wieder daran erinnerte wie vernarrt er in sie war und sie dann auf seinen starken Händen nachhause ins gemütliche Bett trug. Um ihr die schmerzenden Füße zu massieren, bevor er über sie herfiel.

Sara sah sich auf der kleinen hölzernen Bühne um, die den Sommer über am Hauptplatz für Lesungen und sonstige Feierlichkeiten aufgestellt worden war. Der Platz sollte reichen. Sara tapste mit ihren schmerzenden Füßen über die winzige Treppe hinauf. Ihr Rücken dankte es ihr, mit einem starken ziehen. Auch ihr kleiner Bauchbewohner rebellierte langsam in seinem gemütlichen Nest. Das Baby trat ihr jetzt schon zum vierten Mal in Folge an dieselbe Stelle und das innerhalb weniger Sekunden. In Sara flammte der absurde Gedanke auf, sie würde nur noch aus reinem Schmerz bestehen. Körperlich und seelisch. Wenn diese Situation nicht bald ein Ende fand, dann würde sie nie zur Ruhe kommen. Das war ihr klar. Denn solange Andreas nicht wieder an ihrer Seite war, konnte und wollte sie sich nicht entspannen. Auch wenn das dem Baby nicht so gut gefiel. Es war doch auch für ihr Baby wichtig, dass sich seine Eltern stets liebten und nicht allzu lang im Streit miteinander lagen.

Ohne weiter über ihr neu hinzugekommenes Leid nachzudenken, dekorierte sie die Bühne mit lauter Dingen, die sie zuvor von Zuhause geholt hatte. Einiges musste sie noch in der Stadt besorgen, was sich Samstag am späten Nachmittag als eine gar nicht so einfache Herausforderung entpuppte. Denn die Supermärkte in Freedom Falls hatten allesamt schon geschlossen (alle zwei) und jetzt noch in den Nachbarort zu fahren, wäre zeitlich betrachtet eine unerfüllbare Mission gewesen. Doch zum Glück hatte Sara schon einige Freunde in Freedom Falls gefunden, die sie bei ihrem Projekt unterstützten. Kaum daran gedacht, gesellte sich auch schon eine dieser Freunde zu ihr. Lisi erklomm mit federnden Schritten die Bühne und winkte Sara freundlich zu. Es war kaum zu glauben, aber Lisi war ein immerfroher Sonnenschein, einer der positivsten und nettesten Menschen, die Sara je kennenlernen durfte. Sie konnte sich kaum vorstellen, dass Lisi jemals über jemand anderen lästern würde oder einem Freund der in Not steckte, nicht ihre helfende Hand reichte. Auch zu einem Fremden würde Lisi wahrscheinlich nicht sofort nein sagen und tun, was sie konnte, um zu helfen.

»Hey Sara, sieh mal, ich konnte beinahe alles, was du auf die Liste geschrieben hast im Hotel finden. Alles bis auf den Wein, das ist ja schon eine sehr spezielle Marke und deshalb leider ausverkauft. Aber ich dachte, das wäre vielleicht nicht so schlimm, weil du ja sowieso keinen Alkohol trinken darfst.«

Wieder ein Rückschlag. Dieser Wein war sogar verdammt wichtig für Sara. Natürlich würde sie niemals einen Schluck davon trinken, doch der Geruch allein weckte in ihr unvergessliche und vor allem sinnliche Erinnerungen an ihre erste gemeinsame Zeit mit Andreas. An die Zeit, als sie ihn kennengelernt hatte und er sie bei jeder Möglichkeit verführen wollte. Zu Beginn ihres ersten Urlaubs in Freedom Falls, nachdem sie diesen peinlichen und dann sinnlichen Zusammenstoß mit Andreas im Whirlpool überstanden hatte, war sie am nächsten Tag zu ihrer ersten Unterrichtsstunde auf die Piste gegangen. Dort stand Andreas, völlig bekleidet. Zuerst erkannte sie ihren nächtlichen Flirt nicht auf Anhieb, doch als er zu strahlen begann, als er sie sah, rutschte ihr das Herz in die knallbunte Schihose. Die gesamte Stunde über verlor er kein einziges Wort darüber, was sie am Abend zuvor im Spabereich miteinander getrieben hatten. Er grinste sie bloß durchgehend an und schaffte es, unausgesprochene Worte in sein Mimenspiel zu legen, die Sara rot anlaufen ließen. Trotz der Kälte des Winters spürte Sara eine ständig präsente, innere Hitze. Ihr Körper wollte atmen, sich im Schnee wälzen und wilde Engel fabrizieren. Sobald sie die erste Unterrichtsstunde hinter sich gebracht hatte, riss sie sich die Jacke und ihren Schal herunter. Sie stapfte hinüber zum Hotel und ging direkt zur Bar. Gerade als sie bei der wirklich freundlichen Kellnerin einen möglichst starken Shot bestellen wollte, hörte sie diese einzigartig sonore Stimme hinter sich erklingen, die zu dem attraktivsten Gesicht in Freedom Falls gehörte. Andreas.

»Lisi, bring mir und dieser überaus reizenden Lady eine Flasche vom besten und teuersten Wein, den ihr im Haus habt«, orderte er, ohne Sara auch nur für einen Moment anzusehen. »Wir werden an dem Tisch beim Fenster Platz nehmen.« Dann setzte er sich in Bewegung. Sara war so verwirrt, dass ihr der Mund offen stand.

»Kommst du?«, forderte Andreas sie, mit seinem immer noch einzigartigen Grinsen, auf.

Sara nickte automatisiert und hüpfte von ihrem Barhocker. Wie sollte es auch anders sein, sie stellte sich dabei so ungeschickt an, dass sie nicht auf ihren Füßen landete, sondern genau in Andreas Armen, der sie erneut nach einem Sturz auffing.

»Gib zu, das machst du aus purer Absicht, hab ich recht?«, witzelte er, während er ihr seinen Arm anbot um sich unterzuhaken. Sara umschloss seinen starken Oberarm und ließ sich von ihm zu dem Tisch bringen, den Andreas ausgewählt hatte. Der Ausblick raubte Sara ihren noch verbleibenden Atem. Man konnte durch das Panoramafenster direkt hinaus auf die angrenzende Piste blicken. Dahinter erstreckte sich eine märchenhafte Gebirgskette, der sie, während sie sich sich selbst auf der Piste befunden hatte, kaum Beachtung schenkte. Doch von dieser Stelle aus waren die schneebedeckten Berge herrlich anzusehen, wie sie empor in den klaren Himmel ragten, und ließen Saras Herz hell singen.

»Darf ich?«, riss Andreas sie von dem Ausblick los und nahm ihr Glas an sich, um ihr etwas von dem Rotwein einzuschenken, dessen Aroma Saras Geruchsknospen eine weitere Strophe ihres Gedankenliedes singen ließen.

»Die Reben dieses Weines werden hier ganz in der Nähe angebaut«, erklärte er und schenkte galant das rote Gold in die bauchigen Gläser ein.

Sara begutachtete das dezent verzierte Etikett. In schnörkeliger Schrift stand der Name des edlen Tropfens darauf. »Tosende Lagune. Das klingt wunderschön.«

Andreas reichte ihr ein Glas und umfasste ihr Handgelenk als sie danach griff. »Die Reben wachsen gleich hinter den Wasserfällen, denen Freedom Falls seinen Namen verdankt. Sie münden alle in denselben Fluss und nähren die Reben den gesamten Sommer über mit Wasser.«

Während Andreas ihr weiter über den Anbau des Weines erzählte, verwoben sich ihre Finger zu einer

Einheit. Beinahe unauffällig ließ er die andere Hand unter den Tisch, auf ihren Schoß gleiten. Er hauchte ihr die romantische Geschichte von Freedom Falls, die Legende der tosenden Wasserfälle, ins Ohr und flüsterte sanft gegen ihren Nacken.

Sie hatte es an diesem Abend nicht geschafft, den wohlduftenden Wein zu kosten, denn sie landeten umgehend in ihrem Zimmer, nachdem Andreas ihr zugeflüstert hatte. Auch die nächsten Abende verliefen ähnlich und der tosende Wasserfall wurde zu ihrem treuen Begleiter. Auch wenn sie kaum davon tranken, bestellte Andreas jeden Abend eine Flasche des deliziösen Tropfens.

»Verdammt«, murmelte Sara und begutachtete Lisis Mitbringsel. »Was soll ich denn jetzt ohne den Wein anstellen?«

Lisi sah sich suchend um. »Vielleicht können wir ein Etikett des Weins besorgen und es auf eine andere Flasche kleben?« Die Kellnerin war ein kreativer Kopf, daran hatte Sara keinen Zweifel, nachdem Lisi noch etliche weitere Ideen dieser Richtung abfeuerte. Doch keine einzige schien umsetzbar oder ausreichend für Sara zu sein. Denn nicht nur das Etikett war entscheidend. Auch der Geruch, der all die emotionalen Erinnerungen in Sara auslöste, die sie damit verband. Sie konnte Andreas Lippen beinahe schmecken, wenn sie nur an den Duft des süßen Rotweins dachte. Und ihm würde es mit Sicherheit auch so ergehen.

»Es führt kein Weg daran vorbei, ich werde zu dem Weinbauern fahren müssen. Bestimmt hat er noch einige Flaschen von jedem Jahrgang aufgehoben. Vielleicht kann er mir sogar eine aus dem Jahr, in dem Andreas und ich uns kennengelernt haben, verkaufen.«

»Lass mich das erledigen, Sara«, bat Lisi.

»Ist schon in Ordnung, ich komme zurecht.«

»Ich mache es gerne, Sara«, sagte Lisi und sah dabei auf Saras Bauch. »Du solltest dich vielleicht noch etwas ausruhen, bevor die Show losgeht. Fahr nachhause, hüpf unter die Dusche und zieh dir etwas Schickes an.«

Sara schüttelte den Kopf, wollte Lisi gerade widersprechen, doch die Kellnerin ließ kein Widerwort zu. »Sara, wir sind doch Freundinnen, oder etwa nicht?«

Bis jetzt hatte Sara die auffallend stets wohlgestimmte Blondine nicht als Freundin betrachtet. Doch Lisi hatte vollkommen recht. Sie war nicht nur die Frau, die Sara bediente, wenn sie an der Hotelbar saß. Schon oft hatte Sara mit ihr über Persönliches gesprochen und Lisi in ihre Probleme eingeweiht. Das tat sie jedoch bis zum heutigen Tag immer nur im Hotel und deshalb hatte sie die freundschaftliche Verbindung zu Lisi bis jetzt nicht bewusst wahrgenommen. Doch sie war definitiv vorhanden.

»Natürlich sind wir Freundinnen, Lisi.«

»Na, siehst du? Dann vertrau deiner Freundin und lass mich den Wein besorgen, in Ordnung?«

Sara nickte erleichtert. In Wahrheit konnte sie eine kleine Auszeit und etwas Zeit für sich gut gebrauchen. Ihre schweren Füße und ihr müder Rücken bestärkten sie bei dieser Entscheidung. Sie überließ Lisi das Ruder für die nächste Stunde und würde sich etwas Erholung zuhause gönnen.

8. Das zerwühlte Bett

Sara hatte zuhause geduscht und sich eine halbe Stunde hingelegt. Doch tatsächlich entspannen konnte sie nicht. Denn ihre Gedanken kreisten ständig um Andreas und ihre Beziehung. Sara fragte sich, was sie bloß falsch gemacht hatte. Sogar wie sie den morgendlichen Kaffee zubereitete, stellte sie in Frage. Vielleicht plagte Andreas eine gänzliche Unzufriedenheit, die er selbst gar nicht richtig erkannte?

Er wirkte in letzter Zeit so dermaßen in seine Gedanken versunken und war kaum ansprechbar. Jedes Mal wenn sie ihn etwas fragte, zog er sich in ein Schneckenhaus zurück, das er vor zwei Wochen auf der Grillfeier gefunden haben musste. Denn bis dahin konnte sie mit ihm jederzeit über Gott und die Welt sprechen. Sie hatten nie ein Kommunikationsproblem gehabt, auch wenn sie in der ersten Phase ihrer Beziehung kaum zum Reden gekommen waren. Sie kombinierten sich tatsächlich perfekt. Körperlich sowie geistig. Sie teilten dieselben Vorstellungen von ihrer gemeinsamen Zukunft und auch bei dem Punkt wie eine Beziehung auszusehen hatte, hatten sie dieselben Ansichten, was ja in der heutigen Zeit des Öfteren zu Differenzen bei Paaren in ihrem Alter führen konnte. Doch bei Sara und Andreas tickte die Uhr gleich und sie waren sich völlig einig, wie ihr zweisames Leben verlaufen sollte.

Auch als sie beschlossen hatten, nicht mehr nur zu zweit zu sein. Sara strich behutsam über ihren Bauch.

Die Rundung reagierte darauf mit einer leichten Beule in der Nähe ihres Bauchnabels. Dieses Baby hatten sie sich so sehr gewünscht und die Überraschung war groß, als Sara kurz vor der Hochzeit eines befreundeten Paares, einen positiven Schwangerschaftstest in der Hand hielt. Der Arzt bestätigte ihr, dass sie bereits vor dem Entschluss ein Baby zu bekommen, schwanger gewesen war. Dieses Kind hatte vor ihnen beiden entschieden, ein Teil ihres Lebens werden zu wollen. Andreas behandelte sie, seitdem sie von der Schwangerschaft erfahren hatten, wie ein rohes Ei. Sie fühlte sich noch mehr als sonst wie eine Prinzessin, die von ihrem Prinzen nach allen Gesetzen der Möglichkeit verwöhnt wurde.

Doch heute war sie allein.

Sara lag einsam in dem Doppelbett, das sie sich sonst mit Andreas teilte. Sie hatte sich nach der Dusche auf die Tagesdecke plumpsen lassen. Andreas konnte unmöglich einen Mittagsschlaf in diesem Zimmer gehalten haben. Dazu war es viel zu ordentlich. Abgesehen davon, dass er sie auf Händen trug, seit sie schwanger war, und alles für sie tat, war Andreas jedoch immer noch nicht zu einem Menschen mutiert, der sein Bett machte. Jeden Morgen zog Sara die Tagesdecke über die Linnen und spannte es liebevoll über ihre Schlafstätte. So wie jeden Morgen hatte sie es auch an diesem getan und sie erkannte ihre Handschrift. Ihr war bewusst, dass Andreas seit er in der früh aufgestanden war, nicht mehr in diesem Bett gelegen hatte. Andreas fehlte die Fähigkeit zur Gänze, eine Tagesdecke gekonnt auf einem Bett zu drapieren. Nach seinen Mittagsschläfen, die er hin und wieder abhielt, herrschte meist ein Chaos von verdrehten Decken auf den nicht glatt gestrichenen Matratzen.

Ohne auch nur ein Auge zugetan zu haben erhob sich Sara und stapfte hinüber zu ihrem Kleiderschrank. Der Großteil ihrer Sachen passte ihr nicht mehr und sie musste längere Zeit nach einem geeigneten Outfit suchen. Wenn sie ehrlich zu sich war, dann ließ sie sich sogar absichtlich Zeit dafür. Denn sie hoffte, dass Andreas doch noch nachhause kommen würde, solange sie hier wäre. Sie würde ihn so gerne sehen, auch wenn er momentan nicht mit ihr sprach oder ihr viel Aufmerksamkeit schenkte. Ein Blick in seine verträumten Augen würde ihr schon genügen. Jedenfalls für den Augenblick. Doch egal wie viele Kleider sie auch anprobierte. Andreas kam nicht.

9. Die pinkfarbene Giraffe

Sara erklomm erneut die Treppen, die hinauf zu der kleinen Bühne führten. Tatsächlich hatten ihre Freundinnen es geschafft zur verabredeten Zeit mit allem, was Sara brauchte, einzutreffen.

»Wo habt ihr Rebecca gelassen?«, fragte Sara, die von Natascha, Leonie und Melody zur Begrüßung auf die Wange geküsst wurde.

»Sie wollte sich noch eine Tasse Kaffee gönnen, um nüchtern zu werden. Außerdem muss sie noch auf einen Kameramann warten, der nicht auf ihrer Party war und deshalb nichts getrunken hat. Der Arme hat zwar eine gewaltige Erkältung, aber er ist trotzdem bereit dir bei deiner kleinen Aktion hier zur Seite zu stehen«, erklärte Natascha. »Zufällig ist Paul ein guter Freund von Josef und er sagt, Josefs Freunde wären auch automatisch seine Freunde.«

»Das ist ja unglaublich, wie nett und hilfsbereit die Menschen in Freedom Falls sind. Ihr erzählt mir zwar immer davon, aber jetzt durfte ich es selbst erleben und ich muss sagen, ich bin wirklich sehr beeindruckt«, sagte Melody, die als Einzige bis jetzt noch nicht nach Freedom Falls gezogen war. Sie lebte immer noch im Trubel der Stadt und teilte sich mit Ted eine kleine Zweizimmerwohnung, die wesentlich mehr kostete, als ein dreimal so großes Haus hier in Freedom Falls.

»Tja, wir leben gerne hier«, antwortete Leonie und zwinkerte Melody verschwörerisch zu.

»Es ist wirklich toll hier und ich möchte diese Stadt nie mehr in meinem Leben missen«, begann Sara, »aber könnten wir die Einwohner ein anders Mal für ihre Hilfsbereitschaft loben?« Die Zeit drängte und Sara wollte nicht warten, bis der richtige Moment, um ihre Idee umzusetzen, verstrichen wäre. Der Platz vor der Bühne füllte sich stetig mit Schaulustigen und Freunden. Sara winkte Lisi zu, die sich suchend nach einem Weg nach vorne umsah. Lisi schob sich langsam, beinahe in Zeitlupe, durch die Menschenmenge. Es hatte sich tatsächlich eine beachtliche Traube vor der Bühne gebildet und Lisi hatte ihre Mühe durch die Masse zu drängen.

»Hallöchen«, ertönte Rebeccas trällernde Stimme hinter Sara. »Ich habe dir Paul, meinen Kameramann mitgebracht. Er wird dich durch die Show leiten.«

»Was meinst du damit, er wird mich leiten?«, fragte Sara verwirrt.

»Ich muss leider sofort wieder los. Es gibt einen Notfall bei mir zuhause. Mein dämlicher Chef-«

»Steve?«

»Ja, genau. Steve hat sich als DJ versucht und wollte mit den Platten jonglieren. Dabei ist eine auf dem Grill gelandet und nun ja ... wie soll ich sagen ... er hat beinahe mein Haus mit seiner Coolness abgefackelt. Und ich muss jetzt los, bevor die Feuerwehr mein komplettes Mobiliar ruiniert und retten, was noch zu retten ist.«

»Oh, das klingt ja schrecklich, Rebecca. Ich drücke dir die Daumen, dass dein Haus noch steht, wenn du zuhause ankommst.«

»Danke für dein Verständnis Sara. Paul ist voll informiert und weiß auch über deinen USB Stick Bescheid. Mach dir keine Sorgen, es wird alles glatt laufen, ganz bestimmt. Und wenn du die Übertragung beendest, dann wird Andreas wieder in deinen Armen liegen. Versprochen.«

»Danke, Rebecca. Ich erzähle dir dann, wie es gelaufen ist.«

Rebecca verabschiedete sich mit einem Küsschen und drängte sich, ebenso wie Lisi durch die Menschenwand, bloß in die entgegengesetzte Richtung. Sara hoffte für ihre neue Freundin, dass Rebecca rechtzeitig wieder zuhause wäre, bevor die Feuerwehr fertig mit den Löscharbeiten war und sie so ihr hochwertiges Party-Equipment vielleicht noch in Sicherheit bringen konnte.

»Können wir starten?«, fragte Paul, der Sara heute als persönlicher Kameramann zur Verfügung stand.

Sara sah sich noch einmal nach Lisi um, die sich immer noch durch die murmelnde Menge schob. Niemand wusste, was gleich geschehen würde und die Anspannung der menschlichen Traube wuchs zu einer beginnenden Unruhe an. Lisi würde es nicht vor Sendebeginn zu ihr schaffen. Sara musste einfach loslegen und hoffen, dass ihre Freundin im rechten Moment bei ihr eintraf und ihr die ach so begehrte Flasche überreichte.

»Drei, Zwei«, zählte Paul rückwärts, bis er zum Schluss nur noch seinen Zeigefinger nach oben gereckt hielt, und er das Wort »Eins« lautlos mit seinen Lippen formte. Ein rotes Licht auf der Seite der Kamera sprang an und Paul verschwand dahinter.

»Sehr geehrte Zuseher!«, sprudelte es aus Sara heraus. »Dies ist eine Sondersendung der überaus beliebten Moderatorin Rebecca St. George, die jedoch leider gerade nicht anwesend sein kann. Sie hat mich gebeten für sie die Leitung der Sendung zu übernehmen. Mein Name ist Sara und ich bin auf der Suche nach dem Vater meines Kindes.«

Ein neugieriges Staunen ging durch die Menge.

»Nein, nein, nicht so wie Sie jetzt vielleicht denken mögen. Der Vater heißt Andreas und wir sind schon seit langem ein Paar, doch er ist leider heute schon den ganzen Tag verschollen. Ich erreiche ihn nicht und mache mir bereits ernsthaft Sorgen um ihn. Vor allem weil er momentan nicht besonders viel mit mir spricht.« Sara sah nun direkt in die Kamera. »Mein geliebter Schatz, ich weiß, dass deine Eltern jeden Sonntag um diese Zeit den Fernseher während ihres Kartenspiels im Hintergrund laufen haben. Und ich weiß, dass sich die Nachricht, dass ich auf der Suche nach dir bin, bis zu dir durchschlagen wird, weil deine Eltern einfach spitze im Verbreiten von Neuigkeiten sind.« Sara lächelte erleichtert. Sie hatte sich dazu überwunden *live* im Fernsehen zu sprechen und es bis jetzt auch ohne zu stottern oder einem peinlichen Hoppla durchgezogen. Sara agierte sonst lieber im Hintergrund. Nicht umsonst war sie Modedesignerin geworden, die Kleider entwarf, und kein Model, das die Kleider am Laufsteg präsentierte. Sie atmete tief ein. »Während wir darauf warten, dass du zu mir kommst, mein Liebling, werde ich das Publikum auf eine Reise durch unsere sagenhafte Beziehung mitnehmen.«

Paul deutete Sara, dass der USB Stick angeschlossen war und die Präsentation starten konnte.

Leonie und Melody warfen Sara ein knallbuntes Winteroutfit zu, in das sie sich kurzerhand hinein quetschte. Die Dämmerung hatte zwar bereits eingesetzt, doch die Temperatur hatte sich kaum gesenkt. Die Hitze stieg Sara zu Kopf, sie musste sich mit ihrer Ansage beeilen. »Diesen Overall habe ich getragen, als wir zum ersten Mal gemeinsam Schi gefahren sind«, sagte sie und schlüpfte wieder aus dem schrillen Schianzug heraus. Eine Bildergalerie von Sara wurde eingeblendet. Auf den Bildern trug sie dasselbe Outfit, doch sie war allein darauf abgelichtet.

»Diese Bilder zeigen mich, sechs Wochen nachdem wir uns begegnet sind. Ich habe Freedom Falls nach dieser Urlaubswoche, in der wir uns kennengelernt hatten, schweren Herzens verlassen, doch ich war mir sicher, dass du nur ein Urlaubsflirt warst und wir uns nie wieder sehen würden. Aber du warst ständig bei mir. Ich trug dich stets mit mir, tief in meinem Herzen. Auch in dem Moment, als mein damaliges Date dieses Foto von mir geschossen hat, musste ich an dich denken.« Sara griff nach einem Gegenstand, den sie vorbereitet hatte. Die Fotogalerie zeigte ein weiteres Bild von Sara. Sie war darauf mit einer pinken Giraffe zu sehen. Sie hielt das Stofftier in der rechten Hand und zeigte es einem kleinen Mädchen. »Auf diesem Foto siehst du mich mit meiner Nichte Stefanie, unsere gemeinsame Woche liegt hier schon drei Monate zurück. Doch die Giraffe, die du für mich auf dem Schießstand beim Schneeflockenfest in Freedom Falls gewonnen hast, begleitete mich stets als treuer Begleiter auf meinen Autofahrten, obwohl ich nicht daran glaubte dich je wiederzusehen. Doch in Gedanken war ich auch nach drei Monaten ständig bei dir.«

Sara ließ sich von Natascha einen weiteren Gegenstand reichen. Sara ließ die Präsentation weiterlaufen. Das nächste Bild zeigte Sara mit ihren drei Freundinnen, wie sie in Cocktailkleidern eine Party unsicher machten.

»Auch ein halbes Jahr nachdem ich dir begegnet war, drehten sich meine Gedanken nur um dich. Dieses Kleid, das ich auf diesem Bild trage, hatte ich auch bei unserem gemeinsamen Dinner getragen, an dem wir es nicht geschafft hatten, auf die Nachspeise zu warten. Du sagtest, dieses Kleid erinnerte dich an Geschenkpapier und du müsstest es mir auf der Stelle vom Leib reißen, was du auch auf sehr sanfte Weise auf meinem Zimmer getan hast. Ich habe den Riss in dem hellblauen Stoff genäht und es beinahe bei jedem Date, das ich danach hatte, getragen.« Sara öffnete die Box und zog eine blaue Giraffe heraus. »Als das Kleid nicht mehr tragbar war, weil es schon vom Hinsehen auseinanderfiel, habe ich aus ebendiesem Kleid einen Gefährten für Pinky, die Giraffe, genäht. Die beiden konnten sich danach in Zweisamkeit den Rücksitz meines Autos teilen.«

Ein weiteres Bild ploppte auf und zeigte Sara, die mit ihren Eltern vor einer Pferdekoppel stand. Sara trug einen bunten Armreif, der nicht zum Rest ihres Outfits, das sie zum Reiten getragen hatte, passte. »Hier siehst du mich, neun Monate nach unserem Kennenlernen, kurz bevor ich meinen Eltern sage, dass ich keinen Mann, den sie sich für mich wünschen, heiraten werde.

Seither sind sie noch kühler zu mir, als zuvor. Doch diese Rebellion hat sich allemal ausgezahlt. Und erkennst du diesen Armreif?« Sara zog ebendiesen Reifen hinter ihrem Rücken hervor und ließ ihn um ihr Handgelenk kreisen. »Den hast du an unserem letzten gemeinsamen Abend im Hotel aus dem Kaugummiautomaten gezogen, weil du mir unbedingt etwas zum Abschied schenken wolltest, kurz bevor sich unserer Wege für eine sehr lange Zeit trennten.«

Sara atmete tief ein. Jetzt wäre es Zeit für den Höhepunkt ihrer Präsentation. Der winzigkleine Bikini.

Sara deutete auf die Leinwand, in der in Kürze das nächste Bild von ihr zu sehen wäre, auf dem sie den viel zu knappen Bikini trug. Ein Jahr nachdem sie Andreas begegnet war, hatte sie mit ihren Freundinnen den Trip nach Freedom Falls geplant. Und vor lauter Freude schlüpfte sie spontan in diesen Bikini, den sie seit dem Urlaub vor einem Jahr nicht mehr getragen hatte. Sie hatte ihn aus dem Schrank gekramt, ihn kurzerhand probiert und ein Selfie von sich geschossen. Genau dieses war jetzt auf der Leinwand zu sehen, als Saras Smartphone zu klingeln begann. Sie sah auf das Display.

»Meine Damen und Herren, das Eltern-Netzwerk scheint funktioniert zu haben. Der Mann der Stunde versucht gerade, mich zu erreichen.« Sara nahm das Gespräch entgegen und lächelte in das Publikum. In diesem Moment betrat Lisi endlich die Bühne und streckte Sara die begehrte Flasche von *tosende Lagune* entgegen. Sara griff danach, während Andreas sprach.

Ihr Lachen verzog sich zu einem Strich. Saras Mundwinkel rutschten immer weiter nach unten, so als würden Andreas Worte daran ziehen und mit jedem Satz, den er sprach, sackten sie ein Stück weiter ab.

»Wie bitte? Wo bist du? Sag das nochmal.« Sara schluckte. »Aha. Und du kommst heute nicht mehr nachhause, habe ich das richtig verstanden?« Sie wartete seine Antwort ab, obwohl sie genau wusste, was er sagen würde. Sara legte auf.

Das Publikum sah sie schweigend an. Hinter ihr prangte das Bikini-Selfi und verhöhnte sie mit einem stummen Lachen. Wie konnte sie nur so dumm sein und glauben, Andreas würde hierherkommen, wie der Prinz auf seinem Ross und sie mit stürmenden Fahnen zurückerobern? Sara verzog das Gesicht zu einer schmerzverzerrten und wütenden Grimasse. Zornig schmetterte sie die Flasche auf die grinsende, vier Meter große Sara, die nur einen Hauch von einem Bikini trug und voll Vorfreude auf ihren Urlaub im Kreis strahlte. Das grüne Glas zerschellte an der Rückwand der Bühne, die als Befestigung für die weiße Leinwand diente, die sich jetzt dank der tosenden Lagune weinrot färbte. Sara ließ all ihre präsentierten Sachen fallen und stolperte über die Bühne. Das Menschenmeer teilte sich und entließ sie fragenstellend aus ihrer Mitte. Sara ignorierte jede Frage, die ihr zugerufen wurde. Sie wollte nur schnellstmöglich weg von hier. Nachhause. Und sich in ihrem Bett eingraben, das sie heute Nacht nicht mit Andreas teilen würde.

10. Saras Pyjamaparty

»Sara? Mach doch bitte auf.« Ihre Freundinnen klopften heftig gegen die Eingangstür der Blockhütte.

»Geht es dir gut? Wir könnten dir die Füße massieren, Süße.«

»Sara? Bitte sag uns zumindest, dass es dir gut geht«, ertönten abwechselnd Melodys, Leonies und Nataschas Stimmen.

Sara saß am kalten Boden, mit dem Rücken gegen die Eingangstür gelehnt, die Hände über ihre feuchten Augen gelegt, und lauschte den Rufen ihrer Freundinnen. Bis jetzt hatte sie ihre Stimme nicht wiedergefunden, doch nun begann sie laut zu schluchzen.

»Sara?«, hörte sie Melody immer wieder nach ihr rufen.

Sie rutschte ein Stück zur Seite, taste mit der ausgestreckten Hand nach oben zum Schloss und drehte den Schlüssel. Die Tür sprang auf und die Stimmen ihrer flehenden Freundinnen klangen nicht mehr gedämpft.

»Sara, bist du gestürzt? Sollen wir dich ins Krankenhaus bringen?«, fragte Leonie, die nach Saras Oberarm griff, um ihr aufzuhelfen. Sara schüttelte den Kopf.

»Ich mache uns einen Tee, was sagt ihr dazu?«, bot Melody an. Leonie brachte Sara an den Küchentisch und zog einen Stuhl für sie zurecht. Sara ließ sich lethargisch darauf plumpsen. Ihre Freundinnen verteilten sich rund um den Tisch und hielten stumme Wache. Sie waren einfach nur da. Sara dankte ihnen innerlich für den wortlosen Beistand. Die Mädels wussten beinahe immer, wann quatschen und wann ruhiges Mitfühlen angebracht war. Als das Wasser langsam zu blubbern begann und der Teekessel ein leises Pfeifen von sich gab, das in der Stille, wie der dröhnende Pfiff einer Lokomotive klang, fand Sara ihre Stimme wieder.

»Er hat gesagt, dass er bei seinen Eltern ist.«

»Andreas?«, fragte Natascha unnötigerweise, doch Sara bestätigte ihre Aussage.

»Ja, mein Freund hat mich schon wieder belogen. Er war mit Sicherheit nicht bei seinen Eltern, sonst hätte er doch die Lifeübertragung gesehen. Stellt euch vor, er hat sogar behauptet, dass er nicht lange reden könne, weil der Fernseher zu laut wäre ... weil gerade eine Reportage mit Rebecca läuft, die seine Eltern unbedingt sehen wollen.«

Die Freundinnen sahen sich abwechselnd an, doch keine wusste so recht, was sie sagen sollte. Stattdessen umarmte Melody Sara und drückte sie fest an sich. Sara schluchzte erneut und hielt sich ihren Bauch. »Und dann meinte er, weil morgen doch sowieso Sonntag sei und er schon ein Bier mit seinem Vater getrunken hat, würde er lieber bei seinen Eltern übernachten. Und wir könnten uns ja dann morgen zum Mittagessen im Hotel treffen.«

»Zumindest will er dir die Kocherei ersparen«, warf Natascha ein und erntete einen entsetzten Blick von Melody.

Sara zuckte mit den Schultern und vergrub sich tiefer in Melodys Umarmung.

»Willst du heute Nacht mit uns gemeinsam im Hotel schlafen?«, fragte Melody leise. Natascha und Leonie nickten zustimmend. Sie würden sich alle gemeinsam eine Suite mieten, um miteinander mit Sara die Nacht dort zu verbringen. Am nächsten Tag würden sie ihre Freundin als Beistand zum Mittagessen mit Andreas begleiten und ihr die Unterstützung geben, die Sara so dringend benötigte. Und zwar den seelischen Trost ihrer drei besten Freundinnen.

Sara packte das Nötigste zusammen und fuhr mit den Mädels ins Hotel. Bereits die Hinfahrt erinnerte Sara an ihren damaligen Aufenthalt im Hotel, als Melody hinter Ted, dem Wetterschreck, her gewesen war. Ein Lächeln huschte über ihre Lippen, denn erneut kam ihr der Gedanke, dass gerade nicht alles schlecht in ihrem Leben war, auch wenn sie vor einem Moment noch davon ausgegangen war. Natürlich spielten auch die Schwangerschaftshormone mit und suggerierten Sara einen wesentlich schlimmeren Eindruck von der jetzigen Situation mit Andreas als es in Wahrheit vielleicht sogar war, doch ihre Freundinnen schafften es trotz alledem wieder einmal sie abzulenken und ihr ein Lächeln zu entlocken. Sara vergaß sogar für einen Augenblick, dass sie unter ihrer Umstandskleidung immer noch einen winzigen Bikini trug, in den sie nur für Andreas geschlüpft war und den sie ihm zeigen wollte, nachdem er sie von der Bühne geholt und nachhause ins Bett gebracht hatte ...

Sara schlief vor Erschöpfung beim gemeinsamen Fernsehen im Bett ein. Der Tag war wesentlich länger gewesen, als sie erwartet hatte. Eigentlich hatte sie mit einem ruhigen Sonntag zuhause gerechnet, an dem sie sich zwischendurch auf einen kleinen Snack mit ihren Freundinnen traf um über Alltägliches und Melodys bevorstehende Hochzeit zu schwatzen. Doch mittlerweile verbrachte sie schon eine kleine Ewigkeit auf den Beinen und sank schon bei der Ankunft im Hotel in sich zusammen. Die Freundinnen entschieden geschlossen, gleich auf das Zimmer zu gehen und sich im Kingsize Bett einen Serienmarathon zu gönnen. Sara hatte nicht einmal die erste Folge von Game of Lords, oder wie diese Serie auch hieß, überstanden. Sie war bei der Szene eingeschlafen, in der es die Zwillingsgeschwister miteinander trieben. Während ihr die Augen unaufhaltsam zufielen, betete Sara, diese Szene möge sie nicht in ihre Träume verfolgen, was sie auch nicht tat. Denn für Träume über erfundene Liebeleien zwischen Geschwistern blieb in ihren Gedankengängen kein Platz. Diese waren bereits überfüllt mit Vorstellungen an das morgige Mittagessen mit Andreas. Saras Gedankenmaschinerie lief auf Hochtouren und rechnete mit dem Schlimmsten. Sie träumte von Andreas, der ihr beim Essen verkündete, er wäre schwul. Von einem Andreas, der selbst schwanger war und ihr das bis zum heutigen Tage verheimlicht hatte. Und von einem Andreas, der ihr sagte, dass er sie nicht mehr liebte.

Die letzte Version des Mittagessens, in der Andreas sie nicht mehr liebte, ließ sie mitten in der Nacht hochschrecken. Sara sah sich benommen um. Natascha und Leonie hatten sich augenscheinlich wieder in ihre gemütlichen Häuser verkrümelt und nur Melody lag noch neben ihr in dem viel zu riesigen Bett, das ihre Freundin ein kleines Vermögen kosten musste. Doch Melody hatte darauf bestanden, ihr Zimmer auf die Flitterwochensuite umzubuchen und die Rechnung dafür alleine zu übernehmen. Sie meinte außerdem, dass sie das Bett dieser Suite auch einmal ohne ihren baldigen Ehemann genießen wollte. Denn bald würde sie für den Rest ihres Lebens jede Kleinigkeit mit Ted teilen müssen. Da hatte sie sich ein klein wenig Luxus verdient, so Melodys Worte, die, bis sie Ted kennenlernte, auch gerne Zeit alleine verbracht hatte.

Sara ließ sich ohne Widerwort dazu einladen und auch sie genoss die Vorzüge des weichen und riesigen Bettes, doch sie war nun doch sehr verwirrt, als sie panisch aus ihrem Traum erwachte. Denn Melody lag gefühlte hundert Meter von ihr entfernt und säuselte im Schlaf leise vor sich hin. Im Gegensatz zu Sara schien Melody gerade etwas Schönes zu träumen. Wahrscheinlich von ihrer bevorstehenden Hochzeit.

»Mel?«, flüsterte Sara in die graue Dunkelheit, ohne eine Antwort zu erwarten.

»Ja, Süße?«, murmelte Melody und richtete sich ein Stück auf.

»Tut mir leid, ich wollte dich nicht wecken.«

»Kein Problem, das macht nichts. Ich habe gesagt, dass ich immer für dich da bin und das schließt die Nacht mit ein.«

»Wo sind Nati und Leonie?«

»Die haben sich in das Zimmer nebenan gelegt. Leonie hat mich ein paar Mal im Schlaf getreten und ich hatte Angst, sie könnte dich erwischen«, erklärte Melody gähnend. »Und Natascha hat im Schlaf ganze Monologe von Shakespeare aufgesagt, eine neue Eigenart, die sie hat, seit sie mit Josef zusammen ist. Keine Ahnung warum sie das auf einmal tut. Jedenfalls hatte ich Sorge, sie könnte dich aufwecken. Da habe ich die beiden gebeten nachhause zu fahren. Doch sie wollten unbedingt bei dir bleiben, und haben sich dann für die Couch entschieden.«

Die Couch in der Flitterwochensuite war so groß, dass sie ohne Probleme zu viert hätten darauf schlafen können. Es war ein gutes Gefühl, zu wissen, dass all ihre besten Freundinnen sie nicht verlassen hatten, um ihr morgen bei diesem schrecklichen Essen beizustehen. Sara platzte beinahe vor Anspannung, worüber sich ihr Bauchzwerg mit einem Tritt beschwerte. Auch ihr Baby spürte die innere Unruhe von Sara und sie war froh, dass dies morgen allemal vorbei wäre.

»Ich habe vergessen Rebecca anzurufen«, sagte Sara gedankenverloren in die Dunkelheit. »Ich hatte ihr doch versprochen, dass ich ihr erzähle, wie unser Plan verlaufen ist.«

»Das kannst du auch noch morgen tun, Süße. Rebecca hatte für heute bestimmt auch genügend Stress. Immerhin hat ihr verrückter Chef ihren Garten und beinahe ihr Haus in Brand gesetzt. Sie wird dir nicht böse sein, wenn du dich erst morgen meldest. Und vielleicht hast du ja dann auch schon gute Neuigkeiten zu berichten.«

»Ja, du hast sicher recht, sie wird nicht böse sein. Aber ... ob es wirklich gute Neuigkeiten sind, glaubst du? Ich bin mir da nicht so sicher.«

»Sara, es wird bestimmt alles gut«, sagte Melody und gähnte erneut. Ihre Freundin war ein typischer Optimist. Melody ging stets von einem Happy End aus, egal wie misslich die aktuelle Lage gerade zu sein schien. Irgendwie beruhigte Sara die positive Einstellung von Melody und auch sie rang sich ein langgestrecktes Gähnen ab. Dann hopste sie aus dem Bett.

»Was tust du denn, Sara?«, fragte Melody verwirrt.

»Ich gehe schnell auf die Toilette.«

»Ach ja, du bist ja immer noch schwanger«, murmelte Melody im Halbschlaf.

»Genau, da muss man gefühlt alle fünf Minuten pieseln«, sagte Sara kichernd und verschwand im Badezimmer. Allein mit ihren Gedanken und ihrer vollen Blase fiel Sara erneut das entsetzliche Bild ihres Traumes ein. Andreas, der ihr sagte, dass er sie nicht mehr liebte. Diese Vorstellung wurde jedoch schlagartig von Melodys Stimme überlagert, die ihr versicherte, dass alles wieder gut werden würde. Auch ihr kleiner Bauchbewohner schien mit dieser Meinung gleichzuziehen, denn es folgte kein weiterer Tritt und Sara war sich sicher, dass ihr Baby eingeschlafen war. Während sie zurück zum Bett stakste streichelte sie über ihren Bauch und dachte an ihre kleine Familie, die sie bald ihr Eigen nennen durfte.

11. Alle guten Dinge sind Zwei

Sara trommelte mit unruhigen Fingern auf den Schminktisch der Flitterwochensuite. Sie schaffte es nicht einmal, ihren Lippenstift nachzuziehen, so zittrig waren ihre Hände.

»Mel? Wie lange brauchst du denn noch?«, rief Sara durch die geschlossene Badezimmertür. Heute würde Ted nach Freedom Falls kommen und Melody war schwer damit beschäftigt, sich für ihren Verlobten zu stylen. Doch die Zeit drängte und demnächst würde Andreas das Hotel betreten. Sara wollte unbedingt vor Andreas im hoteleigenen Restaurant sein, um sich mental besser auf das bevorstehende Gespräch vorbereiten zu können, und auch, weil sie nicht wollte, dass Andreas ihre zittrigen Schritte sah, wenn sie sich ihm näherte.

»Jetzt komm schon, Mel«, nörgelte jetzt auch Leonie, die genervt auf die Uhr blickte. Leonie konnte es beileibe nicht ausstehen, unpünktlich zu sein. Auch nicht, wenn es sich um eine unliebsame Henkersmalzeit handelte, bei der sie anwesend sein musste.

Natascha war wiederum der Typ Frau, der es egal war, wenn sie zu spät kam. Der Phlegmatismus, den Natascha beim Fingernägelkauen und aus dem Fenster sehen, ausstrahlte, wollte jedoch nicht auf Sara abfärben. Erneut hämmerte sie gegen die Tür und rief nach Melody.

»Ja, ja, ich komm ja schon«, tönte Melodys Stimme durch das Türblatt.

»Wie lange wirst du denn noch für deine Haare brauchen?«, fragte Leonie, die im Gegensatz zu Melody eher pessimistisch veranlagt war. Sie rechnete immer mit dem Schlimmsten und freute sich im Höchstfall, wenn die Lage anders endete als erwartet. Doch was Melodys Haare betraf, sah Leonie stets schwarz.

»Nur noch ein paar Minuten.«

»Zumindest hat sie den Fön schon beiseitegelegt«, sagte Natascha und zuckte mit den Schultern.

»Aber ihr könnt meinetwegen ruhig schon vorgehen, wenn ihr es nicht mehr ertragt, auf mich zu warten«, plapperte Melody zurück, die Nataschas Bemerkung gehört zu haben schien.

»Wisst ihr was?«, hakte sich Sara in die Diskussion ein, »ich gehe schon einmal alleine ins Restaurant. Ihr kommt dann einfach geschlossen nach, sobald Mel so weit ist. Was sagt ihr dazu?«

Leonie sah Sara verwundert an, nickte ihr dann aber zu. Auch Natascha sah ein wenig verwirrt drein, widersprach jedoch auch nicht. Sara hatte es sich anders überlegt. Sie liebte ihre Freundinnen, doch dem Vater ihres Kindes sollte sie doch besser alleine gegenübertreten. Auch wenn er sehr wohl wusste, dass sie mit ihren drei besten Freundinnen über jedes noch so kleine Problemchen sprach, das sie mit ihm hatte. Doch hier ging es um ihre Zukunft. Und darum, ob er sie noch liebte. Diese Frage musste sie ihm unter vier Augen stellen. Sara holte tief Luft, während sie die Treppen hinunter zum Restaurant nahm. Jeder Schritt kostete Mühe, ihr Bauch schien über Nacht beträchtlich gewachsen zu sein. Auch ihren Gleichgewichtssinn hatte sie scheinbar zur Gänze verloren. Gemächlich wackelte sie dahin und wunderte sich, als sie vor dem geschlossenen Restaurant zum Halten kam. Sara überprüfte die schweren Schiebetüren, die den Speisesaal von der Lobby trennten. Gerade als sie nach dem Griff greifen wollte, sprang die Tür auf und schob sich wie von Zauberhand zur Seite. Jedoch war es kein Zauber, sondern Andreas, der Sara frech entgegenlachte. Dieses Lachen. Wie sehr hatte sie das nur vermisst. Er wirkte auf sie, als hätte es die letzten zwei Wochen, in der er ihr die kalte Schulter gezeigt hatte, nie gegeben. Sara sah ihrem Freund direkt in die Augen, bereit, das Wort zu ergreifen, bevor er es tun konnte, doch dann nahm der verschwommene Hintergrund, dem sie bis jetzt keinerlei Beachtung geschenkt hatte, Konturen an. Saras Blick fiel auf den Speisesaal und ihr stockte der Atem. Eben noch wollte eine ungeahnte Menge an Worten aus ihrem Mund purzeln, doch schlagartig war sie völlig sprachlos.

Girlanden, rosa und blau, hingen von der Decke. Ballons in Schnullerform schmückten die Tische, Saras Ultraschallbilder der letzten Monate, in vergrößerter Ausgabe, zierten die Wände.

»Überraschung!«, jaulte Andreas, immer noch mit diesem phänomenalen Grinsen im Gesicht. Direkt hinter ihm jubelte plötzlich ein ganzer Haufen Leute. Sara entdeckte Rebecca, Lisa, Paul den Kameramann und viele mehr, die sie kannte und liebte.

»Was...?«, murmelte Sara.

Andreas schloss sie in seine Arme und führte sie in den bunt dekorierten Saal. »Das ist deine Babyparty, mein Schatz. Ich habe mich so bemüht, dass du davon nichts mitbekommst. Ist mir die Überraschung denn geglückt?«

»Ähm...« Sara blieb weiterhin sprachlos.

»Die Idee kam mir vor zwei Wochen und ich habe die Grillfeier dafür genutzt, um alle Leute persönlich einzuladen. Ich habe absichtlich auf Einladungen verzichtet, damit sie dir niemand zeigen kann.«

»Wie genau ...«, fragte Sara, ohne eigentlich zu wissen, wonach sie ihn fragte.

»Na, sag schon, mein Schatz. Habe ich es geschafft, und dich überrascht?«

»Ja?«, antwortete Sara, immer noch im Gefühlschaos versunken. »Aber ... wie soll ich sagen. Ich habe tatsächlich nicht mit einer Überraschungsparty für mich gerechnet. Sondern eher mit einem ernsten Gespräch.«

»Wieso denn mit einem Gespräch?« Andreas sah sie verwundert an.

»Ich dachte, dass du mich verlassen willst«, sagte Sara, während Andreas ihr gerade ein Glas Saft reichen wollte.

»Wie kommst du denn nur auf so eine absurde Idee, Sara?« Andreas hielt vor lauter Schreck das Glas schief und der Saft rann über seine Schuhe, doch diesem Malheur schenkte er keinerlei Beachtung.

»Du hast dich die letzten zwei Wochen dermaßen abweisend mir gegenüber verhalten. Da habe ich angefangen, mir Gedanken zu machen.«

»Oh je«, stöhnte Andreas. »Du weißt doch, wie schlecht ich lügen kann? Ich dachte, es wäre eine gute

Lösung so wenig wie möglich mit dir zu sprechen, damit ich dir nichts über die Party verrate. Ich bin aber nicht auf den Gedanken gekommen, dass ich dir mit meinem Schweigen Sorgen bereiten könnte.«

»Sogar ganz große«, antwortete Sara. Die Gäste hielten sich noch zurück und beobachteten das Paar mit gebührendem Abstand, um ihnen ausreichend Privatsphäre bei ihrem Gespräch zu gönnen. »Vor allem als du gestern nicht nachhause gekommen bist.«

»Ach, das ...«

»Du hast gesagt, du wärst bei deinen Eltern. Das war gelogen, habe ich recht?«

Andreas kratzte sich verlegen an der Stirn und deutete dann mit dem Daumen hinter sich. Sara ließ ihren Blick dieser Geste folgen. In dem Menschengewirr hinter Andreas stach ein Paar ganz mit einem Schlag ganz besonders hervor. Saras Eltern.

»Ich musste in die Stadt fahren, um deine Eltern abzuholen. Davor musste ich sie natürlich überreden, dass sie mitkommen. Und die Fahrt ist nicht ganz ohne, wie du weißt, deshalb habe ich auf dem Anwesen deiner Eltern übernachtet.«

Aus Saras Augenwinkel löste sich eine Träne. Die ganze Last, die sie die letzten beiden Wochen mit sich herumgetragen hatte, fiel von ihr ab. Und nicht nur die Last der letzten Zeit, nein, auch die, der letzten Jahre, in denen sie kaum ein Wort mit ihren Eltern gewechselt hatte. Saras Vater winkte ihr zu und ihre Mutter lächelte erwartungsvoll.

»Geh doch rüber und sag Hallo«, forderte Andreas sie auf.

»Und das hast du für mich getan?« Saras Stimme zitterte. »Wenn ich in den beiden letzten Wochen nicht so verrückt vor Sorge gewesen wäre, dann würde ich jetzt behaupten, dass du der beste Mann auf der Welt bist, den man sich nur wünschen kann.« Andreas war nun doch wieder zurück zu ihrem Traumprinzen mutiert, dem sie jedoch noch nicht völlig verziehen konnte. Der Schmerz saß zu tief.

»Ich hatte wirklich Sorge, dass du mich nicht mehr liebst.«

»Ach, Sara. Es tut mir so leid. Wenn ich gewusst hätte, dass dich das so belastet, dann hätte ich dir natürlich von der Party erzählt.« Dann verzog er nachdenklich den Mund. »Aber warum hast du denn nichts gesagt?«

»Du meinst, warum ich dir nicht gesagt habe, dass ich ein seltsames Gefühl habe, was dein Verhalten betrifft?«

»Ja, das meine ich. Denn wenn du nur ein Wort gesagt hättest, dann wäre der Spuk sofort vorbei gewesen. Und wir sprechen doch sonst auch immer über alles.«

Sara seufzte und ließ ihren Blick durch den Raum schweifen. Ihr fiel es sichtlich schwer, ihre Gedanken in Worte zu verpacken. Während sie überlegte, wie sie ihr Schweigen über ihre Ängste Andreas erklären sollte, sahen sie hundert Augenpaare wartend an.

»Ich ... also, ich...«, stotterte Sara, »Ich wollte diese Möglichkeit einfach ignorieren, habe diesen Gedanken daran, du könntest mich vielleicht nicht mehr lieben, lange verdrängt und ... nachdem ich dann doch angefangen hatte, darüber nachzudenken, da ... hatte ich wirklich Angst davor es laut auszusprechen, aus Panik davor, meine Vermutung könnte sich bewahrheiten.« Sie sah ihm tief in seine klaren Augen. »Ich liebe dich so sehr. Es wäre für mich unerträglich gewesen, wenn es gestimmt hätte. Und ich wollte jede einzelne Sekunde, die ich noch mit dir haben sollte, genießen. Denn wenn du dann bald fort wärst, weil du mich nicht mehr liebst und ich es ausgesprochen habe...« Sara schluchzte los. Eine komplette Ladung aus Tränen bestehende Lava ergoss sich aus ihrem brodelnden Gefühlsvulkan. Jede Kleinigkeit, die sich in den letzten Tagen in ihr aufgestaut hatte brach heraus und hinterließ ein Meer aus Tränen. Andreas drückte sie fest an sich, lehnte ihre Stirn gegen seine starke Brust und massierte ihr liebevoll den Nacken.

»Oh, Sara, glaub mir, es tut mich so leid. Eigentlich wollte ich dir eine Freude machen«, flüsterte Andreas in ihr Haar.

»Ich weiß, und ob du es glaubst oder nicht, ich freue mich ja eigentlich auch darüber. Das ist wirklich eine total süße Idee von dir. Und vor allem sehr unerwartet, weil doch normalerweise die beste Freundin für die Babyshower zuständig ist.« Sara hielt abrupt inne, hob den Kopf und wischte sich die Tränen mit dem Handrücken von der Wange. »Apropos beste Freundinnen.«

So als hätte Sara nach ihnen gerufen, stürmten Melody, Leonie und Natascha das Restaurant. Zu Saras Verwunderung sahen die drei ähnlich verblüfft aus wie Sara, als sie diesen Raum betreten hatte.

»Was zum ...?«

»Wie ist das ...?«

»Wer hat denn das ...?«

Sara ging zu ihren Mädels und lächelte unter dem feuchten Vorhang hervor, der aus ein paar Nachzüglern, die noch über ihre Wange kullern wollten, gewebt war.

»Genau dasselbe habe ich mich auch gefragt.«

»Andreas?«, fragte Natascha wieder einmal, wobei sie sich dieses Mal ihre Frage selbst beantwortete, in dem sie ihre Hände in ihre Taille stemmte und Andreas mit beleidigtem Blick ansah.

»Du hast uns nicht eingeweiht? Ist das dein ernst?«, drang es aus Melodys Mund, der zu einer gekränkten Schnute zusammengezogen war.

»Wenn er uns eingeweiht hätte, dann hätten wir mit Sicherheit geplaudert, das wisst ihr genauso gut wie ich«, mischte sich Leonie ein, noch bevor Andreas überhaupt auf die Vorwürfe reagieren konnte.

»Ich habe es euren Freunden erzählt«, antwortete Andreas und sah in drei verblüffte Gesichter. »Sie hätten euch zwei Tage vorher Bescheid gegen sollen, damit ihr Sara ablenkt und sie zum richtigen Zeitpunkt ins Hotel bringt. Ich dachte bis jetzt, dass der Plan wunderbar geklappt hätte.«

»Tja, da liegst du leider falsch. Mir hat Josef nichts gesagt«, beschwerte sich Natascha und sah sich suchend nach ihrem Göttergatten um.

»Martin hat auch kein Wörtchen gesagt«, ärgerte sich Leonie.

»Und Ted ... einen kurzen Moment bitte«, Melodys Telefon läutete und unterbrach sie. »Ja, bitte? Ted? Was sagst du da? Du bist am Weg? Und die Party? Du meinst die, von der du mir nichts erzählt hast?« Melody kniff die Augenbrauen zusammen. »Welcher Gruppenchat denn?« Melody deutete Leonie und Natascha, sie sollten einen Blick auf ihre Smartphones werfen.

»Tatsächlich«, murmelte Natascha, »die Männer haben einen Gruppenchat erstellt. Aber ... die Benachrichtigungen sind deaktiviert.«

»Immer muss man sich mit dieser Technik herumärgern«, beschwerte sich Leonie, die bei sich zuhause genau aus diesem Grund immer noch den Festnetzanschluss installiert ließ.

Sara lachte lauthals los. Zuerst war sie völlig von dieser Situation überfordert gewesen, doch nun begriff sie die verwobene Verwirrung, die schon, seitdem Andreas angefangen hatte, diese Party zu planen, geherrscht hatte. Das Verhalten von Andreas und den restlichen Bewohnern von Freedom Falls ergab jetzt erst richtig Sinn. Allesamt hatten sich für Sara zum Affen gemacht und das Geheimnis ihres Freundes bis zur letzten Sekunde bewahrt. Auch Lisi und Rebecca hatten ihr nichts verraten.

Sara schniefte noch einige Minuten, dann genoss die Feier aber in vollen Zügen, plauderte mit ihren Eltern, ließ etliche Spiele über sich ergehen und stopfte sich mit Kuchen voll, der die Form von Babyschuhen hatte. Ein Schuh war mit blauem, der andere Schuh mit rosa Fondant überzogen. Andreas und Sara wussten bis heute nicht, ob ihr Baby ein Junge oder ein Mädchen werden würde. Sie hätten es zwar gerne gewusst, doch der kleine Zwerg zeigte ihnen bei jedem Ultraschall nur seinen entzückenden Rücken.

»Sara, ich hätte eine Überraschung für dich geplant. Hättest du Lust darauf, einen Life-Ultraschall von deinem Baby zu machen?«, fragte Rebecca, die gemeinsam mit den Freundinnen am Tisch saß und ein Stück Torte verdrückte.

»Du willst mein Baby im Fernsehen übertragen?«, fragte Sara verwirrt.

»Nein, nein. Ach, ich Dummerchen, ich habe es nicht richtig erklärt. Natürlich nur hier, für deine Gäste, damit sie eurem Baby auch Hallo sagen können.«

Diese Idee gefiel Sara auf Anhieb. Während sie mit Rebecca und Andreas in den Nebenraum ging, in dem schon ihr Arzt mit dem Ultraschallgerät auf sie wartete, bekundete Rebecca den beiden wie sehr es ihr leidtat, dass sie Sara nichts von der Feier erzählt hatte. Hätte sie gewusst, wie sehr Sara diese Situation wirklich mitnimmt, dann hätte sie natürlich etwas gesagt. Doch leider war sie gestern bei Saras Flaschenwurf nicht anwesend gewesen. Dann hätte sie bestimmt etwas gesagt.

Genau diese Leidbekundung hörte Sara, seit die Party begonnen hatte, schon einige Male. Und jedes einzelne Mal war sie dankbar für den Respekt und die Freundlichkeit, die ihr von den Bewohnern des kleinen Städtchens entgegengebracht wurde.

»Na, dann wollen wir mal sehen, wie es Ihrem Baby heute geht. Wenn wir Glück haben, zeigt uns der kleine Wurm heute vielleicht etwas anderes als seinen Rücken.«

Sara drückte die Daumen, als der Arzt den Sensor über ihren Bauch führte. Und dann geschah etwas völlig Unerwartetes.

Das Baby lag seitlich.

Und Sara dachte für einen Moment, sie würde doppelt sehen.

»Zwillinge«, hauchte Andreas ungläubig.

»Und zwar ein Junge und ein Mädchen«, ergänzte der Arzt.

Saras Freude schoss in ungeahnte Höhen. Sie drückte Andreas´ Hand und lauschte gebannt den Herzschlägen ihrer beiden Kinder.

»Bis jetzt haben wir immer nur eines der Babys gesehen und gehört, weil das andere es immer verdeckt hat«, erklärte der Arzt.

»Das erklärt jetzt zumindest meinen riesigen Bauch«, lachte Sara, die immer schon so ein seltsames Gefühl hatte, als würde sie einen Sohn und eine Tochter erwarten. Und jetzt bestätigte sich ihre seltsame Intuition. Sie erwartete Zwillinge.

Ein Raunen ging durch den Saal und ihre Gäste klatschten laut los, als Sara und Andreas den Hauptsaal betraten. Im Hintergrund lief eine Aufnahme des Ultraschalls, die ihre beiden Wunder erneut zeigte.

Lisi trat an Sara heran und überreichte ihr die Pinke und die blaue Giraffe, die sie gestern achtlos auf der Bühne zurückgelassen hatte. »Die beiden wirst du bald gebrauchen können, habe ich gedacht. Ich habe dein Zeug gestern noch aufgesammelt, nachdem du verschwunden bist und es heute mitgebracht. Ich habe auch noch eine Flasche tosende Lagune besorgt und dazu gepackt«, zwinkerte Lisi.

Sara nahm die beiden Plüschtiere dankend entgegen und drückte sie an sich. »Nun ja, alle guten Dinge sind zwei, würde ich sagen«, lachte Sara und beobachtete die Videoaufnahme voller Vorfreude auf den Tag, an dem ihre Familie endlich komplett sein würde.

»Angefangen hat es mit uns beiden. Und jetzt bekommen wir zwei wunderbare Kinder«, antwortete Andreas, zog Sara fest an sich und küsste sie mit der ihr so vertrauten Leidenschaft, die sie so sehr vermisst hatte.

ENDE

vierter Band

BUCHEMPFEHLUNG

Verrücktes Veilchen sucht magische Liebe

Verspielte Lovestory mit Witz

und aufregendem Verwechslungschaos

Frühling in Freedom Falls ... und Liz entdeckt ihre übermächtigen Frühlingsgefühle, während sie das alljährliche Fest des Hotels organisiert.

Der sexy Magier Luke erobert ihr Herz im Sturm. Doch unerwartet belügt sie den Mann ihrer Träume. Liz gerät durch ihre Notlüge in eine heftige Zwickmühle. Soll sie ihm die Wahrheit sagen und riskieren ihn zu verlieren?

Und als wäre das nicht schon schlimm genug, liefert Sam, der Gärtner, die falschen Blumen für das Frühlingsfest. Einen ganzen Haufen Veilchen …